军事智道

翁惠明◎著

中国社会出版社
国家一级出版社★全国百佳图书出版单位

图书在版编目（CIP）数据

军事智道／翁惠明著．--北京：中国社会出版社，2012.4
（中国古代智道丛书/王熹主编）
ISBN 978-7-5087-3980-9

Ⅰ.①军…　Ⅱ.①翁…　Ⅲ.①战略—研究—中国—古代　Ⅳ.①E892

中国版本图书馆 CIP 数据核字（2012）第 061211 号

军事智道

丛 书 名：中国古代智道丛书
主　　编：王　熹
著　　者：翁惠明
责任编辑：牟　洁
出版发行：中国社会出版社　　　邮政编码：100032
通联方法：北京市西城区二龙路甲 33 号
编辑部：（010）66063028
发行部：（010）66085300　　（010）66080300
（010）66083600
邮购部：（010）66061078
网　　址：www.shcbs.com.cn
经　　销：各地新华书店
印刷装订：中国电影出版社印刷厂
开　　本：170mm×235mm　1/16
印　　张：13.75
字　　数：180 千字
版　　次：2012 年 7 月第 1 版
印　　次：2012 年 7 月第 1 次印刷
定　　价：36.00 元

图一 墨子折冲樽俎，止楚攻宋

图二一 官渡之战，曹操先计后战，因形制谋，大败袁绍

图三 安史之乱，安禄山主动进攻，先发制人

图四 齐鲁长勺之战，鲁军蓄盈待竭，后发制人，击败齐国军队进攻

图五 赤壁之战，黄盖诈降曹操，火烧连船，曹军惨败

图六　淝水之战，晋军利用反间计，『击其半渡』，大败前秦苻坚

总 序

中国有五千年的发展历史，是一个文献典籍资源极为丰富的国度，国人以此为荣耀和骄傲。我们的先人怀着对中国历史发展无比崇敬的热忱，特别注重对历史过程的探索，注重历史发展规律和经验教训的总结及借镜。他们以继承和发展、开拓与创新为重，以赴汤蹈火、前仆后继的大无畏民族精神，不顾身家安危，敢于向皇权和邪恶势力作斗争，直面千夫指，捍卫了历史的尊严与神圣，载述了历史发展的轨迹，极大地丰富了历史科学的内涵，进而使我们拥有了二十五史、地方志、实录、文集等林林总总、无与伦比的历史文化遗产，为我们继往开来、建设更加繁荣强盛的国家提供了科学依据。

历史是不能假设的，否则就是荒谬；现实是需要面对的，否则就是逃避，而沟通历史、现实与未来的桥梁，恰恰就是文化与智慧。历史为我们提供了动力的源泉，使我们懂得伟大源自平凡，崇高源自执着，魅力源自孤独，成功源自独创，生存源自选择。中华人民共和国成立后，毛泽东等老一代革命家将历史研究与认识国情、建设新中国紧密联系，赋予历史科学新的生命活力，使中国的史学研究和发展有过一段前所未有的辉煌时期，涌现出许许多多像范文澜、郭沫若、翦伯赞、白寿彝、蔡美彪等在海内外都享有盛名的历史学家，他们撰写的中国通史、断代史、专门史以及普及教育的历史著作，培养造就了一大批专业史学工作者和历史爱好者，使中国的传统史学研究有了传人和继承者，这是祖宗的恩赐，更是老一代革命家的冀盼和厚望。正是在先辈的感召和谆谆教诲下，20 世纪 90 年代的初期，一批专门从事中国历史研究颇有造诣的年轻史学工作者，因应广西教育出版社江淳女士、李人凡先生的要求，将各自在史学研究领域，钻研积累的个人心得认识贡献出来，由涓涓细流汇集为《中国古代智道丛书》系列出版，取得了较好的社会效果，赢得了读者的赞赏。这说明历史文化本身就是一种生产力，它是推动历史、现实，更是推动未来向前发展的动力。

回首往事，斗换星移，当年的年轻学者如今有的是教授、研究员、博士生导师，有的是科研部门的骨干力量；往昔出版社的独具慧眼，使我们能够捷足先登，得以充分展露自己的才华睿智，获得社会和世人的认同，的确幸莫大焉。而今中国社会出版社重新出版我们的研究成果，致力于服务大众和弘扬祖国的历史文化，他们确实具有远见卓识，令人为之振奋。这是我们著者的机缘，也是读者的幸运，更有可能“走出去”，让世界人民了解我们中国古代灿烂的文化和悠久的历史。《中国古代智道丛书》是从我泱泱中华文明之树上采撷的一批智慧之果，经由最耐得住寂寞的专家、学者的阐释、总结、提炼与升华，形成了一套关于天地、节令、宫省、君臣、治国、人际、军事、用人、饮食、服饰的中国古代智道丛书。它们自成一体，各有侧重；互相映衬、珠联璧合。这套源自中国古代人民智慧的丛书，是迄今仍具活力的灿烂奇葩。它香溢神州，芳播四海。它是古代炎黄子孙的伟大创造，更是世界文化宝库的璀璨明珠。它为全人类所仰慕，理应为全人类所利用。

有感于此，是为序。

王　熹

2012 年 5 月于澳门理工学院成人教育及特别计划中心

目 录

第一讲 **安邦定国之道:戎事与政事** / 1

张弛之变与文武之道 / 1

三军易得与一将难求 / 6

将帅之材与智勇之谋 / 9

治军刑赏与教戒之道 / 20

第二讲 **不战屈兵之道:策略与机巧** / 29

富国强兵,威制天下 / 30

上兵伐谋,胜于无形 / 39

折冲樽俎,胜于庙堂 / 49

第三讲 **百战不殆之道:辨术与战术** / 55

深谋远虑,谋定事成 / 55

先计后战,辨形用权 / 64

因敌制变,胜乃不穷 / 71

第四讲 **攻防论:战阵与存亡之道** / 86

进攻速胜与战阵活局 / 86

以守代攻与克敌战阵 / 102

战机握失与存亡之道 / 116

第五讲　**死地奇生之道:战势与权变**　/　127
奇正相生,动静权变　/　128
示形适势,出奇制胜　/　137
死地后生,战势击虚　/　144

第六讲　**兵家诡道:韬略与悟道**　/　151
兵以诈立,道以战悟　/　151
诡道技法,韬略本真　/　161

第七讲　**用间谋道:内攻巧伪与奇诈胜计**　/　174
文攻之策与战略离计　/　174
用间之法与内攻巧伪　/　184
对阵反间与心战奇诈　/　197

后　记　/　205

第一讲

安邦定国之道：戎事与政事

张弛之变与文武之道

战争是政治的延续，是政治斗争尖锐激化的暴力解决形式。由于不同的阶级、政治集团之间政治经济利益的斗争达到不可调和的地步，最后不得不以暴力手段加以解决，这即是战争的起源。战国时著名军事家吴起对此有集中和系统的论述。《吴子·图国》云："风兵之所起者有五：一曰争名，二曰争利，三曰积恶，四曰内乱，五曰因饥。"所谓争名，即争夺名分。名分可直解为人的身份和地位。而在西周和春秋战国时期，各有其特有的含义，即西周以来分封制下，公、侯、伯、子、男及后来的士、农、工、商等各自所处的等级、地位和应享受的权力及所应承担的义务。争名，就是指诸侯之间争夺霸权。争利，意为争夺经济利益，其中不仅包括国家内部各利益集团，而且包括国家、民族之间争夺经济利益。积恶，指国家、诸侯、民族或政治集团之间的历史积怨。内乱，指国内的政治动乱及由此引发的武装叛乱。因饥，是因饥荒等原因爆发的人民起义等。这种两千多年前对战争的直接起因的揭示，无疑是相当深刻的。

对政治与战争的关系，春秋战国时期的军事家已经有了切实而系统的认识。中国古代伟大的军事家孙武在他的不朽著作《孙子兵法》的开篇中明确指出：

兵者，国之大事也。

战争关乎国家的生死存亡。那么，决定战争胜负的关键又在哪里呢？首先在政治是否清明，其次才是将帅是否得人、军队是否强大、战法是否得力等。孙子之后的另一位军事家司马穰苴也说：

古者，以仁为本，以义治之之谓正。正不获意则权。权（权变，特殊手段）出于战，不出于中（人）。

他认为以“仁”“义”为治是国家治理的正常方法。冲突和斗争则只能用战争手段来处理。春秋战国时期，诸子蜂起，百家争鸣，游士横议，各持一端，其中不乏非战废兵论者，《管子·立政第四》云：

寝兵之说胜，则险阻不守；兼爱之说胜，则士卒不战。

寝（息）兵之说，是战国时稷下学宫的宋、尹学派的主张，力倡“见侮不辱，救民之斗；禁攻寝兵，救世之战”。这一主张在战国诸侯互相攻伐不休的时代中无异于痴人说梦。兼爱加非攻，用爱一切人而制止战争，对诸侯来说，也差不多是与虎谋皮。《管子》的作者在评论当时流行的九家学说的是非得失时，首先批评宋尹学说，认为其停止战争、废止军备的要求只能削弱国防；墨家倡导兼爱而非攻，就会使士兵丧失战斗意志，实在是自毁长城、自取灭亡之道。这种观点确是中肯而符合社会现实的。《吕氏春秋》的论点更加明确：

争斗所自来者久矣，不可禁，不可止。故古之贤王有义兵而无偃兵。有以用兵丧其国者，欲偃天下之兵，悖。夫兵不可偃，譬之若水火焉，善用之则为福，不能用之则为祸。

吕不韦编《吕氏春秋》，一是要和孔子的《春秋》比个高低，二是想以国相兼尚父的身份以此书作为教育秦始皇的教材。秦始皇以横扫六合、气吞九州之雄才大略，一统山河，后又因用兵频繁、劳民太甚而使秦王朝迅速覆亡。秦始皇是否读过《吕氏春秋》不得而知。即使读过，大概也是没有领会吕不韦的一片苦心，没有理解上引两段话的深刻含意。吕不韦的意思是讲：战争由来已久，不可禁止，无法回避。且禁止和回避它是不可能的，也是错误的。对战争，如同水和火一样，只在你如何使用和驾驭它，使用驾驭得好，就能造福于国家和人民，反之，则会国破家亡，人民遭殃。对战争这一积极的认识和态度应是极为谨慎和高明的，至少在理论上要比秦始皇更有远见和更符合战争内在的规律。无怪乎中国历史上另一位杰出的皇帝唐太宗李世民对此心领神会，认为对战争（或军事武装力量）“不可以全除，不可以常用”。让战争成为可驾驭使用的工具，成为开国奠基、统治天下的手段，而不能为战争所左右、所伤害。以上各家对战争存在的必然性的认识，对战争的作用和功能的认识，对战争与政治相互关系的辩证论述，在实践上是积极有为的，在战争理论上也是极富创见的。

政治和军事手段，以及二者的交替使用，张弛变换，是古代治国之道中的根本要素，古人称为文武之道。孔子说：

> 臣闻有文事者必有武备，有武事者必有文备。

《吕氏春秋》也说：

> 用武则以力胜，用文则以德胜。文武尽胜，何敌之不胜！

西汉初年，这一文武兼举的思想演变成所谓“马上马下”说。小亭长出身的刘邦，以大刀长矛夺取政权，而不知道用文事巩固政权，思想家陆贾给他以启蒙教育，告诉他马上得天下，不能用马上之术治天下，治理天下“文武并用，长久之术也”。其后的唐太宗李世民和明成祖朱棣等均有类似的言论。唐太宗云：

> 文武二途，舍一不可；与时优势，各有其宜；武士儒人，焉可废也！

明成祖也说：

不可以武而废文教，亦不可以文而弛武备。文武并用，长久之术。

大凡在中国历史上有作为的封建统治者都从历史和现实的经验中学会了这种治国之术。

中国古代的思想家们更多地从居安思危的角度来阐述加强军备的重要性。《周易》云：

危者，安其位者也；亡者，保其存者也；乱者，有其治者也。是故君子安而不忘危，存而不忘亡，治而不忘乱。是以身安而国家可保也。

在这里，安危、存亡、治乱是辩证的统一，随时可能发生转化，关键在于统治者能否“居安思危”，防患于未然，去危于未发，救亡于未萌，消祸乱于无形。对此，其后的军事家、思想家们有大量丰富具体深入的论述，如“库无备兵，虽有义而不能征无义；城郭不备全，不可以自守”；“夫安国家之道，先戒为宝。”“天下虽安，忘战必危”等。中国古代，善于在军事上出奇谋决断的诸葛亮警告说：“若乃居安而不思危，寇至而不知惧。”就如同燕子筑窝于帐幕之上，鱼游于鼎锅之中那样危险，灭亡的命运就在旦夕之间了。

从对人类社会造成的严重后果而言，一切战争都是应该避免的。从总体上说，中国古代包括兵家在内的人们都是非战的和平论者。但是，严酷的社会现实告诉人们，有些战争就是正义的战争。从战争爆发的动因和战争的目的看，正义战争的动因和目的应是“禁暴、戢兵、保大、定功、安民、和众、丰财者也”；“诛暴乱，禁不义也”。当然，抵抗异族进攻，反抗外来侵略的战争是正义之举。此外，推翻暴政，建立新王朝，拯救万民于水火的战争更是正义的战争。对正义战争，中国古代的人们是充分理解和坚决支持的。他们论证说：

以战去战，虽战可也；以杀去杀，虽杀可也；

是故杀人安人，杀之可也；攻其国，爱其民，攻之可也；以战止战，虽战可也；

兵苟义，攻伐亦可，救守亦可。

用战争制止战争，用杀人制止杀人，杀恶人而保护人民，这样的战争，人们不仅给予充分的支持肯定，而且预言正义的战争必然会取得胜利。《三略》曰：

夫以义诛不义，若决江河而溉爝火，临不测而挤欲坠，其克必矣。

意即以正义战争消灭非正义的战争，就如同决江河之水去湮灭微弱的火把、在深渊之边推落一个摇摇欲坠的人那样容易，胜利是必然的。正义的战争之所以能必胜，是因为它合乎道义，得到人民的支持。所谓“师直为壮，曲为老”。所谓“因民之欲，乘民之力，而为之去残除贼也。故同利相死，同情相成，同欲相助。顺道而动，天下为向；因民而虑，天下为斗”。正义战争甚至能得到敌国敌方人民的理解和赞同，“故成汤讨桀而夏民喜说（悦），周武伐纣而殷人不非，举顺天人，故能然矣”。非正义的战争则相反。战争的起因和目的往往是统治者或好大喜功、刚愎自用，或为了满足自己的私欲，如有“恃众以伐”、“因怒兴师”、“弃礼食利”、“国乱人疲，举事动众”而发动的战争；有“杀人之父兄，利人之货财，臣妾人之子女”而发动的战争；有“利土壤之广而贪金玉之略（同掠）”而发动的战争等。不义战争破坏了本国正常的社会秩序，影响了社会生产的正常发展和人民的安宁。同时，也对敌国敌方人民带来巨大的灾难。不义战争毫无道义可言，师出无名，理屈气衰，就不会得到人民的支持，处于“失道寡助，亲戚畔之”的境地，甚至导致本国人民的反抗或其他势力乘机而起，引起内乱。对敌国敌方人民来说，以正义战争反对非正义战争，便会举国上下团结一致，同仇敌忾，“故抗兵相加，衰者胜矣”；“然兵犹火也，弗戢，将有自焚之患。黩武穷兵，祸不旋踵。法曰：‘国虽大，好战必忘。’”“夫兵不可以黩，黩则玩，玩则败”。古代的思想家、政治家，包括有远见的军事家，无不反对非正义的战争，指出不义战争导致败亡的必然结果。

三军易得与一将难求

战争是生与死的搏斗，是血与火的较量。在世界一切事物的对立和斗争中，没有任何事物像战争那样将敌对双方如此紧密地联系在一起，并在如此剧烈尖锐的对抗中分出你死我活，立判胜负高下。这里不承认弱者，不允许反悔，无所谓犯规，也没有暂停。不是生存，就是毁灭。战争就是如此酷烈无情。正是在这种毫无回旋余地的激烈对抗中，人，尤其是战争指挥者的智能、智慧得到了最大限度的发挥。

春秋战国时期，是人才辈出的年代，也是中国古代军事理论、战争理论形成和成熟的时代。在这样的时代中，将帅作为战争指挥者的重要地位和重要作用被空前地凸现出来。在这一历史时期中，各诸侯国互相攻伐，地广人众、实力强大者谋求霸主地位，国小势弱者保境求存。战争，几乎成为各诸侯国政治生活中的主要内容。战争需要强大的军队，需要优秀杰出的军事统帅。可以说，谁拥有了优秀杰出的军事统帅，谁就能组织训练起强大的军队，去实现既定的目标。贤能之将，成为国家安全稳定的柱石。故而《孙子兵法·谋攻》云：

> 夫将者，国之辅也，辅周则国必强，辅隙则国必弱。

《作战篇》更强调说：

> 故知兵之将，生民之司命，国家安危之主也。

那些能理解运用和把握战争规律，攻必克、战必胜的优秀将领，不仅掌握着三军将士的命运，而且是人民生死祸福的主宰，国家兴衰存亡的主宰。战国名将、著名军事家吴起也说，卓越的统帅“得之国强，去之国亡”。后人多有类似的论说，如“兵者，国之大事，存亡之道，命在于将”等。

将帅在国家政治中的这一突出地位和重要作用，一方面是由春秋战国时期乃至中国古代社会中将领自身的特点决定的，另一方面则是由将帅在战争中的地位决定的。就前者而言，春秋战国时期乃至秦以后的大一统社会中，将相虽然有所区分，但相领军权而指挥战争和将帅参预政事而勤政治民，仍是普遍现象。吴起是著名军事家，也是政治家。陈平是政治家，也是军事家。韩信是军事家，背上背的剑只是装装样子，如果刘邦给他机会去当政，他未必就不是政治家，因为曹参那样的一介武夫都能当丞相，韩信怎么就不能？诸葛亮、陆逊是典型的书生，历史上的职业军事家能与之比肩者为数不多。像曹操、李世民那样的政治家兼军事家的人物大有人在，只是其他人没有成就他们那样的伟业罢了。另一方面，中国古代军事理论、军事谋略、包括战争理论的最大特色是不像西方近现代的军事理论那样将战争作为孤立的研究对象，而是从治国平天下的高度，从宏观把握战争与政治、战争与社会的相互关系的基础上去研究战争的。从某种程度上说，研究战争之道就是研究政治之道，谈战争必谈政治，必谈如何治国治民，或者说是，必先研究政治然后才研究战争，研究政治是研究战争的前提，研究战争是为了更好地完善政治。中国古代主要的军事著作莫不如此。这既是中国古代军事著作的缺陷，也是它的理论特色。因此，称优秀卓越的将领是国家人民命运的主宰似乎有些绝对，但说他是国家的辅佐和柱石是不为过分的。从将领在战争中的地位看则更是如此。战争，是有组织、有计划、有目的的政治行为，战争的胜负决定着政治目标的实现与否。战争胜利，国家统治便稳固，人民便免遭动乱杀戮之灾；战争失败，国家丧败甚至覆亡，将士陈尸沙场，人民流离失所。山东六国的败亡和秦王朝的统一，安史之乱的结束和大唐王朝的勉强胜利，其中固然为社会历史发展的某种必然性所左右，而作为战争指挥者的将领在战争中对这一系列政治目标的实现所起的作用，是完全可以肯定的。六国的败亡和中国的大统一是必然的，秦王朝的统一是秦王朝政治的胜利，而这种政治的胜利是通过军事、战争手段实现的，没有战争的胜利就没有秦王朝的统一。作为战争指挥者的白起、王翦、蒙恬等名将对推动大统一这一政治目标的实现所起的作用，当是无异议的。如果不是郭子仪、李光弼等名将力挽狂澜于既倒，大唐王朝能否恢复形式上的统一则是很难说得准的。在战争中，将领对战争的胜负起着决定性的作用。将领是战争战略战术的决策者和具体实施者，没有战争战略、谋略的战争和没有战争指挥者的战争，是不可想象的，要夺取战争的胜利事实上也是不可能的，这也符合战争自身运行发展的规律。前人总结说：

置将不善，一败涂地；
军无适主，一举可灭；
三军以将为主，主衰则军无备意。

战国时期的大军事家尉缭为我们描述了将帅潇洒疆场、叱咤风云的威武风姿，所谓“无天于上，无地于下，无主于后，无敌于前。一人之兵，如狼如虎，如风如雨，如雷如霆，震震冥冥，天下皆惊”。他的意思是，战争中的将帅上不顾忌天，下不顾忌地，后不顾忌国君，前不顾忌强敌，一人统帅三军，像虎狼那样凶猛，像暴风骤雨那样迅疾，像雷霆那样暴烈，天地为之变色，天下感到震惊。这就是战争中将帅气吞山河的豪迈，震撼天下的权威。没有什么场合能像战争这样更能显示将帅的无上威严、显赫地位和重要作用的了。所以说，优秀杰出的将帅是组织指挥战争的核心，是三军将士和天下生灵的主宰，是国家政治的重要辅佐，当国家处于内忧外患的时期尤其是如此。

由于将帅在战争和国家政治生活中具有如此重要的地位和作用，因此，如何择贤任将以作邦国之辅是统治者十分重视而又慎重的大事。春秋时期及春秋以前，贵族世袭制度占主导地位，其他阶层的人对政治和军事的领导权一般很难染指。即使如此，伊尹出身下流，商汤用之，出将入相，帮助灭夏而成就了商汤的帝王之业；姜太公一生漂泊，怀才不遇，年七十才遇到周文王，周文王、周武王以姜太公总揽军政大权，依靠姜太公的文韬武略，灭商而扫平天下，建立了西周王朝；管仲是齐桓公的仇敌，但齐桓公提拔管仲于死囚之中，让管仲政治军事经济一把抓，实行个人领导，齐桓公自己去当逍遥君主，管仲则为齐桓公争来了个九合诸侯、一匡天下的霸主地位等。春秋战国时期，传统的世卿世禄制度开始瓦解，任贤任能、惟才是举的用人方法开始形成。而士阶层的崛起，又形成了一个巨大的人才库，为统治者择优用贤提供了方便。因此，有远见卓识的政治家比其他任何人都更为重视强调选贤任能，择贤为将，形成了选举将帅的一些基本原则和方法，这在孙武、司马穰苴、孙膑、吴起、尉缭等人的军事著作中都有涉及。其基本原则和方法是“选才考能，令实当其名，名当其实”的“按名督实”，强调选用将领应“无清浊之殊，无内外之别”，以及不避亲、不避仇、不分贵贱远近、不求全责备等。这些选贤任将的原则和方法通行于古代中国社会之中，历史上众多文武双全军事家的脱颖而出，往往是运用这一原则和方法而选择产生的。

将帅之才与智勇之谋

将帅不仅应具备广博的知识文化素质、高尚完善的道德品质、坚定不移的政治信仰，更应具备卓越的谋略才智、非凡的战争指挥艺术、健康的精神心理素质等。人们常说的文武兼备、智勇双全、刚柔并济等，就是对将帅素质修养的总体要求。《孙子兵法》提出的将帅五德：“智、信、仁、勇、严”是一个很好的概括。后来一些兵法又补充了其他一些内容，特别强调了“忠”的意义。

1. 关于“智”与“勇”

智，主要是指智慧和谋略。战争，不仅是力量的格斗，更是智慧谋略的较量。一部《孙子兵法》就是中国古代军事智慧之道的结晶。斗智不斗力、以智慧谋略战胜敌手这一思想贯穿于孙子洋洋洒洒的6千言之中。《孙子兵法》诞生后，先谋后战，重谋轻战，以谋胜敌成为中国古代一切战争的基本法则。《孙膑兵法·八阵》认为，智谋不足的将帅带兵打仗，是盲目自负；不懂得战争规律、用兵之道而又没有战争实践经验的将帅带兵打仗，是希图侥幸取胜。孙膑不仅是军事理论家，也是一位足智多谋的军事家，他指挥的齐魏桂陵、马陵之战，计中有谋，谋中有计，计连谋，谋连计，智计百出，是中国古代军事史上以智谋胜敌的典型战例。其“围魏救赵”的战法成为后来军事家普遍效仿的范例。《六韬》说将帅：

> 不知战攻之策，不可以谋敌；不能分移，不可以语奇；不通治乱，不可以语变……将不智，则三军大疑；将不明，则三军大倾；将不精微，则三军失其机。

其意也是说将帅不懂得战争攻守进退谋略，就谈不上出奇制胜；不通晓动静治乱，就谈不上随机应变；将帅缺乏智慧谋略，军队就会疑惧俱至；将帅不能洞察战争态势并果敢决策，军心就会动摇；将帅不能准确把握战争运行的转折变化，就会失去战机……总之，智慧谋略是将帅的第一生命。

超人的智慧来源于广博的知识和对前人经验教训的认识总结、吸收消化、升华提高。然而，超人的智慧不能等同于非凡的谋略。将帅运用智慧的力量，依据战争规律和法则对敌我双方诸战争因素及有利不利的诸客观条件进行分析比较、推理判断，作出周密的符合战争客观实际并足以克敌制胜的战略战术决策，这才是谋略。由于战争的对抗性、诡诈性，敌我双方战争企图、战略战术及其实施过程的隐蔽性等原因，谋略产生的过程实际是十分困难的，这就需要将帅具有高瞻远瞩、宏观把握战争全局的能力，对敌情我情及其运动变化的敏锐的洞察力、透彻准确的判断力、灵敏迅疾的应变反应力及坚决果断的决策能力等。人们常赞叹不已的所谓“眉头一皱，计上心来”，实际是这些能力综合运用的结果。以《孙子兵法》为代表的中国古代兵家著作，就是一座军事谋略宝库，是中国古代军事智慧的光辉结晶，它所告诉我们的就是非凡的智慧谋略是决定战争胜负的根本条件，要求将帅首先必须具备超人的智慧谋略，正是基于超人的智慧谋略对战争胜负的决定性作用而提出来的，这实际也是无数战争经验教训的总结。

春秋以后，随着战争投入兵力的增加、时间的延长和空间的扩大，随着军种兵种的增多和战争战役战斗形式的多样化等战争诸要素的日益复杂化，将帅已无法独自承担从谋略决策、指挥进退，到军队管理、后勤供应等一切事务。适应战争发展的需要，类似于现代军事指挥部的以将帅为核心的领导集团逐步形成。孙子所谓的“庙算”，后来军师和智囊团的出现，实际就是将帅个人智慧能力的扩大和延伸，所谓：

> 以天下之目视，则无不见也；以天下之耳听，则无不闻也；以天下之心虑，则无不知也。辐辏并进，则明不蔽之。

就是要博采众谋以优化谋略决策的意思。

将帅非凡的智慧谋略，不仅表现在临阵对敌能料敌如神，因敌制变，临机决断，知攻守进退，善奇正分合，能避害趋利，玩百万雄兵于股掌之上，破敌杀将于谈笑之间，即所谓运筹帷幄，决胜千里的智将。而且表现在具有对未来战争发展趋势的预见能力，即运用超人的智慧谋略，把握全局，顺应时势和战争的发展规律，或防微杜渐，除患于未萌；或深谋远虑，宏规巨制，纵观天下时势而利导之，救亡继绝，开国奠基，如姜太公兴周灭商，范蠡兴越亡吴，孔明隆中对策而三分天下等。另一方面，人类认识事物的过程是没有穷尽的，战争的变化也是无穷的。因此，将帅的智慧谋略永远只能处于一个相对高的水平。它必须随着情况的变化而不断丰富和发展，以在特定阶段智慧谋略的运用达到至善至美的境界——不仅是知彼知己、知天知地、因敌变化、算无遗策、百战百胜，而且能不战而胜。“屈人之兵而非战也，拔人之城而非攻也，破人之国而非久也”。以“全”争胜于天，而“无奇胜，无智名，无勇功”。大智不智，大勇不勇，出神入化，这样的境界只能在将帅不懈的努力进取中才能达到。

“勇”德是将帅的重要素质之一。勇，一般是指强武有力，披坚执锐，敢打敢冲。所谓万夫不当之勇，是小说家所塑造的将帅形象。将帅之勇绝非仅指勇敢或武艺高强，能率领三军冲锋陷阵，搴旗杀将，这只是将帅勇德的一个方面。诸葛亮手无缚鸡之力，陆逊是文弱书生，孙膑是残疾人，韩信勇力也不过常人，但他们都是著名的将帅、军事家或军事理论家。所以，将帅之勇是以智为前提，智勇结合的勇。无智之勇，是匹夫之勇。西楚霸王项羽起兵秦汉之际，以其勇力称霸群雄，与刘邦大战七十二次，从未失败，最后仍落得个身败名裂、自刎乌江的可悲下场。无勇之智也非真智，智慧过人但生性怯懦，犹豫狐疑，这样的人充其量只能当参谋而不能当将帅。所以，将帅之勇，首先是一种意志，一种气概，勇敢坚强，无私无畏，临危不惧，处变不惊，从容自信，镇定自若。他是军队之灵魂，三军之典范。“受命而不辞，破敌而后言返……师出之日，有死之荣，无生之辱”。所谓“夫将者，上不制于天，下不制于地，中不制于人”。临敌决战，如狼虎雷霆，势不可挡。将帅的这种意志和气概，往往化作全军将士的集体意志和气概，使全军成为攻无不克、战无不胜的战斗集体，如同岳家军那样威震敌胆的无坚不摧的英雄部队。岳飞个人的智慧谋略、无私无畏、勇往直前的豪气和胆略无疑产生了巨大的凝聚力、向心力，这既是集体力量的源泉，也是产生集体荣誉、自信的源泉。《六韬·龙韬·奇兵》认为“将不勇，则三军不锐”。王符《潜夫论·劝将》则谓将之“勇以益气……勇气益则兵势自信”。从正反两方面说明将帅有智有勇，三军将士就会信心百倍，斗志旺盛；将帅怯懦畏惧，贪生怕死，三军将士就惊恐迟疑，斗志涣散，畏葸不前。所以，将帅之勇是以自己的意志影响团结全军将士，才能以三军之勇为己勇，以三军之志为己志，全军上下一心，同心同德，就会无敌于天下。

其次，将帅之勇表现为一种面对强敌而从容不迫、面对战争错综复杂的形势而勇往直前、义无反顾、机智决断的精神。《孙子兵法》通篇讲的就是将帅如何在己方处于优势或劣势地位时，运用智慧和谋略手段去战胜强敌。说到底，这种斗智斗谋，克敌制胜，就是以刚毅果敢的勇敢精神为底蕴的。吴起说：

> 用兵之害，犹豫最大；三军之灾，生于狐疑。

当断不断，反受其乱。面对强敌，手足无措，固然必败无疑。而在变化莫测的战争进程之中，将帅不能以大无畏的精神，以自己的智慧，拨开笼罩于战争上空的迷雾，敢于决断，抓住战机，紧紧把握住战争的主动权，勇于决战，克敌制胜，也是不可能取胜的。将帅能否果敢坚决、毫不迟疑，既是睿智的体现，更是以勇敢精神为支撑的。这种刚毅果决的勇敢精神在敌强我弱、敌众我寡的时候往往放射出夺目的光彩。中国战争史上无数光辉的战例，无不与将帅的这种精神相联系。刘秀的昆阳决策，周瑜的赤壁之战，谢玄的淝水决战，刘锜的顺昌决战等都是如此。在这众多的战役战斗中。主将稍一迟疑即全盘皆输。将帅的这种果决精神，在逆境中往往迸发异彩。在顺境——我强敌弱、我众敌寡时能坚持下去就更为难能可贵了。正如《孙子兵法》一再强调的那样，斗众、斗寡，即治理大部队、小部队与强敌或弱敌进行勇斗都要同样对待，“识众寡之用者，胜”。能用寡，不能用众；能斗众，不能斗寡，都不能说是真正的勇敢，不能说是智勇双全的将帅。这种性格素质方面的缺陷，恐怕是人类性格素质中普遍存在的问题。项羽打遍天下无敌手，西楚的大军没有谁能与之争锋，所以，鸿门宴上项羽觉得不值得杀刘邦。正因为这妇人之仁，一念之差，导致了项羽的身死国亡。时人和后人评述项羽，不仅认为他是不智，更认为他不具备一个将帅应有的勇德——敢于决策、见机而作、坚决果断的精神。项羽杀刘邦，项羽未必能王天下。但项羽杀刘邦，可以除去一个潜在的最强大的对手。项羽没有这样做，所以他最后失败了。再看曹操、刘备，二人都是著名的枭雄，都是从无到有、从小到大、从弱到强打出天下来的。刘备借关、张之勇，诸葛之谋，占有巴蜀，在群雄中崛起，不能说不智不勇。但彝陵一战，以优势兵力败于乳臭未干的黄口小儿陆逊，既是不智，更是不勇，最后气死于白帝城。曹操闯天下，曾打出了官渡之战那样的翻身仗，奠定了他在中原的地位。他的勇武谋略，在官渡之战中表现得淋漓尽致。其后平二袁、征乌桓、扫平凉，将智勇结合得天衣无缝，表现出高超的战争指挥艺术和非凡的胆略。而到赤壁之战，同一位曹操，却判若两人，以80万大军对东吴5万人，大败而逃，惶惶如丧家之犬，一向神武果决的曹操成就了周瑜之名，这不是极具讽刺意味的吗？

作为将帅勇德主要内容之一的沉着、坚强、刚毅、果断、不屈不挠，与将帅素质包括性格心理的缺陷——刚愎自用、自高自大、自以为是、固执己见等，应严格区别开来，二者不可同日而语。前者既藐视敌手又重视敌手，以智慧谋略置敌于死地而后已；后者轻视敌手，盲目轻信轻战，自蹈水火、自取败灭而不自知。所以，中国古代的军事家历来强调将帅这种内在的勇敢素质，以此辩证地看待军队力量的大小强弱和预知战争的胜负，是极有见地的。

2. 关于“信”、“仁”、“严”

作为将帅素质修养的“信”，主要指将帅言而有信，言出必行；信赏明罚，公正无私。重言守信，是维系社会人际关系正常运行的道德伦理准则。而在军队这个特殊群体里，将帅之言而有信、言出必行、信赏明罚更有其特殊意义，它是将帅树立巩固权威、团结全军将士、严守组织纪律、统一号令的前提。权威，是战争赋予将帅的特权，没有权威的将帅就不可能灵活地指挥自己的军队。重诺守信是将帅建立权威的重要因素。所谓军令如山倒、军中无戏言，不仅是以军法军纪来维持的，也是靠将帅恪守“信”的道德准则来维持的。“仁”，指将帅应宅心仁厚，爱护士卒，推而广之，由爱护士卒到爱民和爱他人。“仁”作为儒家学说中最核心的伦理概念，在孔子那里有广泛的含义，如“未知（智），焉得仁”智慧不足，很难到达仁的境界。“入则孝，出则悌，谨而信，泛爱众，而亲仁”意为做到“孝、悌、信、爱”就接近“仁”了。“仁者必有勇”可见，“仁”包括

"智"、"孝"、"信"、"爱"、"勇"等内容。但在孔子的思想体系中,"仁"最基本的内容是"爱人"。不管是有差等、无差等的爱,在将帅的素质修养中,"仁"德的基本含义是爱士卒,爱兵如子。中国古代的军事家和军事理论家们都认为,对士兵只有先爱然后才能严格要求,才能施以法纪,才能率领他们赴汤蹈火。"严",是将帅的行为准则,要求将帅要严明法纪,严格治军,严以自律,以取信于兵众,保证军队的铁的组织纪律性,也使将帅保持凛然不可犯的威严气度。从严治军是中国古代所有军事家和军事理论家的共识,是建立一支强大军队的首要措施。严,首先是对将帅自身的要求,将帅不能以身作则,严格自律,取信于将士,成为军队中言而有信、模范执行军风军纪军法的典范,他就会失去权威或威严,其身不正就不能正人。将帅不仁不信,仅以苛法酷刑对待士兵,就是暴将。暴将就不能得到士兵的真诚支持和拥戴,也就不能激发士兵为正义而战的斗志,仅靠严刑酷法维持的战斗群体,有时甚至会酿成极严重的后果。被称为猛将的张飞戎马一生,最后被部下所杀,就是其残暴对待士卒的结果。古人总结治军的经验,借用政治统治手法以治军,主要是"宽猛相济"、"恩威并施",或曰"刑德并用"等,这些方法,都带有明显的实用主义或功利主义的色彩,在中国古代的军事理论和治军思想中,只是一种等而次之的指导原则或方法。其善之善者,应是将帅和士兵有着共同的政治信仰和政治目标,将帅和士兵处于同一个战斗群体中,享有人格上的平等和军风军纪军法面前的平等,以仁德信义维系军队的和谐,以军风军纪军法维系军队的组织协调,统一号令,这样的军队的将帅不严自严,不怒自威,这样的军队的士卒就能无敌于天下。

春秋战国以后,随着大一统帝国的建立和以儒学为核心的大一统思想文化体系的建立,人们从不同侧面对将帅的素质修养提出了进一步的要求,逐步塑造起"儒将"、"礼将"的形象,其内容主要是对中国传统将帅素质修养的进一步深化和强化。如诸葛亮强调:

> 善将者,不恃强,不怙势,宠之而不喜,辱之而不惊,见利不贪,见美不淫,以身殉国,壹意而。

同时,他还指出了将帅修养的多方面内容,如"廉"、"本"、"忍"、"宽"、

"敬"、"谨"等。诸葛亮本人既是中国古代军事智慧的化身，又作为中国古代至善至美的典型将帅形象，为后人所赞颂和效法。后人进一步提出将帅驱除内心世界"功名利禄"的"慎独"的修养功夫，静化灵魂，总目标便是将帅要将自己的志向奠定在修身、齐家、治国、平天下的基础之上，将修身与治国平天下的志向、将言与行统一起来。不管今天怎样评价儒家学说，我们可以肯定的是，儒家传统的道德观和价值观，直接体现为中国古代将帅的素质修养的准则，这对于中国古代的军队建设产生了巨大而积极的影响。而其价值观，则成为我国传统强烈爱国主义思想形成的渊源，"舍生成仁"、"杀身取义"，曾激励中国人民为维护国家的统一、社会的和平和人民的安宁而与异族的入侵、外国的侵略进行不屈不挠的斗争，涌现了无数的民族英雄和卓越的军事家。所以，体现了儒家传统的道德观、价值观的古代将帅素质修养论和蕴含在其中的崇高的爱国、爱和平、爱人民的思想境界，更是值得我们珍惜和继承的。

在论述将帅良好素质修养的同时，古代的军事家和理论家还注意到了将帅素质修养及性格心理方面的缺陷对战争的影响，从反面进一步论证了将帅加强修养、提高素质的极端重要性。其中，仍以《孙子兵法》中提出的将之"五危"最为全面和突出：

> 故将有五危：必死，可杀也；必生，可虏也；忿速，可侮也；廉洁，可辱也；爱民，可烦也。凡此五者，将之过也，用兵之灾也。

其大意是说，将帅有五种弱点最值得重视，不运用智慧的力量，只知道死战硬拼、逞匹夫之勇的，必被敌方所杀；贪生怕死的，必被敌方俘虏。战场上，无智之勇不是将帅之才，但贪生怕死更不可取，因为其失去了将帅甚至是军人最起码的素质。贪生怕死，不仅不能成为合格的将帅，也不能成为合格的士兵。性格暴躁，激动易怒，心胸狭窄，气量狭小，治军则举止失措，引起部属反目，士卒离心；在战场上，则经不起敌方的侮辱、刺激，无法保持沉着和冷静，最后必将落入敌方的陷阱而覆军败亡。所以，沉着、冷静、谨慎、缜密、坚毅、理智、胸怀宽广、气度恢弘等，是将帅应具备的良好性格特征和心理状态；粗暴、浮躁、易冲动恼怒，都是为将帅者的大忌。廉洁自爱，本是人的美德，也是将帅风范。

然而，作为军事家来说，过分自尊或过分珍惜自己的荣誉，往往经不住他人不可避免的误解甚至是恶意的诽谤，经不住暂时的失败或挫折，导致心理紊乱，心灰意懒，自暴自弃，引起思想行为或行动上的失常，如此就可能给敌方以可乘之机，就如同《三国演义》中的周瑜那样，不惧曹操的80万大军。而被诸葛亮气死，遭受极大的耻辱。爱护民众，是将帅仁德的最重要要素。但战争的残酷性和战争战机的瞬息万变，往往迫使将帅为了争取战机，夺取战争的彻底胜利而不得不放弃一部分地区，不得不在一部分地区实行战争动员，征集战争物资等。这种烦扰民众、甚至以牺牲一部分地区来换取战争主动权，为彻底打垮敌方而争取战机的情况在战争中是常有的。将帅如果不能区别局部和全局、部分和整体的利弊得失，也往往因爱民而为敌所乘，或为敌所诱而劳之，或失去战机，为敌所败，使人民蒙受更大的牺牲和损失。

中国古代军事谋略智慧的核心是将帅无论处于什么样的情况下，都要因时因地、因敌因我所处的客观情况及其变化，利用一切可以为我所用的包括敌方将帅、士兵的性格、心理等方面缺陷在内的条件，创造有利于我、不利于敌的战争态势，去夺取战争的胜利。对将帅性格心理缺陷的这些论述，既是对将帅健康素质修养极为重要和有益的补充，同时也告诉人们，无论是敌方还是我方将帅性格心理、素质修养方面的某些缺陷都可能成为对方施谋用计的对象和时机，成为对方突破战争僵局的突破口，造成不应有的损失，有时甚至造成一着不慎、满盘皆输的局面。所以，对将帅包括性格心理在内的整体素质修养的提高和完善，是军队建设的需要，更是严酷的激烈对抗的战争形势发展的必然要求。世界上固然没有尽善尽美的完人，但作为将帅，不能不尽可能地向尽善尽美的境界努力，这应是古代军事家和军事理论家们对今人最诚恳的忠告和至为深刻的启发。

3. 将帅与君主

将帅与君主的关系，是中国古代军事家及政治家们历来所重视的问题。春秋以来，随着战争空间规模的扩大、时间的延长、参战人数的增加和战争过程的日益复杂多变，随着职业军事家的出现，将帅是否应拥有独立的战争指挥权的问题，也随之出现。首先对此明确答复的还是《孙子兵法》。孙武在《孙子兵法》中多次强调将帅应拥有独立的战争指挥权，他在预测战争胜利的五个条件时指出：

将能而君不御者胜。

即将帅有指挥战争的才能而君主不加以牵制制约，让将帅自由行使独立指挥权的一方必定胜利。“将在外，君命有所不受”。在《地形》篇中，他提出：

战道必胜，主曰无战，必战可也；战道不胜，主曰必战，无战可也。

将帅应根据战争中的实际情况，预计胜负可能，决定战与不战，而不能盲从君主的命令，明知不能取胜而去战，明知能取胜而不战。战国时期，孙膑在谈到决定战争胜负的五个因素时，第一条便是“得主专制，胜”；“御将，不胜”。其意是：将帅得到君主的信任且拥有独立军事指挥权的，就能胜利；将帅受君主的遥控而不能独立行使军事指挥权的，就要遭受挫折甚至失败。《尉缭子·武议》再三强调将帅在战争中必须专一，全神贯注，集中全力，去夺取战争的胜利。而胜利的前提正是将帅不能有任何牵制制约，必须拥有完全自由的独立的战争指挥权。

给将帅以独立统一的战争指挥权，这是由战争运行的内在规律决定的。唐代著名政治家、思想家陆贽对此作了比较全面而透彻的诠解，其要点有二：一是将帅拥有独立统一的战争指挥权，可以确立将帅在军队中的权威和威严，坚定将帅必胜的决心，保证军队统一号令，统一指挥，部署协调，灵活机动，使将帅的战略战术意图得到迅速彻底的贯彻执行。其二，战争中敌我双方各方面的情况瞬息万变，战机稍纵即逝，将帅必须根据战争态势的变化，及时地作出正确的战略战术决策，抓住战机，夺取战争的胜利。将帅如果没有这种统一独立的战争指挥权和决策权，根据君主预定的决策指挥战争，稍有变化，就要往返请示，只能被动挨打，是没有不失败的。他又说：

将贵专谋，兵以其胜。军机遥制则失变，戎帅禀命则不威。是以古之贤君，选将而任，分之于阃，誓莫干也；授之以钺，俾专断也……其或疑于委任，以制断由己为大权；昧于责成，以指麾顺旨为定将。锋镝交于原野，而决策于九重之中；机会委于斯须，而定计于千里之外。违令则失顺，从令则失宜；失顺则挫君之严，失宜则败君之众。用舍相碍，否臧皆凶。上有掣肘之讥，下无死绥之志。其于分画之道，岂不两伤哉！

意思是说，将帅贵在独立决策，专一指挥；用兵贵在灵活指挥，出奇制胜。在战争中，军队的战略决策、战术运用，军队的分合变化等机要谋略，如果由君主遥控制约，军队就无法应付变化莫测的战争态势；将帅的指挥完全遵从君主的命令行事，就削弱了将帅的威严，限制了将帅主观能动性的发挥。因此，古代圣明睿智的君主，选拔任用智勇双全的将帅负责军事，指挥战争，都要举行隆重的仪式，宣告将帅领导军队，指挥战争，有独立专一之权，自己不加干预；授予将帅节钺以作将帅权力的象征，表示将帅对军队在战争中的一切事务都能全权处理。后来的一些君主不信任自己选任的将帅，大权独揽，由君主自己决断军队战争中的一切事务；不懂得任命将帅，就必须授予他的权力，同时由他承担自己应负的责任，而认为将帅只要顺从君主的命令就是良将，这实在是大错而特错的了。要知道，金戈铁马，锋镝交加，三军殊死拼杀于平原旷野，而战争的战略决策却出自于君主的深宫禁苑；战机变化在顷刻之间，而一切谋略对策却由处在千里之外的君主决定。这样的战争怎么可能有胜利的希望呢？另外，坐镇战场的将帅如果违背君主的命令就是犯上抗旨，如果听从君主的命令就会坐失战机；违背君主的命令就是损害了君主的尊严，坐失战机损失的是君主的军队，给君主带来的是战争的失败。将帅处于进退两难的窘迫境地，对君主的命令遵从不行不遵从也不行，遵从与不遵从都是凶多吉少；战争的胜利与失败，同样是罪责难逃。其结果必然是君主受到被掣肘将帅的讥评，将帅依违失从，顾此失彼，没有死战到底的条件和决心，造成君主将帅两相伤害，战争失败，国家人民均遭受巨大损失。由此看来，划分君主与将帅的职权权限真是太重要了。

对授予将帅专一独立领导军队、指挥战争的权力的重要性和必要性，陆贽进一步论述说：

夫统帅专一，则人心不分；人心不分，则号令不二；号令不二，则进退可齐；进退可齐，则疾徐如意，则机会靡愆；机会靡愆，则气势自壮；

将在外，君命有所不受。未有委任不专，而望其克敌成功者也。

这道出了将帅独专指挥战争之权与军队将士团结、号令统一、指挥灵活自如，与抓住战机、克敌制胜的因果关系。违反了这个法则，战争就必然失败。另一方面中国古代的军事家理论家们，同时明确指出战争中将帅的自主独立专一的决策和指挥权力绝不是绝对的无限制的。将帅手握重兵，无限制地使用自己手中的权力，势必造成对社会的危害。提出为将之道的三原则，即：

一曰信，二曰忠，三曰敢。安忠？忠王……不忠于王，不敢用其兵。

《六韬》在表述将帅的素质修养要求时，“忠”就是其中的重要内容之一，

一曰仁，二曰义，三曰忠，四曰信，五曰勇，六曰谋。

将帅五才是“勇、智、仁、信、忠”。忠的含义是“忠则无二心”，“二心不可以事君”。明代名将戚继光指出：

材艺之美，必有不二之心，庶成其材。苟有人焉，以不二之心，发于事业，昼夜在公，即有一尺之材，必尽一尺之用。

所谓“不二之心”，即指将帅对君主、对国家忠诚不贰的品德。即使将帅有张良、陈平、诸葛亮那样的智慧谋略，他以其智慧去谋私利，而无忠诚不贰的品德，他就“不能立功全名，卫国保家，为始终完器矣”。

概括中国古代军事家、军事理论家们对“忠”的论述，其含义既有对君主的忠诚，也包含着对国家、民族、人民的忠诚。像岳飞“精忠报国”的誓言即是如此。对“忠”的含义的这一区分，不仅是因为“忠”所包含的忠于君、忠于国家及民族、人民的内容在理论上与《孙子兵法》相统一，而且是因为在实践中，随

着君主对将帅的控制制约逐步加强，中国古代无数军事家、著名将帅及其他仁人志士，在饱受君主的控制、猜疑、要挟、排挤甚至迫害之苦的情况下，仍以英勇无畏、奋不顾身的英雄气概，竭尽自己的智慧才能，义无反顾地投身于反抗异族的侵扰和外来侵略的战争中，支撑着他们的不仅是对君主的盲目的愚忠，而且是对国家、对民族、对人民的一片赤胆忠心，像祖逊、颜真卿、张巡、郭子仪、李光弼、杨业、宗泽、韩世忠、王彦、岳飞、辛弃疾、文天祥、戚继光、袁崇焕等英雄人物，就是如此。理解了这一区分，我们就可以进一步理解中国古代将帅与君主关系中的“忠”的概念本质，就可以进一步理解中国古代的著名将帅及军事家们的高尚完美的人格和比忠君更崇高的精神境界。由此，我们才能更深入地体会到择贤任将以作邦国之辅的深层意义。

治军刑赏与教戒之道

如何建设一支强大的有战斗力的军队，中国古代的军事家和军事理论家们，从不同的侧面、不同层次提出了各自的对策和方略。尽管他们见解各异，但结论相同，那就是军队建设“以治为胜”。战国著名军事家吴起解释说：

> 所谓治者，居则有礼，动则有威，进不可当，退不可追，前却有节，左右应麾，虽绝成阵，虽散成行。与之安，与之危，其众可合而不可离，可用而不可疲，投之所往，天下莫当。

他的意思是说，军队的强大而有战斗力，靠平时的训练、教育与治理，一支训练有素、教育有方、治理得当的军队就能战无不胜、攻无不克。当然，军队的建设和治理有着更广博的内容，从士兵体能的训练到军队整体战斗力的提高，从军风军纪的培养到军队组织配合、协同作战能力的加强，从军人的政治教育到士气的激励和培育等。对前人关于军队建设和军队治理的这些光辉思想成果，本节择其要而略作论述。

1. 用兵之法，教戒为先

军队，是有组织有纪律的战斗集体。军队的组织和训练，是军队的最基本的要素和前提。早在春秋时期，孔子就指出："以不教民战，是谓弃之。"驱使没有经过训练的民众去作战，就是让他们白白送死。在古典兵学名著中，讲军队组织训练最多的是《尉缭子》，从单兵训练、军队基层组织的连保制度、战斗编组、大部队的演习，到营区划分、军队的信号联络指挥、作战时的协作配合等，都有明确而具体的要求。再三强调军队周密的组织、严格的训练、严明的纪律是夺取战争胜利的根本保证。诸葛亮是中国历史上最为著名的军事家，神机妙算，谋略过人，也最重视军队的组织和训练，其云：

> 夫军无习练，百不当一；习而用之，一可当百。
>
> 有制之兵，无能之将，不可败也；无制之兵，有能之将，不可胜也。

即组织训练有素的部队参加作战，将帅无能也不会失败；组织混乱、训练不严的部队参加作战，即使将帅很有才能也不能获得胜利。军队的组织严密和训练有素，是提高军队整体作战能力、形成整体威势和在此基础上军队展开攻守进退、分合变化以机动作战的前提条件，是将帅高超的战争指挥艺术得以实现的保证。军队的组织训练是从对单个士兵的训练开始的，是从士兵练武习兵、掌握杀敌本领和战斗技巧开始的。吴起说：

> 夫人常死其所不能，败其所不便。故用兵之法，教戒为先。一人学战，教成十人。……万人学战，教成三军。

人在战斗中往往牺牲于没有武艺和战斗本领，失败于军事技艺不熟练。因此，用兵的方法，首要任务是让士兵受到训练，使士兵变成合格的士兵。训练的方法是一人学会战斗本领，然后一教十，十教百……以至全军。士兵的训练，包括体能的训练和战斗技术配合等方面。对武器的使用，主要是因人而异，长短轻重结合。传统的刀枪剑戟、弓箭劲弩等十八般兵器，以及明清时被称作神器的火枪、火炮、地雷之类的武器，与今日的战争武器自然不可同日而语。但古人注意到武器要精要新，因士兵的高矮强弱，使用不同的武器，同时为了适应攻防需要而对武器作出不同的配置，使士兵的配置协调和武器的配置协调相统一，以发挥出最大的战斗威力。精通战斗技艺的单个士兵组成强大的集体，方能形成战斗力。其方法是将士兵编组成若干队列，若干队列编组、编队，构成战阵的配置基础。通过严格的队列训练，使每一队列编组都成为紧密团结的小的战斗集体或战斗单位。古人对这种战斗单位有着非常严格的纪律约束和具体详细的规定，无论是平时的行宿训练，还是战斗中攻守进退，都不能混乱无序。井然有序的战斗单位是军队的基层组织细胞。战阵，是军队作战的组织形式，即根据作战需要而对部队进行的兵力部署和战斗队形的配置排列形式。中国古代的军事家和军事理论家们极端重视战阵的演习，战阵的种类、名目，由传统中的所谓“积卒阵”、伏羲的“师卦阵”、轩辕氏的“握奇阵”起，往后经历了一个由简而繁、名目种类越来越多的演变发展过程。据《武备志》记载，古今阵图多达二百余种。这是许多军事家战争实践经验的总结和军事智慧的结晶。古人战阵的原则和精华在于根据战争形势变化的需要，灵活机动地部署兵力和战斗队形，以达到克敌制胜的目的。《孙子兵法》布阵作战的根本原则之一是“以利动，以分合为变”，强调要因天时地利、敌情我情、战争态势的不同情况而灵活运用。强调“击其首则尾至，击其尾则首至，击其中身则首尾俱至”。把军队作为一个整体，使其前后左右互相呼应和配合。何良臣对此解释说：

所以善用兵者，无不率然，何也？盖缘兵体将意，将合兵情，教因情措，阵因地列，气自势张，势从机发，如心之役身，身之动臂，臂之使指，动静率然，随心所使。

他告诉我们，战争中战阵的布列运用，要以平时的训练为前提，将帅士卒要同心协力，训练士兵要从实际情况出发制订训练办法以符合实战的要求，列阵利用有利地形，善于捕捉战机，就会产生有利的态势，战场态势有利，士气就高涨，这样就指挥灵活，变化自然，胜利就是必然的了。没有战前严密的组织协调、分合变化训练就不可能产生“随心所使”的效果。

在军队训练与建设中值得一提的是，古人都很重视在士卒中选拔精锐之士组成类似后来的“敢死队”之类的特种部队。据史载，汤武“以良车七十乘，必死六千人”而灭夏，必死之士就是敢死队。武王灭商，有“虎贲三千人”，虎贲即勇士或近卫军。春秋时，晋文公称霸诸侯，也是以“锐卒千人，先指诸侯”。春秋后期，吴王阖闾一时称雄，其军中有勇武神力者500人，善于奔跑者3000人，成为其东征西讨、征伐中原的前锋。《孙子兵法·地形》中所说的“选锋”也是敢死队或精锐突击队。春秋末越吴槜李（今浙江绍兴西南）之战，越军就曾使用“选锋”冲击吴军。战国及战国以后，军事家们都注意“选锋”的选拔，《孙膑兵法》中的“篡卒”，其他如《尉缭子·战威》、《吴子》之《料敌》、《图国》和《六韬·练士》都专门论述如何挑选特殊人才组成敢死队的方法。

2. 刑赏有度，以法治军

《孙子兵法·行军》云：

> 卒未专亲而罚之，则不服；不服，则难用也。卒已专亲而罚不行，则不可用也。故令之以文，齐之以武，是谓必取。

其意是士卒还没有团结融洽之前就执行纪律，施以惩罚，他们会不服，不服就很难使用他们。士卒已团结融洽但没有用纪律去统一、限制和约束他们，也不能用来作战，所以要用“文”的手段去团结爱护他们，以“武”即军纪军法去管束他们，然后驱之以战，战则必胜。人们把这种治军原则称为刚柔并济、恩威并施，又称和军爱兵，以法治军。

军内之和，主要表现为将帅与士卒之和。军队是战争的主体，战争将生与死的时间与空间无限浓缩，有时只有一步之遥，一瞬之差，士兵在生与死的分界线旁徘徊。因此，军人比任何人都更需要感情的慰抚和心理的交流，士卒受到尊重和爱抚是实现军内之和的现实基础。从将帅一方来说，实现军内之和的途径就是爱兵如子：

> 视卒如婴儿，故可与之俱死。

明初谋略家刘基对此注释说：

凡与敌战，士卒宁愿进死而不退生者，皆将恩惠使然也。三军知在上之人爱我如子之至，则我之爱上也如父之极。故陷危亡之地，而无不愿死以报上之德。

爱兵，就应该体恤士卒的辛劳疾苦，以身作则，与士卒同甘共苦。吴起在魏为将：

与士卒最下者同衣食。卧不设食，行不乘骑，亲裹赢粮，与士卒分劳苦。卒有病疽者，起为吮之。

因此，得到士卒的尊重和爱戴。尉缭效法吴起：

暑不张盖，寒不重衣，险必下步。军井成而后饮，军食熟而后饭，军垒成而后舍，劳逸必以身同之。

汉代的李广是这样，南宋的岳飞是这样，明代的徐达、戚继光也是这样。他们的这种精神，是中国传统文化的精华在军队建设中的体现，是中国古代军队建设思想中的优良传统。

信赏必罚是中国古代军队治理的重要原则。它要求言必信，行必果。“若法令不明，赏罚不信，金之不止，鼓之不进，虽有百万，何益于用?”

为了强化信赏必罚的效果，古人主张赏小罚大，示诚信和威严于全军将士。

凡诛者所以明武也。杀一人而三军震者，杀之；赏一人而万人喜者，赏之。杀之贵大，赏之贵小。当杀而虽贵重必杀之，是刑上究也；赏及牛童马圉者，是赏下流也。夫能刑上究，赏下流，此将之武也。

依法处死、处罚大人物，赏赐赏给牛童、马夫，主要目的在于在军队中产生一种威慑效应，以树立将帅的至上权威；给士卒以军法军纪面前人人平等的待遇，表示将帅诚挚守信、公正无私的品质，和士卒勾通情感心理上的联系。《六韬·龙韬·将威》有相同的论述。先秦齐国名将司马穰苴入军先申明军纪，杀了不按期入军的监军庄贾，国王求情也不行；孙武到吴国，以宫女试以军法，先杀了国王的两名宠妃，以及诸葛亮挥泪斩马谡等，都取得了三军凛然听命的效应。

赏小罚大是一种严厉的带有明显功利色彩的手段，重在树立将帅的威严。古人们更多地注意到赏罚的教育作用、团结功能，注意到赏罚的公正、平允和适度。唐代李靖指出：

> 赏罚不在重，在必行；不在数，在必当。

说明赏罚不在于轻重多少，而在于严格执行和公允适当。重赏之下，必有勇夫的方法只能偶然为之，是特殊情况下的特殊手段，不能作为治军的正常之规。他又说：

> 善无微而不赞，恶无微而不贬，斯乃励众劝功之要术。

意思是凡属美德善行，不因其小而不给予奖赏；丑行恶习，也不因其细微而不予以惩罚。赏善惩恶，持之不懈，方能起到教育士卒去恶从善、激励士气、奋发向上的功能。明代戚继光深刻地剖析了赏罚方法与赏罚的感化教育功能，他论证说：

> 夫赏不专在金帛之惠，罚不专在斧钺之威。有赏千金而不劝者，有不费数金而感深挟纩者，有赏一人而万人喜者，有斩首于前而不畏于后者，有言语之威而畏如刀锯，罚止数人而万人知惧者。此盖有机。机何物也，情也，理也。理兴于心，情通于理。赏之以众情所喜，罚之以众情所恶；或申明晓谕，耳提面命，务俾人人知其所以赏与罚之故。感心发则玩心消，畏心生则怨心止。

这里强调的是赏罚的公正无私，是心理感情的沟通，精神思想的一致。它的作用就不限于对外在行为的暂时激励，而是着重部队整体素质的教育培养。

以法治军是古今中外军队建设的共同原则。军队没有铁的纪律，就无法保证军队的统一步调，令行禁止。也就无法维持军队的团结和巩固，无法保证军队的战斗力。中国古代的军事家和军事理论家们倡导和军爱兵，明赏信罚，但从不忽视加强法纪，以法治军。他们对爱兵如子和以法治军的辩证关系有着透彻的认识。《孙子兵法·地形》认为，仅爱士卒不行：

厚而不能使，爱而不能令，乱而不能治，譬若娇子，不可用也。

仅有爱而无法指挥的军队是不能用来作战的。李靖说：

凡将必先有爱结于士，然后可以严刑也。若爱未加而独用峻法，鲜克济焉。

爱护、恩德和法纪是军队治理的两大基本原则，缺一不可。以法治军，就是以“武”、“刚”、“威”治军。

法纪主要包括政治纪律和军事纪律。政治纪律，主要指爱民，严禁扰民害民。古人认为“民为邦本”，军队来自民众，必须爱护、保卫民众。荀子说：

（战争中）凡诛，非诛其百姓也，诛其乱百姓者也。

攻破敌国：

不杀老弱，不猎禾稼，服者不禽，格者不舍，奔命者不俘。

如燕国乐毅破齐后，采取各种措施安抚百姓，发展经济，用政治纪律取得了战争方式所不能获得的成功。唐太宗严厉规定：

吏士虽破敌，滥行杀戮，发冢墓，焚庐室，践稼穑，伐树木者，皆斩之。

岳家军更有“冻死不拆屋，饿死不卤掠”的军令。军队不侵害扰乱民众，包括敌国的民众，是古代军纪军法中的重要组成部分，是中国古代军队建设思想中的精华。

3. 明耻教战，激励士气

明耻教战一语，出于《左传》，“明耻教战，求杀敌也”。剑指战争前申明军法，严惩怯懦退缩，使士卒有羞耻荣辱之心，激励他们作战时奋勇向前，杀敌立功。如何使士卒知耻而后战？一般认为，一是通过政治教育和伦理道德教育；二是以国家、民族、人民的大义激发士卒的正气，坚定他们为正义的事业而英勇奋战的决心；三是用恩惠、赏罚、刺激等手段，激发士卒的潜能和斗志，提高战斗力，去争取战争的胜利。这三种方法，既有区别，又有联系。古代的军事家和军事理论家们对此有许多精辟的论述，今天读来，仍有诸多启发。

政治教育的前提，当是国君和国家政治本身的清明。《孙子兵法·计篇》说：

令民与上同意者也，故可与之死，可与之生，而不畏危。

君主有道，实施的政治措施促进了社会经济的发展和繁荣，民众从中获得了实惠，他们就拥护和支持君主。民众以参加战争为荣，以逃避战争为耻，便能不顾忌个人生死得失，士气自然旺盛。这就是“上下同欲者胜”。士卒的生死荣辱观不仅与国家政治紧密联系在一起，而且与社会的伦理道德密切相关。吴起说：

凡治国治军，必教之以礼，励之以义，使有耻也。夫人有耻，在大，足以战；在小，足以守矣。

教之以礼，励之以义，就是教育民众士卒自觉遵守社会现存的等级制度和道德规范。又指用正义的思想行为去严格要求自己，培养自身的正气，激励为维护正义而斗争的志向和勇气。孔子说的“杀身成仁”，孟子说的“舍生取义”，就是说为维护正义应义无反顾，勇往直前。孟子所说的“浩然之气”，就是对义行的长期修养磨炼而达到的一种思想境界。具有浩然之气的人，“富贵不能淫，贫贱不能移，威武不能屈”，是一种最崇高的正气和节操。义，正义，浩然之气，杀身成仁，舍生取义等名言，成为中国历史上无数仁人志士磨砺自己的意志和气节，带领中国人民为正义的事业，进行艰苦卓绝的斗争的精神力量。就军队建设和军队治理而言，进行道德伦理观的教育，促使将士树立正确的生死荣辱观，就能统一军队将士的意志，统一其思想和行为，为着共同的目标去奋斗。

第二讲

不战屈兵之道：策略与机巧

有了人类社会就有了战争，有了战争就产生了关于战争的指挥艺术，就产生了人类的军事智慧谋略。中国古代伟大军事家孙武，以他非凡的聪明睿智对战争进行理性思考的光辉结晶《孙子兵法》，是中国古代的兵学圣典，是中国古代军事智慧谋略的宝库。其中不战而胜的谋略思想则是这一智慧谋略宝库中最为辉煌夺目的篇章。

不战而胜，或称全胜思想、全胜战略，是当代人对孙子“不战而屈人之兵”谋略思想的概括和代称。孙子关于“不战而屈人之兵”的谋略主要内容是：

> 凡用兵之法，全国为上，破国次之；全军为上，破军次之；全旅为上，破旅次之；全卒为上，破卒次之；全伍为上，破伍次之。是故百战百胜，非善之善者也；不战而屈人之兵，善之善者也。
>
> 故上兵伐谋，其次伐交，其次伐兵，其下攻城。攻城之法，为不得已……故善用兵者，屈人之兵而非战也，拔人之城而非攻也，破人之国而非久也，必以全争于天下。故兵不顿，而利可全，此谋攻之法也。

对“不战而屈人之兵”这一光辉谋略思想，孙子之后的军事家和军事理论家们都有所继承和发挥，而对如何理解“不战而屈人之兵”这一谋略思想，古人和今人都有较大分歧。一种观点认为“不战而屈人之兵”作为一种谋略手段，主要包括伐谋、伐交两个方面，伐谋即运用我之谋略破坏敌方谋略，达到“屈人之兵而非战”的目的。伐交即运用外交手段挫败敌方的谋我之谋略。伐谋和伐交是一种非军事的政治谋略，借以达到屈人之兵的目的。另一种观点则将“不战而屈人之兵”理解为“全胜战略”或“全胜思想”，其内容包括伐谋、伐交、伐兵三个方面，伐谋、伐交是政治谋略，以“全国”即使敌国完整地屈服为目的；伐兵是军事谋略，是运用军事手段加高明的谋略，在战争中，使敌之军、旅、卒、伍完整地屈服为目的。这也包括孙子“胜于易胜”、“败已败者”等谋略。伐谋、伐交、伐兵在实践中往往是联合交叉使用的，总的目标是运用谋略和军事手段．使敌国敌军完整地屈服，即为“全胜战略”。我们赞同将“不战而屈人之兵”概括为“全胜战略”，这比较符合《孙子兵法》的原意。

富国强兵，威制天下

包括孙子“全胜战略”在内的不战而胜谋略，是春秋战国时期中国社会现实的产物，是处于那个时代的思想家、军事家和军事理论家们为解决当时的社会现实问题而进行的多层次理性思考的结果。春秋战国时期，周王朝的神圣王权已无可挽救地衰落下去，代之而起的是各诸侯国的兴起及各诸侯国之间无休无止的攻伐争夺，各国间“争地以战，杀人盈野；争城以战，杀人盈城”。众多的诸侯国逐步被吞并，春秋五霸代兴，战国七雄并立，战争的规模越来越大。面对战争给社会和人民带来的巨大灾难，当时的思想家、军事家和军事理论家们在思索什么呢？我们认为，对处于那个时代的人们来说，当时社会的传统文化给他们的教育和影响主要是：国家本来是一个统一的国家、社会是一个完整安宁和平的社会，各诸侯国分立争雄是一种不正常的现象，国家和社会的前途是走向统一。对春秋战国时期的人们来说，他们呼唤国家的统一、社会的和平和人民的安宁，问题只是由谁来承担这个历史重任而已。这确是一个巨大的时代课题。面对这个巨大的时代课题，中国新兴的知识分子（即新兴的士阶层）以空前的热情、强烈的历史使命感和社会责任感，从治国平天下的大视角出发去审视社会，从拯救天下万民于水火的愿望出发去创派立说，形成了诸子蜂起、百家争鸣的局面。各派大师率领各自的弟子奔走于各国之间，游说诸侯，销售各自的学说。各家各派虽观点不一，有时甚至势如水火，唇枪舌剑，互相攻讦，但他们的共同之处在于“各著书言治乱之事，以干世重”。治世救民、富国强兵、统一天下，是他们的共同目的，而不战而胜的智慧谋略则是贯穿于包括兵家在内的各主要学说中的一根红线。所谓不战而胜，和孙子的全胜战略一样，并非是只要政治谋略而不要军队、战争或军事手段，而是以富民强国和建设强大的军队为基础，退足以守国而立于不败之地，进足以威慑敌国，势压群雄，以争胜于天下，达到统一的目的。以此为线索，我们对春秋战国时期的各主要学派的有关观点做一简单分析，就可以看到各个不同学派之间的这一共同智慧谋略特点了。

我们先看儒家。春秋战国时期，儒学是显学，秦代以后，儒学处于独尊地位。儒学对包括兵家在内的各学派影响都很大。春秋战国时期的儒学有三大代表人物——孔子、孟子、荀子，他们的成就是多方面的，我们仅看看他们政治方面的主张、理想或方案。首先是孔子，孔子是伟大的思想家，他以“仁”为核心的伦理体系维系社会的稳定，在政治建设方面除提出对民众先富后教、“足食足兵”、“德主刑辅”的治国方略外，最重要的就是他的“礼”了。他推崇尧舜，但对大同社会理想不敢企及，最大的心愿是追寻文武周公的礼法社会。他的后学们将他的理想描绘了一番，这就是两千余年来让人们心驰神往的“大同”、“小康”乌托邦式的理想社会。我们将《礼记》中这篇脍炙人口的佳作照录如下：

大道之行也，与三代之英，丘未之逮也．而有志焉。

大道之行也，天下为公，选贤与能．讲信修睦。故人不独亲其亲．不独子其子，使老有所终，壮有所用，幼有所长，矜寡孤独废疾者皆有所养。男有分，女有归。货恶其弃于地也，不必藏于己；力恶其不出于身也，不必为己。是故谋闭而不兴，盗窃乱贼而不作，故外户而不闭，是谓大同。

今大道既隐，天下为家。各亲其亲，各子其子，货力为己。大人世及以为礼，城郭沟池以为固，礼义以为纪，以正君臣，以笃父子，以睦兄弟，以和夫妇，以设制度，以力田里，以贤勇知，以功为己。故谋用是作，而兵由此起。禹、汤、文、武、成王、周公，由此其选也。此六君子者，未有不谨于礼者也。以著其义，以考其信。著有过刑仁讲让，示民有常。如有不由此者，在执者去，众以为殃。是为小康。

孔夫子对大同社会是神往而不敢企及的。就是这个大同的理想国，也是他的后辈们替他描绘的。不管怎么说，这也是儒家一派学者的“伊甸园”，在那里天下为公，人人平等，盗窃乱贼也没有，清平世界，朗朗乾坤，自然用不着奇谋变诈，阴谋诡计，也就没有战争，无战无胜。小康社会则不然，有了家天下，有了私有制，有了国家、军队、城郭沟池，有了战争，也就有了谋略智慧，有了“革命”。这个社会是以礼制维持的，有“礼”则昌，无“礼”则亡。孔子是现实主义者，不作不着边际的幻想，他向往的不是大同而是小康型的“礼法”社会。在他看来，战争是避免不了的，军队是不可缺少的，民富了要教，教的内容包括教民学会打仗。“兵”如同刑一样，在小康社会是必要的，但由于复了礼，社会等级秩序井然，有信、义、仁、让等伦理道德和刑法规范制约着君主公卿民众，就可以避免战争。礼制、法制，是孔子社会改良的武器，救世的药方，但他并没有说不要军队，而是强调谁要以他的方法治世救民，到不了大同也可至小康，这是孔子不战而胜的谋略智慧。

孔子讲礼制，亚圣孟子讲“仁政”。身处战国的孟子才思过人，利口好辩，这是战国著名学者的基本功。它带来的不足之处是，一上擂台，他就得将他肯定的东西肯定到极致，否定的东西否定得彻底，两者都没有回旋的余地。如他对于仁政学说和战争问题就是如此。他是主张非战的，他认为战争是万恶之源，策划战争的、出谋献计的、搞合纵连横的、主张耕战的都该死。“争地以战，杀人盈野；争城以战，杀人盈城。此所谓率土地而食人肉，罪不容于死。故善战者服上刑，连诸侯者次之，辟草莱任土地者次之”。那么如何解决社会的现实问题呢？孟子的回答是推行仁政。即任用贤能、恢复井田、用仁爱吸引爱护团结人民（孟子最重视人民的力量和作用，这是孟子思想的突出之处）等，但我们来看看他笔下仁、仁政的作用和威力：

地方百里而可以王。王如施仁政于民，省刑罚，薄税敛，深耕易耨。壮者以暇日，修其孝悌忠信。入以事其父兄，出以事其长上。可使制梃以挞秦楚之坚甲利兵矣。彼夺其民时，使不得耕耨，以养其父母。父母冻饿，兄弟妻子离散。彼陷溺其民，王往而征之，谁与王敌？故曰："仁者无敌。"

以仁政得民、惠民，得到民众的支持和拥护，民众用木棍子就能打败秦楚武装到牙齿的军队，这叫做"仁者无敌"。梁惠王问谁能使天下安定统一？孟子回答：

如有不嗜杀人者，则天下之民皆引领而望之矣。诚如是也，民归之，由水之就下，沛然谁能御之？

不好杀人的是有仁德的君主，有仁德的君主天下人都拥护他，他就能不战而取天下。再如，孟子在表述了他的"天时不如地利，地利不如人和"的那段著名格言后说：

域民不以封疆之界，固国不以山黔之险，威天下不以兵革之利，得道者多助，失道者寡助。寡道之至，亲戚畔之；多助之至，天下顺之。以天下之所顺，攻亲戚之所畔。故君子有不战，战必胜矣。

孟子的思想与孔子一样，是以良好的政治与敌国决胜于朝廷，达到不战而胜的目的。

荀子是春秋战国时期的最后一位伟大思想家。他批评百家而总汇百家；骂倒了除孔子之外几乎所有的人，而他也几乎吸取了所有大学派的思想精华，成一统之言。他不像孔子那样惶恐而忧虑，不像孟子那样恣意而不切实际。他提出"礼法"兼治的指导原则。所谓"礼法兼治"，即文武、恩威、刑德双管齐下，说白了，就是儒家的仁政、王道加法家的法治霸道。尧、舜之政，三王之道，在孔子、孟子那里只是理想而无法实现，在荀子这里则是可望可及可操作的，有现实可能性的。荀子曾考察过以法治国、国富民强的秦国，对其大加赞美，认为秦国已到霸道政治尽善尽美的境界，但离王道政治只有一步之遥，这就是如果秦国推行儒术，做到“力求止，义术行”，就可以兵不血刃，令行天下。从整体上看，他的取天下、安天下的谋略与孔、孟小异而大同，都是以不战而取天下的。

以老子为祖师的道家学派，是中国文化史上唯一能与儒学并驾齐驱的重要学派。道家学派，尤其是老子深邃的“道”哲学体系在中国传统文化中的影响是绝不可以低估的，其对兵家的影响不亚于儒家，这从《老子》道哲学对《孙子兵法》的影响就可窥见一斑。纵观《老子》的思想体系，老子是反对战争要求和平的。“兵者，不祥之器，物或恶之，故有道者不处”；“兵者，不祥之器，非君子之器，不得已而用之，恬淡为上，胜而不美。而美之者，是乐杀人。夫乐杀人者，不可以得志于天下矣”；“以道佐人主者，不以兵强天下，其事好还：师之所处，荆棘生焉；大军之后，必有凶年”；“天下有道，却走马以粪；天下无道，戎马生于郊”。兵为凶器，武是凶德，战争是不得已的事，这是后来军事家和军事理论家们的基本战争观。然而《老子》又是中国古代军事智慧谋略的渊薮，战争诡道的鼻祖。除一般的智慧谋略外，我们来看其关于不战而胜的思想，“天之道，不争而善胜”；“圣人之道，为而不争”。这是以自然法则论述社会法则，由天道到人道的统一，作为“无为无不为”政治统御术的张本，其理论根据是“贵柔”、“尚弱”、“主静”的辩证统一观。“天下之至柔，驰骋天下之至坚”；“天下莫柔弱于水，而攻坚强者莫之能胜，其无以易之。弱之胜强，柔之胜刚，天下莫不知，莫能行”。柔弱胜刚强是原则，于是便有了具体的“术”的论证，“曲则全，枉则直，窪则盈，敝则新，少则得，多则惑。是以圣人抱一为天下武……夫唯不争，故天下莫能与之争”；“道常无为而无不为。侯王若能守之，万物将自化。……不欲以静，天下将自正”；“我无为，而民自化，我好静，而民自正；我无事，而民自富；我无欲，而民自朴”。我之无为、好静、无事、无欲，使民自化、自正、自富、自朴，使社会归于安宁、宁静、和平，这就是为，是大有为。所以，由不争到天下莫能与之争，无为到无不为，是不争之争，无为之为。不争、无为，都是有条件的，目标就是天下莫能与之争，是无所不为，无所不得。这就是军事上的不战而战，不胜而胜。

对于治国治军来说，不战而胜的谋略还表现在：其一，当战争或问题处于初始阶段时，应着眼防患于未然，将战争、问题消弭于始萌。“其安易持，其未兆易谋，其脆易泮；为之于未有，治之于未乱。合抱之木，生于毫末；九层之台，起于累土；千里之行，始于足下”，“图难于其易，为大于其细”。其二，在敌方（当然也包括政治上的对手）势力强大时，要“不争”，“将欲歙之，必固张之；将欲弱之，必固强之；将欲废之，必固兴之；将欲夺之，必固与之。是谓微明，柔弱胜刚强”。是先予后夺的谋略。所以，“善为士者不武，善战者不怒，善胜敌者不与……是为不争之德，是谓用人之力，是谓配天古之极”。争就能不战而胜，这里作为谋略原则是高明的，与《老子》的整个哲学思想体系也是一致的。

墨学是战国时期继儒学之后兴起的，与儒学相对立而又依傍儒学的一派显学。墨学主张“兼爱”与“非攻”。先说“非攻”。墨子谴责攻人之国，损人之地，夺人之财，杀其国人，认为是大不义的行为；且攻人之国，损耗国力，破坏国家经济，牺牲人民，多战必自毙。《墨子》认为，禹征有苗、成汤灭夏、周武灭商是诛不义之君，是合理的。合理的正义战争称诛不称攻。攻是非正义的兼并掠夺。他又主张国家应该统一。如何不攻而统一呢？这就是以“义”、“德”统一天下。在春秋战国的“义、利之辩”中，墨家把义与利看作是统一的。有大义必有大利。由此引申出以“兼相爱”、“交相利”达到不战而使天下统一的积极目的。“兼相爱，交相利”是《墨子》不战而胜论的理论基础。尽管这和儒家的“大同、小康”、《老子》道家的小国寡民具有相同的幻想性质，但理论上的贡献是不可小视的。墨家学派类似于一个行侠仗义的宗教集团，他们不但放言高论，而且身体力行，“摩顶放踵，利天下而为之”。并确实干出了几件实事，这大概是墨学成为显学的原因之一吧。

法家是春秋战国时期最为切合社会现实的学派。诸子百家著书立说、分门立派，都以治民救世为依归，即理论为现实服务，但没有哪一家学说像法家学说这样具有如此严密具体的可操作性。法家著名的代表人物除韩非外，大多是政治家，都有显赫的政绩，如子产、李悝、吴起、商鞅、慎到、申不害等。韩非则是法家思想理论的集大成者，这一点与荀子相似。韩非虽然没有出将入相，位极人臣，但他将他的先辈以法治国、以权术驭臣、以威势临天下的帝王统治术结合起来并发挥到极致，秦始皇则将韩非的全部理论在他的统治实践中发挥到极致。韩非调教了秦始皇，秦始皇第一次统一六国，建立起有别于商周的大一统的封建中央集权的帝国，千古一人，韩非也可称不朽。当然，成也韩非，败也韩非，法家理论的功用和缺憾，秦帝国的兴亡是最好的说明。我们所要强调的是，法家学派无论是前期还是后期，无论是受儒墨还是受道家黄老之学的影响，其理论核心和目的都是很明确的，这就是以法治民，取信于民；以法纪维系社会，作为治理社会的唯一标准；奖励耕战，富国强兵，以战争手段强立争霸，统一天下（所谓术、势，是帝王统驭大臣以成其专制集体的手段，本质上与法治精神是不相容的）。从理论上说，法家是先秦诸子百家中的一家，因其极强的现实性、功利性而为士人所鄙视，因此难敌显学。从实践上看，因其切合实践需要的可操作性，法家理论却是推进先秦从社会到政治走向大一统的最重要的学说，这在秦国由强而霸并入主中原统一天下的实践中得到最充分的体现。秦王朝的统一，始自商鞅变法，这是学术界的共识。商鞅法家理论的全部基石便是以法治国，奖励耕战，富国强兵，统一天下。耕战又称农战，"入使民属于农，出使民壹于战"。民属于农则国富；民壹于战则兵强。国富兵强可无敌于天下。从商鞅、韩非、李斯到秦始皇，对此是始终牢牢把握，而最后达到了统一天下的目的。

最后，我们再来看兵家。兵家是诸子百家中的一家，是直接以战争为研究对象的学派。他们对战争的残酷性，战争对国家、社会和人民带来的巨大灾难看得最为真切，感受更为强烈，他们比其他任何学派的思想家们都更希望和平和安宁。因此，在春秋战国文化大潮的影响下，兵家思想不仅从更深的层次、更宽广的视野去理性地思考战争，而且决定了兵家言战而非战、对不可避免的战争力图用不战而胜的谋略去制止战争的爆发，或以最小的代价去夺取战争全胜的基本指导思想；决定了兵家在非暴力的和平论的立场上，以富国强兵为基础，首先保证国家、社会、人民的安全和平，然后去进行统一战争的思想；在战争中以谋略制胜，尽可能减少战争对国家、社会、人民带来巨大破坏、灾难和牺牲的思想。这一切形成了中国古代军事智慧谋略的鲜明特点，也由此和诸子百家在一些基本问题上形成了高度的一致。

在中国古代兵家著作中，成就最大、影响最为深远的当属《孙子兵法》。关于《孙子兵法》中不战而胜的智慧谋略，除其全胜战略外，最值得引起我们重视的是孙子对"道"的论述。何为"道"？

令民与上同意者也，故可与之死，可与之生，民弗诡也。

可知“道”就是政治，就是君主统治国家的政治措施。孙子认为，君主实行开明政治，健全法制，使举国上下同心同德，就能守必固，攻必胜，夺取战争的胜利。在这里，作为战争胜利必要条件的政治建设，也是一种谋略。孙子从探讨军事谋略的角度谈政治谋略，理想的政治是军事谋略实施的起点和前提。而在儒、道、墨、法等思想家们那里，则是从哲学、文化、道德伦理及法制建设入手来探讨政治建设问题。在他们看来，理想政治的建立之日，就是国富民强、政通人和、天下一统之时，理想政治的建立是他们问题讨论的终点。各家学说与兵家在这里实现了思想理论及认识上的对接和统一，不战而胜的谋略是联结他们思想的纽带。而在实践中，思想家们不战而胜的政治谋略的实现只是其理想实现的第一步，而其理想目标的最终实现，不战而胜谋略的完全实现，还必须沿着兵家所研究探讨的方向前进，用全胜的军事谋略或战争手段来实现政治家思想家们的理想目标，这一过程是不战而胜谋略在战争状态下的延伸，即伐谋、伐交、伐兵，或曰全胜战略是不战而胜谋略的有机组成部分。

继孙子之后的孙膑，在《孙膑兵法》中提出“战胜而强立”的思想，即要使国家立于不败之地并进而统一天下，首先要修明政治，变法图强，发展经济，鼓励耕战。《吴子兵法》主张以“道”、“义”、“礼”、“仁”治理国家，以“礼”、“义”治理军队，兼之以谋略，达到退能守边固国，进能成就成汤周武之伟业，一战而王天下的目的。他认为对“禁暴救乱”的“义兵”，要用“礼”使敌方屈服；对“恃众以伐”的“强兵”，要用“谦”使敌方屈服；对“因怒兴师”的“刚兵”，要用“辞”即辞令道理使敌方屈服；对“弃礼食利”的“暴兵”和“国乱人疲，举事动众”的“逆兵”，才用奇谋诡诈之法使敌方屈服。在五种战胜敌方的方法中，前三种是追求战争中的不战而胜，后两种是追求以谋制胜。魏武侯问吴起：

> 阵必定、守必固、战必胜之道。

吴起的回答是：

> 君能使贤者居上，不肖者处下，则阵已定矣；民安其旧宅，亲其有

司，则守已固矣；百姓皆是吾君而非邻国，则战已胜矣。

爱民爱兵，是吴起军事政治思想的核心，也是其不战而胜思想的核心。吴起在魏“与诸侯大战七十六，全胜六十四，余胜钧解（不分胜负）”不是偶然的。

继吴起之后的战国大军事家尉缭，在军事理论上也颇有创见。他主张实行耕战政策，严厉法制，富国强兵，强调以法治军，建立强大的军队，作为不战而取天下的基础和手段。他说：

土广而任则国富，民众而制则国治。富治者，民不发轫，甲不出暴，而威制天下。故曰，兵胜于朝廷。

在《战威》篇中，他进一步阐述了不战而胜的谋略原则：

凡兵有以道胜，有以威胜，有以力胜。讲武料敌，使敌之气失而师散，虽形全而不为之用，此道胜也。审法制，明赏罚，便器用，使民有必战之心，此威胜也。破军杀将，乘阉发机（阉，指围在城门外的曲城的城门）。溃众夺地，成功乃返，此力胜也。王侯如此，以三胜者毕矣。

从讲亲民、爱民、开发土地、发展经济到健全法制、刷新政治、任用将帅，建设一支强大的军队，尉缭多次强调树立国威军势、不战而使敌方屈服的理论，系统继承、发展和丰富了不战而胜的谋略思想。《司马法》主张王道、霸道并行，文武兼用，以强大的国家实力和军事实力，借“九伐之令”迫使诸侯臣服，这与上述军事家和军事理论家们的思想也是完全一致的。

最后，我们再来看《六韬》关于不战而胜的谋略思想。《六韬》系后人假姜太公之名的作品，成书很晚，似乎已有定论。该书内容丰富而庞杂，以儒家道德仁义学说为主，杂之以阴阳术数，但在兵家著作中仍有较重要的地位。《六韬》不是姜太公的遗著，但作者确从姜太公的事迹中总结了一套不战而屈人之兵的极高明的谋略权术，如“圣人之动，必有愚色”，就是最高明的“示形”术。所谓“全胜不斗，大兵无创”、“善战者，不待张军；善除患者，理于未生；善胜敌者，胜于无形，上战无与战”等，都深刻地表述了不战而胜的谋略原则。

上兵伐谋，胜于无形

1. 上兵伐谋

上兵伐谋，是《孙子兵法》中最理想的谋略境界，是“不战而屈人之兵”的“善之善”的最佳谋略。如何理解上兵伐谋，历来注家意见不尽相同，比较《诸子集成·孙子十家注》中曹操等十家的解析，其中曹操云：“敌始有谋，伐之易也。”意为敌方制定了进攻我方的谋略，我以谋略破敌之谋，不战而制止了敌方的进攻。杜佑的注解基本相同：“敌方设谋，欲举众师，（以谋略）伐而抑之，是其上。”其他各家的注解说法不一，意思基本一致。综合各家的见解，我们认为，所谓“上兵伐谋”，即以我之谋略挫败敌方之谋略，收到不战而胜的最佳效果。

对敌方主动进攻我方，我方处于战略防御地位，重视运用谋略手段破坏敌方的进攻战略，并不是不必要的战争动员和战争准备。即使运用谋略，也必须有强大的武装力量作为后盾，先立于不败之地而后运用谋略胜敌于无形。有备无患，这不仅是谋略运用的前提，也是国家安全的必要条件。没有足够的武装力量为后盾，再高明的谋略也很难达到预期的效果。在有效防御戒备的前提下，追求上兵伐谋，胜敌于无形，才是军事家所应取的态度。

我们先来看春秋时齐国的两个战例。晋平公准备攻打齐国，派范昭出使齐国以观察其虚实。齐景公设宴招待范昭。宴席之中，范昭用齐景公的酒杯喝酒，晏婴待范昭喝完杯中酒后，命人收去范昭的酒杯，另换一个给他。范昭佯装醉酒而不悦，起而欲舞，要乐师奏《成周》之乐，被乐师拒绝。范昭出，齐景公说：“晋国是大国、强国，范昭作为使臣来观察我国的国政，你们激怒了他，后果会怎么样?”

晏婴说：“范昭不是不懂礼制，他是想以此羞辱我们，所以我不能遵从。”

乐师也说：“《成周》之乐，是天子之乐，只有天子可用它来跳舞。范昭是人臣，他要用天子之乐跳舞，不合礼制，所以我也不能为他奏乐。”

范昭回国告诉晋平公说："现在还不能征伐齐国。因为，我想羞辱其国君，晏婴马上就知道了；我想违反他们的礼节，乐师很明白。"晋平公因此打消了进攻齐国的念头。

晏婴是春秋著名的政治家和外交家，他洞察范昭的目的，坚持诸侯国之间交往的原则，维护了国君和国家的尊严，同时向敌国表明了齐国政治的严肃性和正义性，这是他受到敌国尊敬且挫败敌国图谋的原因。孔子对此评价说："不越樽俎之间，而折冲千里之外，晏婴之谓也。"杜佑注解"上兵伐谋"和刘基《百战奇略·谋战》都引用了这个故事。

还是在齐景公时期，晋、燕两国伐齐，齐军节节败退。在晏婴推荐下，齐景公任命出身低微的司马穰苴为将，率军抗击晋、燕两国的进攻。司马穰苴请齐景公的宠臣庄贾监军，又以延期不至军中而杀庄贾，惩处齐景公派来的使者，既严肃军纪，又爱抚三军，使士气大振，"病者皆求行，争奋出为之赴战。晋师闻之，为罢去。燕师闻之，渡水而解。于是追击之，遂取所亡封内故境而引兵归"。司马穰苴不战而胜晋、燕两国军队，似乎并未运用谋略手段。其实不然，司马穰苴不仅在于振奋自己的士气，更重要的是给敌军造成一种压抑和威慑，故能使怯懦散漫的齐军变成敢死能战之军，使晋、燕两国之军闻风而退。

如果说晏婴与司马穰苴之伐谋还不是很显著鲜明的话，那么，我们来看墨子止楚攻宋的事迹，更能说明"伐谋"之谋略的多样性和"伐谋"需要高超的智慧、过人的胆识。墨子听说楚国将进攻宋国，便自齐国孤身入楚，先以楚攻宋战争的不义性质说服以研究制造攻城器械而闻名的公输盘，再见楚王。他说楚王曰：

> 今有人于此，舍其文轩，邻有弊舆而欲窃之；舍其锦绣，邻有短褐而欲窃之；舍其梁肉，邻有糟糠而欲窃之。此为何若人也？楚王曰：必为有窃疾矣。墨子曰：荆之地方五千里，宋方五百里，此犹文轩之与弊舆也。荆有云梦，犀兕麋鹿盈之，江、汉鱼鳖鼋鼍为天下饶，宋所谓无雉兔鲋鱼者也，此犹梁肉之与糟糠也。荆有长松、文梓、楩、柟、豫樟，宋无长木，此犹锦绣之与短褐也。恶以王吏之攻宋，为与此同类也。

《墨子·公输》记载说，楚王因攻城器械都已准备好为理由，不肯停止攻宋，于是墨子与公输盘在楚王面前进行了一场攻城实验。“墨子解带为城，以牒为械，公输盘九设攻城之机变，子墨子守圉（一作固）有余，公输盘诎”。公输盘用尽了攻城的器械和方法，墨子防守坚固，奇谋妙策层出不穷。公输盘黔驴技穷，忽然说找到了对付墨子的办法，楚王不解，而墨子代为回答：“公输子之意，不过欲杀臣。杀臣，宋莫能守，可攻也。然臣之弟子禽滑厘等三百人已持臣守圉之器在宋城上，而待楚寇矣。虽杀臣，不能绝也。”楚王因此而罢攻宋之战。

没有大智大勇，墨子不能孤身入楚；没有超人的智慧谋略，墨子不能折服楚王君臣；没有充分的准备，不能使楚王、公输盘认输作罢。庙堂之上的斗智比刀光剑影的战场更为精彩激烈。以一人之谋而制止了一场战争的爆发，这绝不是逞口舌之利所能做到的。

春秋时期，著名的“烛之武退秦师”，则是从分析秦国在战争中的利与害入手，不战而退秦师的。秦、晋两个大国联合进攻郑国，包围了郑国的都城。郑国谋士烛之武临危受命，往见秦穆公说：

> 秦、晋围郑，郑既知之矣。若亡郑而有益于君，敢以烦执事。越国以鄙远，君知其难矣。焉用亡郑以陪邻？邻之厚，君之薄也。若命郑以为东道主，行李之往来，共其乏困，君亦无所害。且君尝为晋君赐矣，许君焦、瑕，朝济而夕设版焉，君之所知也。夫晋，何厌之有？既东封郑，又欲肆其西封，不缺秦，焉取之？缺秦以利晋，惟君图之。

秦国与郑国之间隔着晋国，秦国征服郑国，受益的是晋国；晋国获得郑国，力量强大了，向西就只有侵占秦国的领土，且晋国向来不守信用，不如保存郑国以牵制晋国，这对秦国来说有百利而无一害。因此，烛之武从秦国的利害关系分析灭亡郑国对秦国的影响，促使秦军退兵，而晋军也随之撤军。这是上兵伐谋不战而屈人之兵的又一种使用方法。两年后，秦军奇袭郑国，中途被郑国商人弦高发觉，弦高诈称受郑国国君之命犒劳秦军，使秦军误以为秘密已暴露，奇袭不成，无奈退军，郑国又避免了一次灭国之灾。这虽然不是郑国国君有意识的伐谋，但却说明了战争是充满诡秘和不可知因素的暴力对抗行为，任何一个细节的失误都可能导致整个战略行动的失败，而给敌方以可乘之机。弦高的行动算不上是主动有意识的高超智慧谋略，但对郑国来说，这和管仲以“尊王攘夷”的智慧谋略而九合诸侯、一匡天下的宏伟大业在本质上并无多大区别。

春秋战国有不少这样的事例，秦以后的历代战争中这样的战例也不少。这说明“上兵伐谋”以不战而胜固然是军事家智慧谋略运用的最高最理想境界，也不是所有战争都能运用“伐谋”以达到不战而胜的目的的，但它作为一种可能，确实存在于许多战争爆发之前或战争过程之中，只是军事家能否以其睿智谋略，从客观实际出发去把握时机，正确决策，进而达到不战而胜的目的罢了。

2. 伐兵与全胜

通过军事武装力量的最佳配置、部署而不与敌方直接交战就使敌方屈服，或者以最小的代价去获得战争的胜利固然是高明的，但在巧妙谋略指导下的“伐兵”如能达到“不战而屈人之兵”、“全胜”，也是“善之善者”。“伐兵”与百战百胜的区别在于，“伐兵”是“屈人之兵而非战也”，是“兵不顿而利可全”。而百战百胜是以我方大的损失为代价的胜利。在这里，我们既要看到“伐谋”、“伐交”、“伐兵”的区别，更要看到三者之间的联系，看到战争是三者的综合运行过程，尤其是“伐谋”与“伐兵”的紧密联系。因为在战争状态中，“伐谋”以不战而胜的可能较“伐谋”加“伐兵”以不战而胜的可能要少得多、小得多，战争状态中更多的是以“伐谋”加“伐兵”而取得不战而胜这一最佳战争效果的。

关于进攻性谋略的制定和进攻性谋略实现，即战争的结果体现为“不战而胜”的战例，在中国战争史上为数不少。如周文王、周武王在姜太公的辅佐下，制定了一系列掩蔽战略意图，加强国内政治经济建设，分化瓦解商王朝君臣关系，促使其政治腐败和社会动乱，剪除商王朝分封的诸侯国等长远战略，经过周文王、周武王两代人长达数十年的努力，周代商兴已到了水到渠成、瓜熟蒂落的地步，才有牧野一战的全胜。春秋后期越王勾践在著名军事家、政治家范蠡、文种的辅佐下，经过20年的努力，运用了政治、经济、外交、军事等谋略手段，积蓄力量，最后抓住战机，于公元前478年一举灭吴而复国等。这些都是政治、经济、外交、军事谋略综合运用的结果，是不战而胜的政治谋略与军事谋略的结合，是军事谋略中“伐谋”、“伐交”、“伐兵”的结合。

春秋时期晋献公向虞国假道伐虢的战例也是“伐谋”与“伐兵”结合不战而

胜的典型战例。鲁僖公二年（前658年）和鲁僖公五年（前655年），晋国两次向虞国借道伐虢国。战争前，晋国就有灭虢兼灭虞之心，晋国的谋略是以名马美玉贿赂虞公，以伐虢对虞国有益为诱饵。第一次借道伐虢成功，但没有灭虢也没有灭虞。两年之后，晋国再次借虞国之道以伐虢，虞国大臣宫之奇劝谏虞公说：

虢，虞之表也。虢亡，虞必从之。晋不可启，寇不可玩。一之谓甚，其可再乎？谚所谓："辅车相依，唇亡齿寒"者，其虞、虢之谓也。

宫之奇是虞国的能臣，他洞察借道于晋的危害。晋献公和大夫荀息知道宫之奇会反对晋国借道于虞，也料定愚蠢的虞公不会听从宫之奇的劝谏。因此，敢于第二次提出假道的问题，于是这年冬"晋灭虢，虢公丑奔京师。师还，馆于虞，遂袭虞，灭之"。来了个顺手牵羊，灭掉了虞国。孔子笔削《春秋》，记载这件事曰："晋人执虞公。"《左传》作者对这一句话的分析理解是"罪虞，且言易也"。"罪虞"是说虞公太蠢，害了虢国，也导致了自己的覆亡；"且言易也"，是说晋献公君臣的谋略巧妙，不战而夺取虞国，未免太容易了些。

我们再来看秦以后的战例。宋太祖赵匡胤于显德七年（960年）搞了个"陈桥兵变"，戏剧性地从后周王朝孤儿寡母手中夺取了政权，大概算不上什么高明的谋略，但也不能说赵匡胤就没有过人的智慧谋略。赵匡胤夺取政权后，面临着统一全国的大课题。他制定了先南后北的总体战略，先平定南方荆湖、后蜀、南汉、南唐、吴越等割据政权。建隆三年（962年9月），割据湖南的周保全因衡州（今湖南衡阳市）刺史张文表的反叛，向宋朝赵匡胤求救。赵匡胤求之不得，立即决定假道荆南前往湖南。次年正月，宋朝大将慕容延钊、李处耘率军到襄州（今湖北襄樊市），两次派人去江陵（今湖北江陵县），要求割据荆南的高继冲允许宋军经过荆南往救湖南，并要高继冲供应粮草。高继冲和部属担心宋军可能会突然袭击江陵，但又没有足够的力量抵抗宋军，便同意借道并在江陵百里以外处供应军需。二月九日，李处耘率军突然南下江陵，高继冲不战而降，荆南地区归宋。接着，李处耘与慕容延钊兵分两路，直取湖南，很快擒获周保全而占有湖南，为以后西平后蜀，南取后汉，东扫南唐、吴越奠定了战略基地。宋军在平定后蜀、后汉后，对南唐"攻心"、"伐兵"、"伐交"诸谋略齐用，南唐主战派被消灭，南唐皇帝李煜投降。偏安于东南一隅的吴越王钱俶于乾德五年（976年）正月被赵匡胤一纸诏书召到汴京。在回吴越国时，赵匡胤给了他一个包袱，让他归途中再看。钱俶看到包袱里全是宋朝大臣建议赵匡胤扣留钱俶的奏章，不免不寒而栗，不久便被迫投降。南方归于统一。这是宋军以"伐兵"为基础多种谋略综合运用的结果。

关于防御性谋略和防御性战争，运用"伐谋"加"伐兵"不战而胜的战例同样异彩纷呈。三国时诸葛亮的七出祁山，几乎每次都是无功而返，就很耐人寻味。诸葛亮是中国古代军事智慧的化身，对刘备忠心耿耿，对兴汉复国大业执著追求，七出祁山都以失败告终，后人既惋惜又迷惑不解，而历史事实就是如此。究其原因，是因为司马懿采取了明智的防守战略，不给诸葛亮以可乘之机。司马懿不是小丑，而是一位大军事家、谋略家、政治家。他抵抗诸葛亮的谋略简单得不能再简单，那就是深沟高垒，坚城重兵，持久防御而不应战，使诸葛亮率领的蜀军后勤供应不继，粮尽援绝，无法支撑而自动撤退。史载诸葛亮最后一次率军出蜀，与司马懿的大军相对峙：

> 亮数挑战，帝不出，因遗帝巾帼妇人之饰。帝怒，表请决战，天子不许，乃遣骨鲠臣卫尉辛毗杖节为军师以制之。后亮复来挑战，帝将出兵以应之，毗杖节立军门，帝乃止。

司马懿不管诸葛亮怎么羞辱他，就是不出战。所谓上奏魏明帝要求出战之类，不过是演戏给世人看。他的对手就很明白："初，蜀将姜维闻毗来，谓亮曰：'辛毗杖节而至，贼不复出矣。'亮曰：'彼本无战心，所以固请者，以示武于其众耳。将在军，君命有所不受，苟能制吾，岂千里请战邪！'"司马懿以持久防御败诸葛之兵，诸葛亮心中也很清楚，于无奈中尚透露出一股豪气，司马懿能不能出战制服诸葛亮，我们不能妄加猜测，但诸葛亮就是无法让司马懿出来决战，最终被司马懿不战而败之却是很清楚的。司马懿的不战而胜也可算是"无智名，无勇功"之类的谋略，让人感觉到"胜之不武"，但这却是最有效的谋略。在未出军前确定了这一谋略，也可算是"胜于易胜"、"胜已败"的谋略。司马懿以此数不战而胜，使诸葛亮被锁在四川的万水千山之中，"壮志未酬身先死"，只留下那一篇千古传诵的《出师表》表明自己的忠心和志向。诸葛之志固可赞叹，司马之谋不是更应为人所钦佩？宋人何去非写了一部《何博士备论》，其中《司马仲达论》说司马懿手握重兵，以不战疲惫诸葛之师，“岂徒然哉？将求全于一胜也”。是很有见地的。

我们再看另一则战例。唐代安史之乱时，李光弼与史思明隔河对峙，史思明处于主动进攻态势，李光弼处守势，“思明见兵河清，声渡河绝饷路。光弼壁野水渡，既夕还军，留牙将雍希颢守，曰：‘贼将高晖、李日越，万人敌也，贼必使劫我。尔留此，贼至勿与战，若降，与偕来。’左右窃怪语无伦”。明知高晖、李日越有万夫不当之勇，明知其晚上要来偷袭，却说二人可能来投降，难怪他的部下议论纷纷，确实近乎天方夜谭。但是，“是日，思明果召日越曰：‘光弼野次，尔以铁骑五百夜取之，不然，无归！’日越至垒，使人问曰：‘太尉在乎？’曰：‘去矣。’‘兵几何？’曰‘千人。’‘将为谁？’曰：‘雍希颢。’日越谓其下曰：‘我受命云何，今顾获希颢，归不免死。’遂请降……高晖闻，亦降”。这近乎神话的预料竟变成了现实，原因是什么呢？李光弼说：

> 思明再败，恨不得野战，闻我野次，彼固易之，命将来袭，民许以死。希颢无名，不足以为功。日越惧死，不降何待？高晖材日越之右，降者见遇，贰者得不思奋乎？

事情的原委就是这么简单，李光弼摸透了史思明及高晖、李日越的心理，用最简单的方法不战而降两名大将，获得了一次战斗的“全胜”。

战争史上这些偶然的巧合其实并不完全是巧合，而是将帅超人智慧谋略的体现。同时，这些战例也说明战争中进攻也好，防御也好，战役也好，战斗也好，“伐谋”加“伐兵”都可能出现不战而胜或以最小的代价夺取战争胜利的奇迹，这种奇迹有时看上去并不奇，而军事家超人的智慧谋略往往就蕴含在这些平淡无奇的奇迹之中。

3. 攻心与攻城

攻心作为一种谋略手段具有广泛的含义，它既是一种政治谋略，又是一种军事谋略，实际就是政治战、宣传战或心理战，历来受到军事家、政治家和思想家们的高度重视。明确提出"攻心"谋略的是三国时期的马谡，他在诸葛亮南征前说：

> 用兵之道，攻心为上，攻城为下；心战为上，兵战为下。

这里所说的"攻心"、"心战"主要是指瓦解、动摇、削弱敌方的军心士气，涣散其斗志，以造成有利于我方的战争态势。《孙子兵法》中"伐谋"、"伐交"也包含着"攻心"的因素，有人将"攻心"视为孙子"上兵伐谋"、"全胜战略"的继承和发展，是很有道理的。其他的"将军可夺心"，"三军可夺气"、"避其锐气，击其惰归"、"以治待乱，以静待哗"、"围师必阙，穷寇勿追"、"投之亡地然后存，陷之死地然后生"等，都可视为心理战的谋略于段。《孙子兵法》及其后的《孙膑兵法》、《吴子兵法》、《尉缭子》、《六韬》等兵学著作中所谓"道胜"、"政胜"、"威胜"、"任势造势"等，都表达了以政治、经济、军事的实力造成一种对敌国敌方的威慑震撼作用，或在战争过程中形成对敌方的无形的巨大压力，造成敌国敌军的沮丧畏惧、心理恐慌、意志销蚀、斗志瓦解、战斗力削弱，以达到不战而胜或战而胜之的目的。

"攻心"谋略可用于战略，也可用于战役战斗。我们先看在战略上的运用。战略有政治战略和军事战略之分，政治战略是军事战略的基础和前提。政治战略中"攻心"术的运用，首先表现在统治者推行廉洁高效的政治，爱护团结民众，争取民众的拥护和支持。从孔子的政治伦理学说到墨子的"兼爱"，孟子的"仁政"、荀子礼法兼治的"王道政治"等，无一不是如此。得民心就能统一天下，统治天下。而对国内民众施行"攻心"谋略的同时，也就是对敌国施行"攻心"谋略的开始。政治的得失是决定民心向背的决定性因素。政治清明，不仅团结了本国人民，而且是争取敌国民心归向的最锐利的武器。另一方面，战争的正义性是号召民众、统一民心，乃至得到敌国人民的拥护和支持的又一决定性因素。汤武伐夏桀、周武伐商纣就是如此。史载汤武灭夏、周武灭商，夏、商统治下的人民不仅没有反抗，反而临阵倒戈，归之如流水，实际就是政治"攻心"战略取得成功的范例。

军事战略中的攻心术运用更加广泛。最为显著的例证就是诸葛亮七擒孟获的故事。其事载于《三国志·蜀志·诸葛亮传》，裴松之注引《汉晋春秋》载：

> 亮至南中，所在战捷。闻孟获者，为夷、汉所服，募生致至。既得，使观于营阵之间，问曰："此军何如？"获对曰："向者不知虚实，故败。今蒙赐观看营阵，若只如此，即定易胜耳。"亮笑，纵使更战，七纵七擒，而亮犹遣获。获止不去，曰："公，天威也，南人不复反矣。"遂至滇池。

孟获是西南地区少数民族的首领，这里的"攻心"就是要使他心悦诚服，自己说出"不复反"的话，比一战使其不得不服重要得多。

战术中的"攻心战"比其他谋略的运用更为复杂和微妙，它要求将帅对敌我各方面的客观条件及其变化趋势、敌我将士可能的心理变化作出符合情理的深入分析。齐鲁长勺之战中通过曹刿对齐军心理的分析决定鲁军发起攻击的时间，是心理战的典型战例。曹刿总结的"夫战，勇气也。一鼓作气，再而衰，三而竭。彼竭我盈，故克之"的经验与《孙子兵法》中"避其锐气"的理论相一致，在一定程度上具有普遍意义。战争最基本的形式是进攻和防守，尖锐对立着的攻守双方，你想用以制服敌方的谋略也是敌方揣度并加以防范的，同样，你也在考虑敌方可能采取的谋略手段。争取主动，争取致人而不致于人是军事家共同的愿望，而谁能在实战中领先一步，破坏敌方的谋略而使自己的谋略获得成功，谁就能赢得战争的胜利。这就是军事谋略作为激烈对抗性的思维过程与其他谋略的最大区别，也是军事谋略贵在出奇制胜的原因之一。

公元前496年，吴越槜李之战中，吴军阵容严整，越军组织敢死队几次冲击都未成功，越王勾践命死囚排成三行，整整齐齐地走到吴军阵前，将剑架在脖子上对吴军士兵说："两国国君交战，我们触犯军令，不敢逃避刑罚，却敢死在你们面前。"说完一齐自杀。吴军的震撼、诧异、惊讶、注视是可想而知的，可还没有等他们从惊奇中反应过来，越军突然发动攻击，吴军措手不及，大败而逃，吴王阖闾重伤而死。越军的自杀行动，就是要造成吴军惊讶、迷惑不解并因此戒备松懈、分散注意力的心理效应。淝水之战中，后秦军人多势众，阻淝水列阵，东晋军要求后秦军后退一段距离，以便东晋军渡河决战。苻坚盲目自大，竟同意后撤，已列好的阵势一动而失去控制，加上朱序在阵后惑乱军心，秦军顿时大乱，东晋军乘机冲杀，后秦军因此大败。如果不运用心理战术，越军能否胜吴军尚在两可之间，东晋军不能战胜后秦军似乎是可以肯定的。

我们再来看楚汉战争中韩信运用“攻心”谋略，大破西楚霸王项羽的战例。“四面楚歌”的典故是人所皆知的。楚汉战争中，刘邦30万大军将项羽的9万余人重重包围于垓下（今安徽灵璧县沱河北岸），战争形势对项羽固然不利，但汉军要硬啃这块骨头也非易事。项羽本人骁勇无敌不说，他那8千子弟兵向来是所向无敌的。韩信命汉军晚上齐唱楚歌。当时的场面没有可靠的史料记载，但我们可以想象重兵包围中的楚军处于什么样的境地：粮尽援绝，欲退无路，欲战无力；隆冬季节，冷风刺骨，饥寒交迫，面对着尸横遍野、戟折剑断的战场，凄惨绝望的情绪迅速传播蔓延；低沉苍凉的楚歌如泣如诉，更勾起了对家乡的回忆和对亲人的怀念，生死离别如在瞬间。《孙子兵法》说“投之亡地而后存，陷之死地而后生”。韩信在井陉之战中曾经运用过这一心理战术，但以勇武威震天下的项羽却失去了当年“破釜沉舟”的豪情：“夜闻汉军四面皆楚歌，项王乃大惊曰：‘汉皆已得楚乎？是何楚人之多也！’”他不知彼也不知己，绝望情绪同样感染了他：

于是项王乃悲歌慷慨。自为诗曰：“力拔山兮气盖世，时不利兮骓不逝。骓不逝兮可奈何，虞兮虞兮奈若何！”

骓是他的骏马，虞是他的美人，英雄气短，黄泉路近，看不到三军的前途，他自己首先绝望就更悲哀了。“歌数阙，美人和之。项王泣数行下，左右皆泣，莫能仰视”。四面楚歌使包括8千子弟兵在内的整个楚军的精神意志彻底崩溃了，项羽当晚只带领800余人突围逃脱，后被汉军追杀，自刎于乌江（今安徽和县东北）。韩信“攻心”谋略的成功运用避免了一场恶战，历时4年之久的楚汉战争由此结束。

折冲樽俎，胜于庙堂

在中国古代的军事智慧谋略中，所谓“伐交”是中国古代“不战而胜”光辉谋略智慧的重要组成部分。在外交这一没有硝烟的战场上，由于外交家卓超智慧谋略的发挥和运用，常常取得运用军事手段所不能取得的胜利。在《孙子兵法》所总结的“不战而屈人之兵”的谋略思想中，“伐交”具有与“伐谋”同等重要的地位。

春秋战国时代，诸侯林立，各诸侯国之间攻伐不休的局面为中国古代外交智慧谋略的生成和升华提供了最适宜的环境。由于“士”阶层的兴起，思想的空前解放，文化的空前发达，以及社会对知识分子需求的增加，具有外交家特点的纵横游说之士大量出现。他们以宏富广博的知识，深刻敏锐的思辨能力，超群出众的智慧谋略，随机应变的辩说应对，奔走于各诸侯国之间，纵横捭阖，折冲樽俎，逞口辞之利，玩各诸侯国君臣于股掌之上；翻手为云，覆手为雨，施奇谋妙计，胜敌于庙堂之内。将中国古代的外交谋略发展到了登峰造极的地步，给战国的政治军事形势平添了浓厚的奇谲诡诈、变化莫测的色彩，以至纵横家在诸子百家中自成一派。在秦统一以后的大一统封建社会中，这些丰富的外交智慧谋略作为中国传统文化的重要内容被继承下来，并在一定程度上得到丰富和发展。

1. 折冲樽俎，决胜于庙堂之上

在春秋战国史上，以外交手段挫败敌国图谋以不战而达到既定的政治军事目的的事例数不胜数，其外交谋略技巧也千变万化，有据理力争的，有运用讹诈欺骗之术的，有破坏敌方联盟并分而取之的，有乘人之危而坐收渔人之利的，有争取盟国以改变自己不利地位的等，千姿百态，异彩纷呈。

鲁僖公四年（前664年），业已称霸诸侯的齐桓公率诸侯联军攻破蔡国后进攻楚国，楚王派使臣到齐军中对齐桓公说：

“君处北海，寡人处南海，惟是风马牛不相及也。不虞君之涉吾地也，何故？”

管仲的回答是："当年周王命令我们的先君姜太公说：'五侯九伯，你都可以讨伐，以辅佐周王室。'其征伐的范围东到大海，西到黄河，南到穆陵，北至无棣。现在，你们该进贡的包茅没有进贡，使天子祭祀物品匮乏，无法缩酒，我们因此兴师问个究竟。周昭王南征而不复，我们也要问个明白。"

楚使说："贡之不入，寡君之罪也，敢不共（供）给？昭王之不复，君其问诸水滨。"

齐桓公所谓"包茅不入，无以缩酒"是出兵伐楚的借口，周王赐给姜太公征伐天下驯服诸侯的权力是齐桓公有足够的力量称霸时重新拾起来的武器，他们以维护周王室的名义伐楚似乎是名正言顺的。楚国使臣的回答也是有理有节，不卑不亢，使齐桓公抓不到把柄，兼之楚国虽不能称霸，也是一方强国，联军不能像对付小国那样随便开战。这年夏天，楚王派屈完到联军中见齐桓公，齐桓公陪屈完检阅诸侯联军的阵势时说：

"此次兴师难道是为了我个人吗？不，我是为了继承前代的友好关系。我们两国同归于好，如何？"

屈完回答说："这是我国君主求之不得的事。"

史载齐桓公又说："以此众战，谁能御之？以此攻城，何城不克？"

屈完回答曰："若君以德绥诸侯，谁敢不服？君若以力，楚国方城以为城，汉水以为池，虽众，无所用。"

在温文尔雅的言辞中或暗藏杀机，或针锋相对。屈完的回答尤其机敏巧妙，严整而有力。齐桓公已是霸王，应以德服人。以德服人，进行正义战争，则天下诸侯就都拥护你。其潜在意思是，以德服人，你就没有道理征伐楚国。若依仗武力，以力服人，我们正义在手，不惜一战，以决胜负。齐桓公称霸固然依靠强大的国力和军队实力，但称霸的口号是尊崇周王室，稳定社会的等级秩序。因此，他不能不受到道德行为规范的约束，不能背上以力服人的恶名。即使征服了楚国而使天下诸侯离心离德，这是得不偿失的事，何况楚国还不是那么好征服的对手。因此，一场迫在眉睫的战争因楚国使者的外交努力而平息，双方化干戈为玉帛，以签订"召陵之盟"而结束。

战国时期的"合纵连横"，是中国古代"伐交"谋略的又一光辉范例。战国时期，七强并立，而地处关中的秦国气势咄咄逼人，关东六国从总体力量看要超过秦国许多倍，但其中的任何一国都无法与秦国抗衡。关东六国也越来越明显地感觉到了来自西方的这一压力。一般说来，合纵，就是联合关东众弱以御强秦；连横，即以强秦联合关东一国或几国以攻众弱。首倡合纵外交谋略的是苏秦。公元前333年前后，苏秦以其卓越的智慧谋略、非凡的整体战争眼光、高超的辩说应对才能，游说关东燕、赵、韩、魏、齐、楚六国国君，陈述六国团结抗秦之利及不联合便可能为强秦各个击破之弊，苏秦说赵的一段话集中反映了他的合纵谋略，其云：

臣窃以天下地图案之，诸侯之地五倍于秦，料诸侯之卒十倍于秦。六国并力为一，西面而攻秦，秦破必矣。今见破于秦，西面而事之，见臣于秦。夫破人之与破于人也，臣人之与臣于人也，岂可同日而言之哉……故窃为大王计，莫如一韩、魏、齐、楚、燕、赵，六国纵亲以摈畔秦。令天下之将相，相与会于洹水之上，通质刑白马以盟之……诸侯有先背约者，五国共伐之。六国纵亲以摈秦，秦必不敢出兵于函谷关以害山东矣！如是则霸业可成矣！

就当时的军事形势看，联合抗秦确不失为各国自保自立、避免为强秦所吞并的正确决策。在苏秦的斡旋下，山东六国于公元前333年在洹水会盟，形成合纵之约，苏秦由此佩六国相印，任“纵约长”，制定了秦攻六国中的任何一国，其他五国进行战略配合的军事战略。合纵之盟的成功，不仅使苏秦成为当时社会中最耀眼的政治、军事、外交明星，而且也确实抑制了秦国向外扩张的势头。《战国策》记载苏秦外交谋略的效果时说：

当此之时，天下之大，万民之众，王侯之威，谋臣之权，皆欲决苏秦之策。不费斗粮，未烦一兵，未战一士，未绝一弦，未折一矢，诸侯相亲，贤于兄弟。夫贤人在而天下服，一人用而天下从。故曰：“式于政，无式于勇；式于廊庙之内，不式于四境之外。”

合纵外交谋略的成功实施，是以“伐交”手段体现“不战而胜”的智慧谋略的又一典型范例。

连横是秦国对东方六国的合纵而采取的外交谋略，其代表人物为张仪。相传张仪是苏秦的同学，同为鬼谷子的学生。张仪奔秦，受到秦惠王的重用，他利用山东六国之间的矛盾，以威胁、讹诈、欺骗、利诱、分化、离间等手法，配合军事高压政策，又拉又打，瓦解了六国间的合纵之盟。张仪连横之术的成功，不仅使处于抗秦前沿的楚、韩、赵、魏、燕诸国屡屡遭受军事失败，向秦国割地求和，而且挑起山东六国间的相互争斗，征伐不休，连绵不断的战争削弱了六国的力量，为秦统一六国铺平了道路。秦对东方六国外交的另一个重要谋略是远交近攻。远交近攻的外交谋略，是战国著名谋士、政治家范雎初见秦昭王时提出的"王不如远交而近攻，得寸则王之寸，得尺亦王之尺也。今舍此而远攻，不亦谬乎?"他认为应远交齐国，近攻韩魏等国，逐步推进以至统一天下。后来秦国统一事业中的外交路线，基本是循着这一原则演进的。

纵观战国时期外交领域的"伐交"谋略，基本格局是合纵与连横两大外交谋略的对立、斗争和演进。苏秦的合纵联盟被瓦解后，东方六国的四大公子及陈轸、苏代等谋士在强秦的威逼下，又多次进行局部的合纵事业以抵抗秦国的进攻。山东六国最后亡于秦，原因固然很多，但山东六国之间因各自的利益之争而不能坚持合纵联盟乃是亡于秦的重要原因之一。相反，秦国最后完成统一大业，除其强大的综合国力外，也多靠利用矛盾分化瓦解的连横之术。

2. "伐交"与"伐兵"

在战争实践中，"伐交"与"伐兵"往往配合使用。"伐交"与"伐兵"是"伐谋"的具体体现，"伐交"与"伐兵"的灵活运用，不仅大大丰富了"伐谋"的内容、形式或手段，而且也使"伐兵"更富戏剧性，取得更多令人意想不到的效果。

在中国古代战争史上，只要有多国多方力量的存在，那些著名的战例中取得胜利的一方，一般都是"伐交"与"伐兵"结合运用、灵活运用而取得成功的。我们如果简单分析一下春秋时决定晋文公霸主地位的晋楚城濮之战，就可以看到"伐交"对夺取战争胜利的巨大影响和作用了。

晋楚城濮之战爆发于鲁僖公二十八年（前632年）。在此之前，楚国利用齐桓公去世、齐国中衰、中原无强国的局面，兵出中原，控制了鲁、郑、陈、蔡、曹、卫、宋等中小国家。晋国自晋文公执政以后，国势日渐强盛，这与锐意挺进中原的楚成王的矛盾和冲突成为必然。鲁僖公二十六年（前634年），原臣服于楚的宋成公改换门庭，臣服于晋。楚成王正率军援鲁伐齐，见宋国背叛，立即调兵攻宋，宋国向晋国求援，这给了晋文公一个良好的契机。鲁僖公二十八年（前632年），晋军进攻曹国和卫国，两国是楚国的属国，晋国攻曹、卫，意在使楚军救曹、卫而解宋国之围。此间，晋、齐两国国君会盟，扩大了抗楚统一战线。但晋军克曹、卫，楚军不顾曹、卫，仍继续攻宋，宋成公派人向晋文公告急。晋文公说：

宋人告急，舍之则绝，告楚不许。我欲战矣，齐、秦未可，若之何？

晋文公在外流亡19年，其中曾得到楚王和宋襄公的厚遇，这是晋文公不愿直接与楚军作战又不得不救宋的原因。晋大夫先轸说：

使宋舍我而赂齐、秦，藉以告楚。我执曹君，而分曹、卫之田，以赐宋人。楚爱曹、卫，必不许也。喜赂怒顽，能无战乎？

如果说晋军先攻曹、卫还是一般的军事谋略的话，那么，先轸的主意则完全是外交手段了。他的意思是让宋国贿赂齐、秦两国，让齐、秦两国劝楚国解除对宋国的包围。我们扣压曹国国君，将曹、卫两国的土地赏给宋国。楚国看到宋国占有曹、卫两国的土地，必定不会听从齐、秦两国的劝告而停战。齐、秦两国收了宋国的礼，必定怨恨楚国的顽固，齐、秦两国很可能就要参战。这是很高明的外交谋略，如果楚国停战，则楚国失去了宋、曹、卫等属国，宋国安然无恙，三国归于晋，晋国坐收渔人之利；如果楚国继续攻宋救曹、卫，则惹怒了齐、秦两大国，迫使晋、齐、秦三大国结成了统一战线，楚军胜利的希望更小。

楚成王果然拒绝了齐、秦两国的调解，两国参战。楚国由伐宋变成与晋、齐、秦三大国的直接对立。严峻的形势迫使楚成王决定撤军停战，但令尹子玉决意要和晋军较量一番，留在宋国不肯回楚。子玉派宛春向晋文公提出："请复卫侯而封曹，臣亦释宋之围。”这也是很高明白的外交手段。晋大夫先轸分析说：

子与之！定人之谓礼，楚一言而定三国，我一言而亡之，我则无礼，何以战乎？不许楚言，是弃宋也。救而弃之，谓诸侯何？楚有三施，我有三怨，怨仇已多，将何以战？

楚国的建议不战而安定三个国家，我们不同意，就是使三国灭亡，这就使楚国正义而我们无礼，失去正义，不符合礼，我们还靠什么打仗？而且，我们是来救宋国的，不同意楚国的建议，就是抛弃宋国，这怎么向其他诸侯国交代？楚国的建议对三个国家有益，我们不同意就与三国结了怨，怨仇结多了，又靠什么去打仗？所以，应该同意楚国的建议，先轸的对策是：“不如私许复曹、卫以携之，执宛春以怒楚，既战而后图之。”晋文公便扣押楚国使臣宛春于卫国，私下允诺曹、卫复国，曹、卫两国果然宣布断绝与楚国的关系而臣服于晋。晋国的对策激怒了子玉，子玉率楚军进攻晋军，城濮之战爆发。战争以楚军失败、子玉自杀而告终。

战后，晋文公献俘于周襄王，周襄王给予很高的礼遇，并策命晋文公为诸侯之长，授其“安抚四方诸侯，惩治王室奸佞”的权力。所以，城濮之战一战而奠定了晋文公的霸主地位。而此战的胜利，与其说是兵胜，不如说是正确运用外交谋略与“伐兵”相结合的胜利。因为通过城濮之战，晋文公不仅战胜了楚国，将楚国的势力驱逐出中原地区，使晋国控制了中原各中小国家，而且迫使楚国断绝了与齐、秦等国的联系，使晋国获得了战场上所得不到的同盟者及周天子所授予的权力。由此可见，“伐交”对于“伐兵”的重要作用和重要影响。

其后，春秋时期的晋齐鞍之战、越王复国之战等著名战争的胜利，都是将“伐交”、“伐兵”灵活运用和结合运用的结果。战国时期的燕、齐之战，秦与楚、赵、魏、韩等国的历次大战，以及秦灭山东六国的长期战争，无一不是将“伐交”、“筏兵”交替灵活运用以夺取战争胜利的。

第三讲

百战不殆之道：辨术与战术

战争中百战不殆的首要之点是什么？对此，中国历代的军事家和军事理论家们的共同结论是：以谋为本，先计后战。《孙子兵法》十三篇，以《计篇》为首，他说，“夫未战而庙胜者，得算多也”；“多算胜，少算不胜”。强调的就是庙算、运筹对决定战争胜负的重要影响，后人的“贵谋而贱战”，“用兵在先定谋”，“伐敌制胜，贵先有谋。谋定事举，敌无不克”等思想，都是对孙子理论的继承和发展。需要说明的是，中国古代军事理论中的“庙算”、“运筹”、“谋”、“计”等的概念既可指战略，又可指战术与辨术，战略和战术、辨术，它们没有明确的区分。我们用军事智慧谋略一词来概括中国古代军事理论中战略和战术的思想成果，既是为了叙述的方便，也很大程度上是为中国古代军事理论的这一特色决定的。而在现代军事理论中，不仅战略和战术有明确的界定，而且战略也有长、中、短期或整体战略与局部战略等的区分。我们当然不能用现代的理论、概念去分割、肢解古人的思想，但又不能不作某些相对必要的分类。本章在相对的长、中、短期分类的基础上，对中国古代的整体战略思想作一概括阐述。

深谋远虑，谋定事成

先看长期战略。长期战略的制定是一个巨大的系统工程，是政治、经济、军事、外交等谋略智慧的综合运用。长期战略，在中国历史上有丰富的内容，有许多成功的杰作。

1. 谋深计远，周密严整

宏规巨制的长规远略，一般都具有长远的预见性。这种长远预见性和在多大程度上与后来发展变化着的社会现实相一致，是检验这一长远战略优劣高下的唯一依据。社会的发展充满了无数未知因素，几乎是无数偶然的无法预见的事件的集合。因此，长远战略与社会发展的现实很难取得完全的一致。从这个意义说，长远战略存在一定的概然性是允许的。作为原则或纲领，其在施行中进行局部的完善和补充是正常的合理的。当然也有与后来社会发展变化几乎完全一致的，如三国时期，诸葛亮的《隆中对》就是一份这样的天才杰作，其预见与结果的相契合，真可谓前无古人而后无来者。其文云：

自董卓以来，豪杰并起，跨州连郡者不可胜数。曹操比于袁绍，则名微而众寡，然操遂能克绍，以弱为强者，非惟天时，抑亦人谋也。今操已拥百万之众，挟天子而令诸侯，此诚不可与争锋。孙权据有江东，已历三世，国险而民附，贤能为之用，此可以为援而不可图也。荆州北据汉、沔，利尽南海，东连吴会，西通巴蜀，此用武之国，而其主不能守，此殆天所以资将军，将军岂有意乎？益州险塞，沃野千里，天府之土，高祖因之以成帝业。刘璋暗弱，张鲁在北，民殷国富而不知存恤，智能之士思得明君。将军既帝室之胄，信义著于四海，总揽英雄，思贤如渴，若跨有荆、益，保其岩阻，西和诸戎，南抚夷越，外结好孙权，内修政理，天下有变，则命一上将将荆州之军以向宛、洛，将军身率益州之众出于秦川，百姓孰敢不箪食壶浆以迎将军乎？诚如是，则霸业可成，汉室可兴矣。

这就是著名的隆中对策，时间在建安十二年（207 年）。刘备是三国时的枭雄，在汉末天下大乱群雄并起的形势下，企图一展抱负。但长期以来，他凄凄惨惨，居无定所，食无定主，丧魂落魄，先后依附于公孙瓒、陶谦、曹操、袁绍，最后才逃归刘表，寄人篱下。其关键就是他缺少一个谋士或智囊团，为他制定一个切实可行的长远战略。而诸葛亮为他设计的未来时局的蓝图，才使刘备逐渐摆脱了困境。从总体看，谋求三国鼎立不是诸葛亮最理想的选择，而是为时势所迫不得已的战略构想。在他看来，曹操已经占有中原，拥有百万之众，且挟天子以令诸侯，政治上、军事上都处于主动地位，难以与之争锋。孙权保有江东，外有长江天险，内部团结巩固，也不能轻易插足。天下可供选择的地方只剩下荆州和益州。宋人何去非说：“（刘）备非特委中原而趋巴蜀也，亦争之不可得，然后委之而西入耳！备之西者，由智穷为惫，盖晚而后，出于其势之不得已也。”何去非也看到“孔明岂以中州为不足起，而以区区荆益之一隅足以有为耶？亦以魏制中原，吴擅江左，天下之未吴魏者，荆、益而已。顾备不取此，则无所归者故也”。诸葛亮自比管仲、乐毅，有王佐之才，《隆中对》的最高目标是平定中原，统一天下，“霸业可成，汉室可兴”。三分天下只是权宜之计，策之下者，但不出此下策，刘备恐怕连立足之地也没有，何以能成霸业、兴汉室？诸葛亮在《隆中对》中，不仅正确论述了荆、益两地的重要战略地位，而且看到荆州刘表、益州刘璋、汉中张鲁等辈都不是有为之主，刘表占有荆州，苟且偷安，割据自保，不思进取，内部矛盾重重，自处四战之地而又没有自强自立的智谋方略，被人兼并只是时间问题。事实上，就在刘备三顾茅庐时，东吴的孙权君臣就在规划夺取荆州甚至巴蜀的方案。鲁肃认为，复兴汉室只是幻想，曹操已经成了气候，要铲除他是不可能的。若能保全江东，西取荆州，控制长江中游，与曹操分江而治，也不失为帝王之业。大将甘宁也有同样的看法，认为应立即西进，夺荆州，窥巴蜀。于是孙权于建安十三年（208 年）春西攻荆州。同年夏，曹操也兵发荆州。益州的刘璋、汉中的张鲁同样懦弱无能。同年夏，曹操不战而取荆州，刘璋就有向曹操屈服之意，不想曹操对他不屑一顾。曹操的冷遇，却为后来刘备入蜀提供了机遇。诸葛亮就是在这样的关键时刻，为刘备规划了长远的建国方略。没有诸葛亮的辅佐之前，刘备是一片随风飘转的秋叶；自礼聘诸葛出山后，刘备才从四处漂泊流浪的落魄境地中挣脱出来，并且在曹操强大军事压力下，实现了与孙权的联合，经赤壁一战击败了曹操的进攻。短短数月之间，刘备便作为一支重要的政治力量登上社会政治舞台，为曹、吴两方刮目相看。刘备乘胜占有荆州，有了一块立足之地。并且切断孙吴进军巴蜀的道路，为刘备从容经营荆州、夺取巴蜀创造了有利时机。以后刘备的入蜀是顺理成章的事，诸葛亮隆中对策中的开国蓝图最后得到实现，三国鼎立的局势也最终形成。

隆中对策还建造了未来国家内政外交及军事取向的基本框架。在当时的三国中，蜀汉的内政治理最有条理，成效最为显著。这既是诸葛亮长期战略的终点，也是其起点，即以巴蜀为基地，完成统一全国、兴复汉室的大业。关于“西和诸戎，南抚夷越”，诸葛亮着眼于解决长期存在的夷汉纷争，主张平等对待各少数民族，采取一系列政策，加强民族团结，发展生产。著名的“七擒孟获”的故事，就是诸葛亮长期战略中以“和”、“抚”为中心的少数民族政策的体现。其长远目标在于营造一个稳定可靠的后方，为以后兵出中原打好基础。在外交上，诸葛亮坚持联合东吴，共同抗击曹魏。刘备声言匡扶汉室如同曹操“挟天子以令诸侯”一样，同样打的是一张政治牌，目的是待时机成熟，入主中原，成就帝王之业。而且，三国中，曹魏势力最强，只有与东吴结成统一战线，才退可以自守，进也有胜利的希望。吴蜀两国实为唇亡齿寒、辅车相依的关系，哪一方先灭亡，仅存的另一方决无长期存在的可能。曹操和孙权对此也有清醒的认识，这是曹操、曹丕父子一直没有主动伐蜀的原因之一。也是吴、蜀之间虽然摩擦不断，甚至出现了荆州之争、夷陵之战那样的危机，但在共同抗曹这一点上始终携手的原因之一。

2. 长规远筹，因形举措

长远战略作为一个基本的长期的战略框架结构，需要在实践中不断加以增益、补充和完善，使其适应形势发展变化的需要，更具有可操作性，从而有效地指导阶段性的具体事业的发展，逐步接近并最终实现长远战略所规定的终极目标。在这一方面比较典型的，是明太祖朱元璋的开国历程。

元末大规模的农民起义始于元至正十一年（1351 年）夏，自刘福通首举义旗，红巾军系统的各支起义军风起云涌，席卷山东及大河上下、大江南北，非红巾军系统的张士诚、方国珍等崛起于江浙等地。贫苦出身、当过和尚的朱元璋于至正十二年（1352 年）投身于郭子兴部，因作战勇敢而升至镇抚。至正十四年（1354 年）朱元璋攻取定远、滁州，拥有徐达、汤和等战将 24 人，士众 2 万余人，谋士冯国用、冯国胜、李善长等人。以朱元璋当时的力量和地位，在群雄中属名不见经传的小字辈。但就在这时，朱元璋迈开了他问鼎中原、平定天下的第一步。史载他问计于冯氏兄弟：

“顾定天下，计将安出?”

冯国用说：“金陵龙蟠虎踞，帝王之都，先拔之以为根本。然后四出征伐，倡仁义，收人心，勿贪子女玉帛，天下不足定也。”

同年，朱元璋问计于李善长：“四方战斗，何时定乎?”

李善长曰：“秦乱，汉高起布衣，豁达大度，知人善任，不嗜杀人，五载成帝业。今元纲既紊，天下土崩瓦解……法其所为，天下不足定也。”

朱元璋由此明确了平定天下的终极目标，确定了“知人善任，不嗜杀人”、“倡仁义，收人心”、“不贪子女玉帛”、“救生灵于水火”的长远政治战略和首先攻占金陵（今江苏南京市）以作攻伐四方之根本的长远军事谋略。这一长远谋略的制定，使朱元璋和张士诚、方国珍、明玉珍等缺乏宏图远见、雄才大略的地方割据者有了一个根本区别。

朱元璋占领南京后，便派兵四出攻城掠地，他攻克徽州时，前元学士朱升向朱元璋进言：“高筑墙，广积粮，缓称王。”朱元璋立即心领神会。前两点是巩固统治、积极防御、积蓄力量、伺机而动的意思，这好理解。而“缓称王”这一着妙棋的奥意是什么呢?首先，所谓树大招风，出头的椽子先烂，盛名之下，树敌必多。当时，如果朱元璋称帝称王，张士诚、方国珍、徐寿辉及紧接其后的陈友谅辈便可能群起而攻之。图一虚名不如审时度势，避虚名而就实利，积极发展实力才是上策。其次，朱元璋属于北方韩林儿、刘福通红巾军系，他占有南京，一直注重积极向东、西、南几个方向发展而不得矛头北指，原因就在于韩林儿的龙凤政权此时正处于鼎盛时期。朱元璋听从龙凤政权的号令，龙凤政权不会对他开刀，元军有龙凤政权替他顶着，为他解除了后顾之忧。若朱元璋自立门户，称帝称王，被龙凤政权视为叛逆，其后果就可想而知了。所以，在此后数年中，对称王称帝问题，朱元璋在时机的把握上，巧妙适宜，得心应手，表现出高超的政治谋略水平，与军事的发展配合得天衣无缝——早了树敌，晚了不能有效地团结将士，收拾人心，号令天下；不迟不早，不徐不疾，火候适中，适时而动，这从其后朱元璋自称吴王、即皇帝位所把握的时机，可以特别强烈地感受到这一点。“缓称王”——这一高明的政治谋略与军事谋略的密切配合是朱元璋长远战略发展的第二步。

至正二十年（1360年），著名谋略家刘基投奔朱元璋。朱元璋在刘基的辅佐下，开始了削平南方群雄的战略行动。在南方诸强中，朱元璋于至正二十年至二十三年，首先消灭了处于长江中游的最为强悍、也是对朱元璋威胁最大的陈友谅集团。陈友谅集团的覆灭，包括强大的张士诚集团在内的其他各地方割据势力对朱元璋来说，如同俎上之肉，釜中之鱼，不足为虑。而在至正二十三年（1363年），韩林儿的龙凤政权被张士诚消灭，刘福通战死，韩林儿作为龙凤政权名义上的皇帝、北方红巾军的首领被朱元璋从危城中救出来，并将其置于自己的控制之下。北方的元帝国分裂成相互对立的各地方集团，相互攻击，根本无暇南下。在这样的形势下，朱元璋于至正二十四年（1364年）正月自称吴王。自此年起，指挥大军西向扫平陈友谅余部，平定两湖、江西、安徽；东击张士诚、迫降方国珍等，至正二十六年（1366年），南方各地胜局已定，而在朱元璋控制下的名存实亡的龙凤政权的皇帝韩林儿，也于此年不明不白地死去，朱元璋彻底割断了与不存在的红巾军的名义上的关系。至正二十七年（1367年）正月，朱元璋正式即吴王位，他除指挥一部分军队继续讨伐福建、两广的地方割据者外，命令主力部队在最后歼灭张士诚、方国珍残部后，于同年十月，立即挥师北伐。北伐前，由文豪宋濂主笔，著就了一篇气势磅礴且极有战略意义的北伐宣言，其核心内容是以种族主义相号召，团结广大人民齐心协力，“驱除胡虏，恢复中华”，结束“冠履倒置”的局面。大军北伐是为了“立纲陈纪，救济斯民”，“拯生民于涂炭，复汉官之威仪”；号召广大汉族人民支持大军北伐，包括蒙古族人在内的各少数民族官吏民人停止抵抗，则可“与仲夏之人，抚养无异”等。这篇檄文既富于浓厚的民族主义意识和爱国主义的感召力，又以博大的胸怀给予少数民族人民以平等相待的地位，消融了元军将士及民众的敌对心理，从而孤立元统治者和各地方割据势力；既突出了北伐战争的正义性，又使饱受战争之灾的广大人民看到和平和安宁的希望。因此，它产生了巨大的影响，加速了北伐战争胜利的步伐。

北伐宣言的发布，是朱元璋长远战略发展的第三步，也是最后一步，它标志着其长远战略的最后完善，而即将到来的北伐的胜利，则标志着朱元璋长远战略目标的最后实现。至正二十八年（1368年）正月，朱元璋宣告明王朝建立，他同时即皇帝位。同年八月，徐达率军入元王朝都城大都（今北京），标志着元王朝的覆亡。至此，朱元璋的长远战略得到了最后圆满的实现。

由上可以看出，朱元璋的胜利绝不是偶然的或天命所定的胜利，也不是碰运气的结果，而是朱元璋在其基本纲领——长远战略的指导下，根据不同阶段性的谋略对策，补充、丰富长远战略，推动整个事业逐步向预定的目标前进的必然结果。其阶段性谋略决策与长远战略即深谋远虑与因形举措衔接之严密，似浑然天成，这既是朱元璋和他的谋士们光辉谋略智慧的结晶，也是中国古代带有普遍意义的长远战略与阶段性谋略紧密结合以指导事业成功的典型范例。作为以长远谋略指导事业成功的另一类型，与诸葛亮的隆中对策相比，似乎也并不逊色。

3. 践谋蹈略，韬晦待机

长远战略最终实现的过程，既是战略制定者睿智才华得到最大限度发挥的过程，更是他们以坚定顽强的信念、坚忍不拔的意志、勇往直前的精神为长远目标的实现而进行不屈不挠、持久战斗的过程。没有这种信念、意志、精神的支撑，再完美的长远战略也不可能实现。秦国铲平山东六国、统一天下，就是秦国君臣以强大的国力为后盾，经过几代人坚持不懈、战斗不止的结果。而那些尚处于弱小地位的势力要实现自己的长远目标，则需要具备更为超人的坚强意志，付出更大的代价，越王勾践和他的复国事业就是其中的典范。

吴、越两国，累世为仇。公元前496年，槜李一战，吴王阖闾被越王勾践击败，吴王阖闾重伤而死，其子吴王夫差积极整武备兵，志在伐越，为父报仇。越王勾践不听著名军事家范蠡的劝告，企图乘吴王夫差羽翼未丰，先发制人，主动伐吴。鲁哀公元年（前494年）越、吴夫椒一战，越军大败，越王勾践率领仅存的5000人退守会稽山，为吴军包围。在人亡国灭的关键时刻，越国著名军事家范蠡为勾践谋划说：

> 持满者与天，定倾者与人，节事者以地，卑辞厚礼以遗之，不许，而身与之市。

著名政治家文种也劝勾践说：“汤系夏台，文王囚羑里，晋重耳奔翟，齐小白奔莒，其卒王霸。由是观之，何遽不为福乎？”

他们的基本思想是，失败和艰危并不可怕，当年商汤被拘禁于夏台，周文王被囚于羑里，晋文公重耳逃奔戎狄，齐桓公小白曾流亡于莒国，但他们并未因此气馁，而是愈挫愈奋，终于成就王霸之业。持满而不溢，是顺应天道，就能得到上天的佑助；扶危定倾，力挽狂澜，谦卑事人，是顺应天道，就一定能得到人民的拥护；地生万物，因地制宜，丰财而节用，是顺应地道，就一定能国富民强。现在的权宜之计，只有卑词厚礼，贿赂吴国君臣，委屈求和；倘若不允许，大王就屈身臣服于吴王，供其驱使，以争取时机，重新再起。勾践君臣正是遵循这一战略，而极尽忍辱含耻、韬晦待机之能事，最后兴国灭吴的。

首先是争取吴王夫差的宽贷赦免，免遭灭国之危。为此，越大夫文种赴吴王军营求和于吴王，膝行顿首曰："勾践请臣，妻为妾。"由于伍员的反对，无功而返。接着，勾践君臣又以重金美女宝货贿赂吴王宠臣太宰伯嚭。大夫文种两次向吴王夫差求和说："愿大王赦勾践之罪，尽入其宝器。不幸不赦，勾践将尽杀其妻子，燔其宝器，悉五千人触战，必有当也。"伯嚭接受了越王的贿赂，帮文种说情，吴王夫差不顾伍员的坚决反对，同意了越王勾践的求和要求，率领大军回国。吴军撤走后，勾践首先向民众告罪悔过说："寡人不知其力之不足也，而又与大国执仇，以暴露百姓之骨干中原，此则寡人之罪也。寡人请更。"于是，"葬死者，问伤者，养生者，吊有忧，贺有喜，送往者，迎来者，去民之所恶，补民之不足"。初步安定国家、安抚民众后，命文种治理国家，自己带着范蠡及宦士300人到吴国去，"卑事夫差"，"亲为夫差前驱"。勾践和范蠡等不惜忍耻含垢，屈身卑事，像奴仆一样供夫差驱使，前后达三年之久，终于取得夫差的信任，于公元前491年被释放回国。

保存越国和勾践安全回国，只是达到了长远战略的第一个目标。勾践君臣回国后，以灭吴复仇、洗刷国耻相激励，以坚定顽强的信念、坚忍不拔的意志、坚持不懈的奋斗精神，致力于重建国家的事业。政治上君臣上下一心，励精图治，团结民众，招揽人才；军事上，加强军事训练，扩充军队，努力提高军队战斗力；经济上奖励生育，增殖人口，发展经济，增强国力，数年间出现国富民强、家给人足的景象。史载勾践本人率先垂范：

乃苦身焦思，置胆于坐，坐卧即仰胆，饮食亦尝胆也。曰："女忘会稽之耻邪?”身自耕作，夫人自织，食不加肉，衣不重彩，折节下贤人，厚遇宾客，抚贫吊死，与百姓同其劳。

“卧薪尝胆”的典故即出于此。经过越王勾践君臣和人民的努力，越国的社会经济得到了恢复和发展，人民灭吴复仇的情绪日益激扬，初步具备了实现长远战略所要求的国力基础。

越王勾践君臣在致力于增强国力的同时，为选择最佳灭吴时机，采取了一系列谋略手段，韬晦待机，掩盖自己的战略企图，又不失时机地运用“文攻”手段，促使吴国的政治腐败，内部离心及决策失误等，创造有利于自己的时机。大夫逢同阐述了越国这一谋略与外交关系的联系：

勾践自会稽归七年，拊循其士民，欲用以报吴。大夫逢同谏曰：“国新流亡，今乃复殷给，缮饰备利，吴必惧，惧则难必至。且鸷鸟之击也，必匿其形。今夫吴兵加齐、晋，怨深于楚、越，名高天下，实害周室，德少而功多，必淫自矜。为越计，莫若结齐、亲楚、附晋，以厚吴。吴之志广，必轻战。是我连其权，三国伐之，越承其敝，可克也。”

越国刚刚恢复过来，决无必胜把握。公开扩军备战，势必引起吴国的警惕和疑惧，甚至招致新的战争。对越国来说，现在就如同凶猛的鸟将要出击前必先隐匿其身形一样，应隐形匿迹，不动声色，不使吴国感到有任何威胁。在外交上，吴国现在兵出中原，与齐、晋兵刃相见，与楚国有宿仇。我们应该暗中联系齐、晋、楚三国，以作后援；对吴国表示亲近。吴国名高志广，骄横轻战，如与中原各国大战，我们方可乘机而作，一举而灭其国。为了达到这一目的，越王勾践一方面对吴王夫差表示恭顺臣服，毫无异志；一方面诱使夫差出兵中原，谋求霸权。“吴王将北伐齐，越王勾践用子贡之谋，乃率其众以助矣，而重宝以献遗太宰嚭”。在这一过程中，孔子的高足子贡起了很大作用。子贡为保存鲁国，诱齐伐吴，诱吴抗齐伐晋，吴王夫差本想再次伐越，子贡为吴国出使越国，劝勾践“发士卒佐之以徼其志，重宝以说其心，卑辞以尊其礼，其伐齐必矣”。这正中勾践下怀。由于子贡的穿针引线、伯嚭的暗中协助，夫差决意停止伐越而北上伐齐。勾践命文种使吴，一方面对吴王伐齐大加赞颂，一方面称“悉起境内士卒三千人”随从夫差北伐等，终于利用夫差的骄横和急于称霸的野心，诱使夫差陷入中原之战的深渊而不能自拔，极大地削弱了吴国的国力，为越王勾践的最后灭吴复国创造了绝好的机会。为了麻痹夫差，越王还大量给其送去财宝，以表示诚恳；送去西施、郑旦等美女以讨其欢心，使夫差沉溺于女色，解除对越国的戒心。同时，不断以重金贿赂夫差的宠臣、太宰伯嚭，“太宰嚭既数受越贿，其爱信越殊甚，日夜为言于王，吴王信用嚭之计”。本来，对越国君臣欺吴谋略的一招一式，伍员都看得一清二楚，并屡次向吴王夫差提出警告，由于伯嚭从中破坏，都未能被夫差接受。伍员对吴国忠心耿耿，最后，越王君臣利用伯嚭离间于夫差，伍员被赐死。伯嚭专政，夫差荒淫；长年征伐，国内空虚。越王勾践灭吴复国的时机终于到来了。

公元前482年，乘吴王夫差率大军北上中原争霸之机，越王勾践统帅5万大军，一举歼灭吴国国内的剩余部队，攻占吴国都城，俘虏太子。吴王夫差从中原回军，以越、吴两国和谈罢兵而告终。公元前478年，越王勾践再次伐吴，击溃吴军主力，围困吴国都城姑苏，吴国灭亡。越王君臣的长远战略经过长达22年的努力终于最后完成。而越王勾践君臣灭吴复国曲折复杂的戏剧性历程，最受后人称赞的不是他们的谋略智慧，而是他们，尤其是越王勾践为实现其长远战略而表现出来的那种坚定不移的意志、信念和坚持不懈的战斗精神。

所以，长规远略的制定实现，既需要卓越非凡的智慧谋略，更需要为实现长规远略而进行持久不息、坚忍不拔、持久战斗的精神和毅力，只有二者的结合，才能收到深谋远虑、谋定事成的效果。

先计后战，辨形用权

运用正确的辨敌之术和战术。即每逢敌手，或先计后战，或辨形用权，这既是对军事指挥家素质优劣的最好检验，更是实现百战不殆军事智道的必经之途。对此，在中规战略中，体现得最为清楚。所谓中规战略，即由若干战役战斗组成的整体战略。它是相对于长期战略而言的中期战略。在中期战略目标的确定、计划的实施中，必须注意如下几个方面。

1. 把握全局，稳操胜券

战争的决策者能否在中期战略中把握全局，对在错综复杂的形势下克敌制胜至关重要。在这一方面，三国时的谋略大师曹操有着突出的表现。他在汉末天下纷争、地方势力割据称雄的混乱形势下，仅以区区万人的弱小力量，采取了招抚利用、分化瓦解、武装打击等手段，不断蚕食兼并，最终孤立并消灭袁绍集团，奠定了称霸中原的基础。

曹操在汉末政治舞台上崭露头角进而操纵汉末政治，是从迎接汉献帝、定都许昌开始的。当时，汉献帝在洛阳进退失据，但却是一面旗帜。曹操、袁绍都想“挟天子以令诸侯”。只是袁绍优柔寡断，还没有来得及下手，便让曹操抢先一步将汉献帝掌握在自己的手中。曹操在政治上占据主动，也同时与袁绍的关系紧张起来。曹操将汉献帝迎到许昌以后，袁绍曾要曹操将都城迁到鄄城（今山东濮县东），遭到曹操的断然拒绝。曹操与袁绍之间的战争已不可避免。建安元年（196年），曹操就制定了讨伐袁绍的战略。

当时总的形势是，曹操虽然控制中原的兖、豫二州，但两州无险可守，属于“四战之地”；而且，兖、豫地区历经战乱，人民流离失所，社会经济残破不堪，军粮不继，供给不足，无法支持大规模的战争。从社会地位上看，曹操出身于宦官家庭，为士人所不齿。虽然控制了汉献帝，被封为司隶校尉领尚书事及车骑将军，但尚未得到各割据势力的认可。从军事力量看，曹操的力量不仅不能与袁绍相提并论，就是与其他一些集团相比，也没有什么优势。如江南的孙策，时时准备插手中原；据有扬州、淮南的袁术，和袁绍虽然不和，但北上中原之志颇大；给曹操造成直接威胁的是占据徐州的吕布，吕布虽然反复无常，依违于袁术、袁绍之间，但直拊曹操之背，令曹操居无宁日，寝食难安；南方势力最强的是张绣和刘表，两大集团据有荆襄、豫南广大地区，割地自守，相互为援，也作窥视许昌之势。此外，西方关中地区有韩遂、马超；凉州为韦端所有。这些都有可能成为袁绍的同盟者。最后再看袁绍集团，袁氏家族是东汉中后期的名门世家，四世三公，门生故吏遍天下。袁绍本人弱冠登朝，播名海内，声震天下。汉末天下大乱之际，袁绍依恃家族和自己的巨大名望，招揽人才，占据幽、冀、青、并四州，地理形势优越，进可攻，退可守；在经济实力方面，四州受战争影响不大，一些地区经济发达，因此，粮食物资储备充足；在军事实力方面，袁绍拥有总兵力至少在30万人以上。所幸的是建安二年至四年间（197—199年），袁绍集团正全力与占有山东北部及河北广大地区的公孙瓒连年苦战，争夺幽州，暂时无力南下对付曹操。

面对如此紧张严峻的局面，曹操利用袁绍集团暂时无力南下的时机，首先招抚拉拢一些割据集团，并用军事手段消灭了与自己为敌的一些集团。而后，寻求有利时机，集中全力与袁绍集团决战。建安元年（196年），为制定破袁战略，曹操问计于著名谋略家荀彧和郭嘉：

本初拥益州之众，青、并从之，地广兵强，而数为不逊。吾欲讨之，力不敌，如何？

荀彧分析曹操具有四方面必胜的因素，即："度胜、谋胜、武胜、德胜。"郭嘉总结的则是曹操有十必胜，即："道胜、义胜、治胜、度胜、谋胜、德胜、仁胜、文胜、武胜。"他们又指出：

绍方北击公孙瓒，可因其远征，东取吕布。不先取布，若绍为寇，布为之援，此深害也。

即乘袁绍与公孙瓒大战之机，消灭吕布，做好全面战略准备。这当然不仅指吕布：

太祖曰："然，吾所惑者，又恐绍侵扰关中……南诱蜀汉，是我独以兖、豫抗天下六分之五也，为将奈何？"彧曰："关中将帅以十数，莫能相一，唯韩遂、马超最强。彼见山东方争，必各拥众自保。今若抚以恩德，遣使连和，相持虽不能久安，比公安定山东，足以不动。钟繇可属以西事，则公无忧矣。"

至此，曹操破袁绍的整体战略设计基本完成了。

在上述战略思想指导下，自建安元年（196 年）开始，曹操挟天子之令，先后封孙策为明汉将军，并与其联姻；与张绣曾数次作战，后张绣投降，被封为扬武将军；与刘表加强联系，申明利害，使刘表后来一直保持中立；派钟繇去关中，招抚了韩遂、马超；派人拉拢凉州韦端，威胁利诱，使韦端屈附；袁绍攻灭公孙瓒后，曹操拜渔阳太守鲜于辅为建忠将军，从后方牵制袁绍。军事方面，攻灭吕布，击走刘备，重创袁术，袁术在大战前病死，彻底解除了东南侧翼的威胁；击破曾是吕布盟友的河内太守张扬，占领战略要地射犬（今河南泌阳县东北）；派臧霸等攻青州，破齐之北海、东安（均在山东寿光、沂水县境）；另派兵据守黎阳（今河南省浚县东）、官渡（今河南省中牟县东北）等。至此，破袁的战略准备工作全部完成。

建安五年（200 年）二月，与袁绍的官渡之战随之爆发。官渡之战，袁绍精兵 10 万，粮草给养充足，而曹操只有万余人，兵不多，将不广，粮草供应不足，这是一场典型的以少胜多的战例。战争的结果正如荀彧和郭嘉所预料的那样，曹操以积极防御的战略与袁绍对峙 8 个多月，声东击西斩袁绍大将颜良，诱敌伏击斩袁绍另一猛将文丑，水灌袁绍大营，数次火烧袁绍粮草，智计百出，最后一举全歼袁军，袁绍只带了 800 多人仓皇北逃。建安七年（202 年）正月，袁绍病死，诸子争立，对曹操不足以构成大患。官渡之战的胜利，奠定了曹操在中原不可动摇的霸权地位。而自建安元年至五年短短数年中，曹操霸权地位的确立，正是曹操所制定的正确的阶段性的中规韬略的胜利。战后，曹操逐一击破袁氏残余，关中韩遂、马超，荆州刘表等，其声威形势与建安五年前就不可同日而语了。可以说，这一段时间的曹操虽处弱势，但总揽全局，分析优劣，利用矛盾，因形制谋，辨形用权，纵横捭阖，得心应手，是曹操一生中最辉煌的时期，也是正确运用谋略以战胜群雄确立霸权的显著例证之一。

2. 先计后战，战无不胜

以谋为本、先计后战的原则，要求运用一切谋略手段创造有利于我、不利于敌的战争态势，在没有进入决战前就使敌方处于危殆的地位，而战争的胜利只是此前一系列谋略运用的自然结果。高明的军事家注重的即是战争决战前的这个战略准备过程。所谓以谋为本、先计后战，其关键奥秘就在这里。春秋末的吴楚之战就是这样的一个典型战例。鲁昭公二十年（前512年），吴王阖闾准备大举伐楚。孙武认为“民劳，未可，待之。”伍员了解楚国，它虽然衰败，但仍然是一个大国，吴国没有必胜的把握。因此，他对吴王说：

> 楚执政众而乖，其适任患。若为三师以肄焉，一师至，彼必皆出。彼出则归，彼归则出，楚必道弊。亟肄以疲之，多方以误之。既疲而后，以三军继之，必大克之。

他的意思是，楚国执政的人多，人心不齐，但谁也不肯负责任。我们将军队分为三部分，每次用一军去扰乱楚国的边境，楚国必会全军出动。他出动，我撤军；他收军，我出动。用这种疲惫楚军、诱其失误的战法，消耗其实力。待楚军疲乏不堪、兵竭民怨后，我们三军齐出，必能大获全胜。这一战法，五十多年前楚共王与晋悼公争雄时，双方都曾使用过。当时，楚国面对强劲的晋国及诸侯联军，曾首先使用这种方法疲惫诸侯联军。晋国的荀莹以其人之道还治其人之身，制定了三分四军的战法，指挥诸侯联军不断轮番攻击楚国，使楚军反受其害，疲于应付，其实力消耗远远大于战场上的损失。五十多年后，吴国再次使用同一战法对付楚国，使楚军重蹈当年的覆辙。《左传》记载：“吴人侵楚，伐夷，侵潜、六。楚沈尹戌帅师救潜，吴师还……吴师围弦，左司马戌、右司马稽帅师救弦，及豫章，吴师还。——始用子胥之谋也。”又“楚自昭王即位，无岁不有吴师。”吴国三分疲楚战法的成功运用，使楚军处于“已败”的地位，自然逃脱不了失败的命运。

公元前506年，“吴王阖闾请伍子胥、孙武曰：‘始子之言郢未可入，今果如何?’二子对曰：‘楚将子常贪，而唐、蔡皆怨之。王必欲大伐，必得唐、蔡乃可。’”唐国位于今湖北随县境，蔡国在今河南上蔡县西南。两国本是楚国的属国，受楚王尤其是贪暴无能的令尹子常的欺侮，此时正受到楚军进攻的蔡国便向吴国求援。于是，吴王阖闾以孙武、伍子胥等为将，会合唐、蔡两国军队，以楚国首都郢为战略攻击目标而征伐楚国。吴军士气高昂，斗志旺盛，一路势如破竹，五战五胜，大破楚军，楚昭王放弃都城出逃，吴军长驱直入郢都。吴军的胜利固然与战争过程中的战略奇袭、速战速决有关，而奇袭、突击所以能顺利奏效，还在于战前三分疲楚战法的运用。长期充分的战略准备，一方面极大地消耗了楚军的实力，另一方面使楚国决策者造成“狼来了”的错觉，面对吴军的突然奇袭，根本没有来得及进行积极有效的战争动员和战争准备。所以吴攻楚的胜利，是“先计后战”的胜利。

3. 以谋为本，灵活机变

由于战争是一个充满未知和偶然因素的复杂演变过程，任何天才军事家都不可能把握战争的所有环节，不可能绝对地知彼知己，也就不可能使战争进程屈从于自己的主观意志，按照自己预定的战略决策运行。所以，预定的战略决策随着战争态势的变化而作出必要的调整是正常和必要的。概言之，将预定的战略原则与战役战斗中的灵活机变有机结合起来，才是克敌制胜的不二法门。著名的楚汉战争中，最剧烈最富有戏剧性的阶段——自成皋之战到垓下之战，就是这样的典型战例。

汉高祖二年（前 205 年）四月，刘邦兵出函谷关，借为义帝报仇为名，乘项羽楚军主力深入山东腹地作战之机，纠合各诸侯军共 56 万人，一举攻取项楚首都彭城。项羽仅以 3 万铁骑在旬余时间内把刘邦打得落花流水，56 万大军作鸟兽散。刘邦丢了老父妻子，仅在数十名骑兵的保护下突围逃脱，各诸侯军也纷纷背汉向楚。刘邦与张良等议定确保关中，坚守粮储充足、有险可据的荥阳、成皋一线，以与项楚抗衡的战略。时人随何较明确地表述了刘邦、张良的战略意图：

> 楚王恃战胜自强，汉王收诸侯，还守成皋、荥阳，下蜀、汉之粟，深沟高垒，分卒守徼乘塞，楚人还兵，间以梁地，深入敌国八九百里，欲战则不得，攻城则力不能，老弱转粮千里之外；楚兵至荥阳、成皋，汉坚守而不动，进则不得攻，退则不得解，故曰楚兵不足恃也。

在其后两年多的楚汉大战中，汉军基本遵循这一战略决策。但却是一波三折，在险象环生中不断作相应调整，而后才走出险境。

就在这一年的十二月，项埚率大军进攻汉军荥阳、成皋防线，被切断了粮食供应通道的汉军危如累卵。刘邦在必保危城而不得的情况下，向项羽提出中分天下的和谈方案，即荥阳以西归汉，以东归楚，遭项羽拒绝。次年五月，汉将军纪信伪装成刘邦向楚军投降，刘邦命御史大夫周苛等坚守荥阳，他本人带领数十名骑兵从荥阳逃回关中，荥阳被围，成皋被项羽攻克，成、荥防线近乎崩溃。

与项羽所不同的是，刘邦有一个稳定的根据地。刘邦回关中征集兵力，准备夺回成皋，重构成、荥防线。此时，有一姓袁的人向刘邦献计说：

> 汉与楚相距荥阳数岁，汉常困。愿君王出武关，项羽必引兵南走，王深壁，令荥阳、成皋间且得休。使韩信等辑河北赵地，连燕、齐，君王乃复走荥阳，未晚也。如此，则楚所备者多，力分；汉得休，复与之战，破楚必矣。

这显然是原定战略的深化和灵活权变。楚军机动性强，战斗力强，汉军无法遏制楚军的攻势。刘邦及其谋士针对楚军的这一特点而设计的方案是以保护成、荥防线为目的，将楚军的主攻方向引向南线，同时继续实施对项羽根据地的战略包围。根据新的战略构想，刘邦率军出武关，机动作战于宛、叶之间，命英布从楚军南翼佯攻。项羽果然上当，率领楚军主力追寻刘邦部作战。此时，韩信在北线已破魏取赵，不战而降燕，处于楚军腹地的彭越则率军袭击项楚首都彭城，大破楚军项声、薛公部，迫使项羽回军彭城反击彭越的进攻。刘邦则乘楚军主力东顾而回师成皋并收复之。然而，项羽迅速击败彭越军的进攻，又复奔袭西线，一举攻克荥阳、成皋，成、荥防线再次瓦解。刘邦几次反击未能得手，甚至想放弃成、荥防线，西撤至巩县、洛阳，守卫通往关中的门户。在这关键时刻，谋士郦食其为刘邦分析天下大势，指出刘邦应“急复进兵，收取荥阳，据敖仓之粟，塞成皋之险，杜大行之道，距飞狐之口，守白马之津，以示诸侯效实行制之势，则天下知所归矣”。坚持成、荥防线不仅在军事上吸引楚军主力，争取时间以完成汉军对楚军的战略包围，而且在政治上可使诸侯向汉背楚。刘邦几乎想放弃预定战略的沮丧情绪一扫而光，又重新振作起来，挥军渡过黄河，收复成皋，兵围荥阳。双方处于对峙胶着状态。长期对峙对楚军极为不利，一是其后方不稳，彭越、卢绾、刘贾等尚在其后方活动；二是韩信已破齐，汉军对项楚东西夹击，南北对战，中间突破的战略态势已形成。汉高祖四年（前203年）八月，项羽主动向刘邦提出两年前刘邦首先提出的“中分天下”的方案，即以鸿沟为界，其东为楚，其西为汉。刘邦竟置原预定的战略规划不顾，同意该方案，项羽率军东归，刘邦也准备回关中。

在预定战略规划又一次面临夭折的关键时刻，张良、陈平对刘邦说：

> 汉有天下大半，而诸侯皆附之。楚兵疲食尽，此天亡楚之时也，不如因其机而遂取之。今释弗击，此所谓“养虎自遗患”也。

刘邦如梦方醒，立即指挥汉军击项羽，同时命令韩信、彭越也率军南下。同年十月，刘邦军追项羽至阳夏，被项羽军一个反击而击败，被迫筑垒自守。韩信、彭越军久久不至。刘邦用张良之谋，对韩信、彭越二人许以割地封王，二人才分别率军南下。项羽见大势已去，且战且走。十二月，至垓下被各路汉军包围。在韩信的指挥下，一战大捷，项羽仅率800余骑逃脱。汉军紧追不舍，项羽穷途末路，最后自刎于乌江。楚汉战争的最后一战宣告结束。

自刘邦出关到项羽自刎于乌江这两年多的时间里，项羽及其所率领的楚军与汉军大小百余战，几乎每战必胜，而最后一败涂地；刘邦及汉军几乎每战必败，却笑在最后，最终灭楚而统一全国。其原因是不言自明的，即项羽之勇乃无智之勇，匹夫之勇，前人对此已有定论；而刘邦之胜利，是因为他坚持以谋为本的军事原则，集众人之智，斗智不斗力，他有一个中规战略规划，又能及时地因势利导，制定符合预定战略的新的战略战术对策，才终于变劣势为优势，变被动为主动，最后夺得全局的胜利。

因敌制变，胜乃不穷

战争是遵循中长规战略的原则指导而展开的，但中长规战略只是规定了战争运作展开的基本原则或纲领，它不能代替具体战争中的战略战术。在具体战争中如何才能百战百胜？古代军事家曾提出因形而用权、因敌而制变、因法而生法的三“因”原则，如此方能百战不殆，胜乃不穷。故明人何良臣指出：“用兵之术，唯因字最妙。”前面说过，古代军事家强调“知彼知己，知天知地”。“知”，即是对敌我双方的深切了解；“因”，则是对“知”的深化和升华；是在“知”的基础之上去伪存真、去粗取精、作出正确的判断，由此去制定正确的战略战术，这是带有普遍意义的关于战争的指导原则。

1. 因形用权，克敌先机

因形用权，即依据敌方的具体情况，采取相应的权变谋略或战略战术以指导战争，去夺取战争的胜利。《吴子·论将》云：

> 凡战之要，必先占其将而察其才，因形用权，则不劳而功举。

在吴起看来，敌方之“形”是多方面的，它包括战争的一切相关要素，而其中最重要的是敌方将帅的智慧、才能、性格、心理等因素。依据敌方将帅的智慧、才能、性格、心理诸特征，制定相应的权变谋略，就能起到“不劳而功举”的客观效果。从《孙子兵法》、《孙膑兵法》、《吴子兵法》、《尉缭子》、《司马法》到《三略》、《六韬》等古典兵学名著，都反复强调注意考察将帅的智慧才略和品德素质，都认识到将帅某些不良性格特点、心理素质特征，一旦为敌方所利用，就可能出现意料之外的变局。因此，充分利用敌方将帅战略战术的失误、性格心理的缺陷，或运用谋略手段诱导其造成失误，就成为战争指挥者的重要课题。如晋楚城濮之战中的楚令尹子玉、晋齐鞌之战中的齐顷公、齐魏桂陵和马陵之战中的庞涓、楚汉战争中的项羽、韩信破赵之战中的赵将陈余、西汉末昆阳之战中的王邑、官渡之战中的袁绍和赤壁之战中的曹操等，他们失败的主要原因，或由于骄傲轻敌，或由于骄横短智，或由于刚愎自用，或由于自信贪功等，他们不一定必败，但由于其性格心理的缺陷被对手所利用，致使一着不慎而遗憾千古。像曹操那样的一代枭雄，其在官渡之战与赤壁之战中的表现判若两人，充分说明在诡谲多变的战争中将帅性格心理素质的重要性。以下就明初朱元璋吞并陈友谅和张士诚两大敌手的战略作一具体阐释。

元至正二十年（1360年），朱元璋占领金陵。当时，北有韩林儿、刘福通，东有张士诚，南有方国珍和陈友定，西有陈友谅。而对朱元璋威胁最大的是东面的张士诚和西面的陈友谅。如何在两大强敌中生存发展，事关朱元璋集团的生死存亡。恰在此年，著名谋略家刘基到南京，朱元璋问计于刘基，刘基分析说：

明公因天下之乱，崛起草莽间，尺土一民无的凭借，名号甚光明，行事甚顺应，此王师也。我有两敌：陈友谅居西，张士诚居东。友谅包饶、信，跨荆、襄，几天下半；而士诚仅有海边地，北不过会稽，弱不过淮阳，首鼠窜伏，阴欲背元，阳欲附之，此守虏耳，无能为也。友谅劫君而胁其下，下皆乘怨；性剽悍轻死，不难以其国尝人之锋，然实数战民疲。下乘则不欢，民疲则不附，故汉易取也。夫攫兽先猛，擒贼先强，今日之计莫若先伐汉。汉地广大，得汉，天下之形成矣。

面对张、陈两大集团的夹击，自守求存只能是坐以待毙，主动进攻尚能险中求胜。但在先打哪一面的问题上，刘基到来之前，朱元璋的谋士将帅们议论纷纷，意见难以统一。以当时朱元璋的实力，无论是打张士诚还是打陈友谅，都不能速战速决。问题的关键还在于，如果先打张士诚，陈友谅顺江而下，直捣金陵；如果先打陈友谅，张士诚乘机出击，离金陵也不过百数十里之遥。两面受敌，兵家大忌。以朱元璋的力量，打一个尚且吃力，同时对付两大集团是必败无疑。刘基正是在这一关键问题上，为朱元璋作出了最艰难也是最有远见的抉择。张士诚虽据有江浙一带的广大地区，“中间带甲数十万，沃野数千里，即未能藉其富强削平区宇，而官山多鼓铸之资，煮海尽渔盐之利”。如依其富强，收拾人心，召集豪杰，经营得当，虽未必能一统天下，但据地称王、长久割据还是有可能的。

起兵之初，私盐贩子出身的张士诚也曾有锐意进取的精神。元至正十三年(1353 年）以 18 壮士起义，以区区高邮小城对抗并击败元军 40 万大军，建立了赫赫功勋。但自占有江浙富庶之地及向北攻城拓地以后，张士诚“深居高拱，上下相蒙”，满足于富贵尊荣，“迂阔昧大计”，貌似强大实内存怯懦。其降元叛元，首鼠两端，就可见其志向不大。张士诚与朱元璋虽然战事不断，但从总体看，张士诚胸无大志，苟且偷安。因此，刘基说他“守虏耳，无能为也”。陈友谅则不同，其为红巾军南系首领徐寿辉的部将，其人剽悍勇战，野心勃勃，先后残杀战将赵普胜、倪文俊等，掌握了实权，并于至正十九年（1359 年）年底杀徐寿辉而自立为帝，势力发展到两湖、江西、浙江等地，成为群雄中地盘最大、势力最强的一支，且其“以骁鸷之姿，奄有江、楚，控扼上游，地险而兵强，才剽而势盛”。随时准备沿江东下，吞灭朱元璋集团。所以，陈友谅对朱元璋集团的威胁比张士诚更大。但是，陈友谅专横残忍，杀伐无度，引起其内部矛盾重重，兵疲民劳，上下离心，这又是陈友谅可以被战胜的条件。

基于对张士诚和陈友谅的性格个性及心理特征差异的分析，从战略进攻的先后考虑，张士诚是苟且偷安、安享富贵而毫无大志的守财奴，朱元璋如果首先进攻陈友谅，张士诚可能会按兵不动；如果先攻张士诚，则陈友谅以其“剽悍轻死”、狂傲轻敌、冒险轻战、专横残忍的亡命徒式的个性及其拥有的实力、地形优势，必定会乘虚而入，乘机吞并朱元璋集团甚至张士诚集团。所以，朱元璋应首先进攻陈友谅，后取张士诚。其后战争的发展与刘基的分析完全相符。

就在至正二十年（1360 年）五月，陈友谅联络张士诚，相约东西夹击，一举消灭朱元璋集团。陈友谅率大军沿江直攻金陵。朱元璋依靠刘基的机智和谋略，粉碎了占绝对优势的陈友谅大军的进攻。而在此次大战中，张士诚却犹豫不决，后人评述说：

> 洎乎友谅僭号，约同入寇，而江州兵下，议者欲降，明师单弱，势岌岌矣。

张士诚不乘虚而入。

> 而保境苟安，喙息旦夕。

这实在是一大失误，也实在是张士诚性格心理使然。在此后的两三年间，朱元璋主动西向进攻陈友谅。至正二十一年（1361 年），朱元璋西向战略进攻中采取速战速决的战术，直取陈友谅的都城江州，陈友谅毫无防范，仓促之间，弃城而逃往武昌，重镇安庆不战而取。张士诚此次派大将李伯升统兵 10 万进攻长兴州，但由于张士诚优柔寡断，用兵迟缓，李伯升军到长兴，朱元璋西线已经告捷，立即发兵援救长兴，李伯升军闻信而退。至正二十三年（1363年）六月，朱元璋以倾国之兵与陈友谅血战鄱阳湖长达40余天，最后以陈友谅战死、汉军全军覆灭告终。朱元璋此次西征，后方空虚，连朱元璋得胜之后都感到后怕。张士诚竟坐以观战，一兵未发，眼看着陈友谅的覆亡和朱元璋的壮大。陈友谅的彻底失败，张士诚的灭亡也就只是时间问题了。

平定陈友谅，是朱元璋发展壮大和走向统一最关键的一步。而平定陈友谅的成功，从表面看似乎是险中求胜，但从朱元璋和刘基的积极谋划、客观分析看，朱元璋的胜利绝非偶然，它是建立在对张士诚、陈友谅二人智慧才能、个性心理特征正确分析，并由此制定战略的基础之上的胜利，是“因形用权”的胜利。因此，朱元璋的胜利和张士诚、陈友谅的失败在偶然中就表现出某种必然。

2. 因敌制变，用兵如神

因敌制变是《孙子兵法》最重要、最基本的思想内容，是贯穿在《孙子兵法》十三篇中的一根主线。因敌制变之“因敌”，可以是敌对国家政治的得失、经济的丰歉、军事力量的强弱、民心的向背、君臣关系的亲疏等各种情况。这些都是制定中长期战略的基本依据。相比较而言，孙子更强调在瞬息万变的具体战争中的因敌制变。在具体战争中，敌我双方的各相关战争因素都在运动变化与发展之中，而且这一切又都可能被种种人为的假象所掩盖，战前预定的战略决策不可能完全适用于急剧变化着的战争客观情况。因此，孙子强调在尽可能深入彻底“知彼”基础之上的“因敌制变”，灵活用兵，以求百战百胜。他指出：

> 夫兵形象水，水之形避高而趋下，兵之形避实而击虚。水因地而制流，兵因敌而制胜。故兵无常势，水无常形，能因敌变化而取胜者，谓之神。

具体战争中的因敌制变有着更为广泛的内容，举凡敌方军事力量的强弱、军心士气的旺衰、敌方将帅的智慧才能的高下及性格心理的优劣，乃至敌军的组织及武器兵种的配置状况、天时地利、后勤保障等所有战争相关要素，都应该了解和掌握，都是制定我之战略战术的客观依据，都可能成为我方战胜敌方的条件。战争可能胜利的原因是多方面的，这就要看战争指挥者能否在看到敌方优势长处的同时，发现并充分利用敌方的劣势或短处去制定有利于我而不利于敌的战略战术，从而引导战争按自己的意志运行，使胜利的可能变成现实。当然，那些伟大卓越的军事家不仅能发现并充分利用敌方的劣势、弱点、短处，而且能运用其超人的智慧谋略，引导敌方造成认识方面的错觉、判断方面的失误、战略战术及军事行动方面的错误，使敌方的优势转化为劣势，长处转化为短处，有利转化为不利，从而使敌方胜利的可能转化为现实的失败。军事家达到这一潇洒自如、战无不胜的自由境界，仍是以遵循因敌制变这一战争基本指导规律为前提的。我们以三国时期的陆逊所指挥的吴蜀夷陵之战和元末明初朱元璋指挥的北伐战争为例略作剖析。

吴蜀夷陵之战爆发于章武元年（221 年）六月，时刘备为报一年半前失荆州、丧关羽之仇，不听诸葛亮、赵云及敌手孙权的劝告，执意率兵出川。他夺巫山、秭归，由白帝城继续东进至猇亭，在 700 余里的战线上立营 40 余座，逼夷陵而与吴军相对峙。孙权面对刘备的强大攻势，首先向曹丕称臣，解除魏军乘机袭击之忧，然后任命陆逊为大都督，率军抗蜀。陆逊认为，刘备此次东进“前后行军，多败少成”。然而，刘备“天下知名，曹操所惮，今良境界，此强对也。”就是说刘备虽不是很高明的军事家，然而，他名气很大，征战一生，阅历丰富，是连曹操都有些惧怕的人物，所以，他仍是一个不可轻视的强劲对手。从力量对比看，蜀军力量大于吴军，又得到当时少数民族武装的支持，来势凶猛，斗志正盛。吴军力量不如蜀军，且夷陵为保全荆州的战略要地，一旦战败，整个荆州就随之不保。因此，陆逊采取了固守夷陵，避其锐气，静观待变的战略，即：

> 备举军东下，锐气始盛，且乘高守险，难可卒攻，攻之纵下，犹难尽克，若有不利，损我大势，非小故也。今但且奖励将士，广施方略，以观其变。若此间是平原旷野，当恐有颠沛交驰之忧。今缘山行军，势不得展，自当疲于木石之间，徐制其弊耳！

陆逊不仅看到了蜀军强大兵力在山林深谷地带无法展开，从而无法充分发挥其兵力优势的局限性，而且看到了刘备在战略部署上的失误，他说：“臣初嫌之，水陆俱进，今反舍船就步，处处结营，察其布置，必无他变。”这一点，连那位以诗文著称于世的魏文帝曹丕也看出来了，“初，帝闻备兵东下，树栅连营七百余里，谓君臣曰：‘备不晓兵，岂有七百里营可以拒敌者乎……此兵忌也，孙权上事今至矣’。”在他看来，孙权交了好运，捡了个大便宜。也许刘备根据远离后方、运输不便、山地作战的需要，不得已出此下策，有他一定的道理。但这样部署的弊端是很明显的，陆逊一开始就像层层剥笋一样，从刘备的智慧谋略、战略部署、蜀军的军心士气到天时地利因素了解得一清二楚，分析得有条有理，他自己的战略对策也就很简单明了、极为普通而却现实和有效。这一对峙就是七八个月，拖到第二年盛夏季节，陆孙认为“今住已久，不得我便，兵疲意沮，计不复生，掎角此寇，正在今日”。这就是被《三国演义》渲染得有声有色的火烧连营情节的历史根据。结果，刘备几乎全军覆灭。他带领部分随从逃入白帝城，在那里一病不起，悲愤而亡。

陆逊打的是以少胜多的防御战，元末明初的朱元璋的北伐则是一场进攻战。元至正二十七年（1367 年）九月消灭张士诚后，朱元璋立即筹划北伐。当时，中国北方仍在元王朝的统治之下，元王朝绝对兵力数量比朱元璋要强大得多，这是朱元璋制定北伐战略必须首先面对的现实。但元王朝中央政权腐朽黑暗，宫廷内部纷争迭起，朝纲既乱，自然失去了对地方的统治控御能力。各地骄兵悍将，拥兵自重，割据称霸，互相攻伐。元中央政权的腐败和地方将领的混乱分裂状态，使元王朝形不成一个完整有力的整体力量，而任何一个地方割据势力又绝不是朱元璋的对手，这是朱元璋制定北伐战略可以利用的一面。朱元璋对此了如指掌，他指出：

> 中原扰攘，山东则有王宣父子，反侧不常；河南则有王保保，上疑下叛；关、陇则有李思齐、张思道，彼此猜疑，与王保保互相嫌隙。元之将亡，其机在此。

元统治者：

荒淫失道，加以宰要擅权，宪台报怨，有司毒虐，于是人心离叛，天下兵起。使我中国之民，死者肝脑涂地，生者骨肉不保。……方今河、洛、关、陕，虽有数雄，阻兵据险，互相吞噬，皆非人民之主也。

北伐是带有民族革命性质的正义之举，而针对上述现实的北伐战略却绝不能带有任何感情色彩，战争就是战争，解放被异族统治奴役的广大人民可能会响应北伐，元中央政权因指挥失灵而可能无法统一指挥及元地方各割据势力可能会被各个击破，但要使这些可能作为制定北伐战略的依据，使北伐战略实施时这些可能转化为现实，这就取决于如何充分利用这些有利的客观条件而制定一个最佳的北伐战略方案了。当朱元璋让诸将讨论时，最具代表性的是常遇春的设想，他说：

今南方已定，兵力有余，直捣元都，以我百战之师，敌彼久逸之卒，可挺竿而胜也。都城既克，乘胜长驱，余皆建瓴而一矣。

我们再看朱元璋的方案：

元建都百年，城守必固。若如卿言，悬师深入，顿于坚城之下，馈饷不继，援兵四集，非我利也。吾欲先取山东，撤其屏蔽；旋师河南，断其羽翼；拔潼关而守之，据其户槛。天下形势，入我掌握。然后，进兵元都，则彼势孤援绝，不战可克。既大克其都，鼓行而西，云中、九原以及关、陇，可席卷而下。

对朱元璋这一高屋建瓴、气势如虹的北伐战略决策，军事史和历史学界都有过精妙的分析，此不赘述。我们认为，朱元璋这一杰作的高明之处不仅在于其胆大心细、谨慎稳妥，更重要的是他对元王朝中央政权和地方割据者的军事实力的重视、对元中央统治者与各地方割据者及各地方割据者之间相互关系的切实透彻认识和巧妙把握利用，在其北伐战略中所表现出来的进攻层次和进攻时机的不疾不徐，恰到好处。

在当时的形势下，元中央政权与各地方实际的割据者还维持着君臣关系，地方割据者还附在中央政权这块皮上，加上民族隔阂的因素，元中央和地方及地方与地方统治者之间，既有各自的既得利益，又有其共同的利益。对朱元璋来说，北伐进攻的层次和时机太快太急或太迟太慢都不行，太慢太迟如先山东、河南、关陇，再山西、河北，逐步推进，势必旷日持久，且让元中央统治者有喘息回旋之机，可能会调和各派之间的矛盾，组织调集力量反攻，形成反复争夺的拉锯战；太急太快如常遇春的方案，所谓顿兵坚城之下，深入敌境，粮饷不继，孤立无援，敌方“援兵四集”，导致北伐的失败。这里的关键是朱元璋对敌可能会“援兵四集”的审慎认识和周密考虑，若强行急攻大都，一方面固然因孤军深入，久攻坚城而不下，粮饷后援不继，为兵家之大忌。另一方面，急攻大都则迫使元各地方割据势力为了其共同利益而暂时联合统一起来，推动各分散孤立之敌临时抱成一团，形成一个一致抗击朱元璋的整体力量，这是朱元璋当时的力量难以战胜的。反观朱元璋的战略方案，其高妙之处在于：首取山东，撤掉大都的屏障，对元大都造成威胁，但元中央统治者正如所预计的那样，想调动河南、河北的各地方武装力量救援而皆不听命；回师河南，剪断其羽翼，并乘势兵叩潼关，以潼关之险，将强大的李思齐、张良弼两军封锁于关内，隔而不打。此时，大都东、南、西三面的战略要地皆在掌握之中，元各主要的地方割据者或被消灭，或被隔离，即便想反扑、想联合也不可能；第三步是直攻大都，大都势单力弱，孤立无援，攻之必克，朱元璋军急攻之无后顾之忧。攻克大都，对元各残余割据者势必将是一个心理上的极大震撼和战略态势上的沉重打击，原来可能会充当各地方割据者调节指挥者的元王朝的覆灭，使原本相互矛盾对立的各地方割据者真正处于一盘散沙的状态，只能坐以待毙；第四步就是大军“鼓行而西，云中、九原以及关、陇”均将“席卷而下”。

后来北伐战争的进展，完全是按照朱元璋的这一战略部署展开的。朱元璋是中国古代杰出的军事战略家，他的北伐战略从制定到实施，都是他以务实客观、辩证谨慎的精神，“因敌”而“制变”的结果。

因敌制变不仅可适用于战略谋划，而且同样适用于战术指导。在中国古代战争史上战术指导中因敌制变的灵活运用，其内容更是绚丽多彩，从战阵的排列组合、城战的攻守、山战水战的兵种武器的配置，到天时地利条件的运用等，相因相克，奇想巧思，层出不穷，这里就不一一罗列介绍了。

3. 因法生法，变化无穷

因法生法，因法之法是指兵法，即前人的军事理论知识或军事智慧谋略成果；生法之法是指战争指挥者在战争中根据战争态势而制定的战略战术，是指导实际战争的措施、手段或方法。因法生法即战争指挥者应灵活运用前人的军事理论原则及方法，在他所面临的战争中，结合战争的客观实际而制定符合实际的战略战术，从而丰富与发展军事指挥艺术。因法，学习古兵书，借鉴前人的理论与经验是成为一个杰出指挥者的前提。生法，将理论应用于实际的战略与战役战斗。因法是手段，生法是目的。否则只能是纸上谈兵，轻者于事无补，重者贻误大事。

《孙子兵法》是中国古代的兵家圣典，后人用兵者不通《孙子兵法》就不能算是军事家。《孙子兵法》具有博大精深的理论体系和丰富深邃的内涵，孙子的伟大之处正在于他谆谆告诫人们，应结合具体战争的实际，灵活运用兵法，因兵法而生无穷变化之法。他在《虚实篇》中强调“兵因敌而制胜”、“能因敌变化而取胜者，谓之神”。又说：“因形而错胜于众，众不能知；人皆知我所以胜之形，而莫知吾所以制胜之形。故其战胜不复，而应形于无穷。”就是说，人们都知道我用以胜敌的方法，却无法领略我灵活运用这些方法的奥妙所在。他强调不要重复因袭过去成功的老经验、老方法，而是要适应不同的情况制定不同的作战方略。宋人何去非正确地指出：

> 昔之以兵为书者，无若孙武。武之所可以教人者备矣！其所不可者，虽武亦不得而预言之，而唯人之所自求也。

《孙子兵法》论战争指挥的基本原则和基本方法是最为完备的，至于那些只可意会、无法言传的法外之法，孙子也只能启发之，而不能传授和预言，完全在人们从理论上去领悟，在战争实践中去体验，去灵活运用，生发出无穷无尽的克敌制胜的谋略手段或方法。

关于兵法之法与实际战争中灵活指挥战争之法的关系，孙子以后的军事家和军事理论家们多曾论及。西汉著名大将霍去病一生以屡征匈奴而战功显赫，汉武帝要他多读些孙子、吴起的兵法时，他回答说："顾方略何如耳！不至学古兵法。"战争史上类似霍去病的优秀将领并不少见，这是属于不囿于兵法而行动合于用兵之法的一类人物。三国时的曹操则不同，他曾注解诠释《孙子兵法》，是精通古典兵法的。他一生征战，奇谋迭出，诡计多端，尤其擅长于打以少胜多、以弱胜强的智谋仗，是精通兵法而灵活运用兵法的典型代表人物。南宋名将岳飞青少年时"尤好《左氏春秋》、孙、吴兵法"。可见其对兵法也是很有研究的。岳飞一生活跃于抗金战场，功勋卓著。关于兵法之法与实际战争指挥之法的关系，他的名言是，"阵而后战，兵法之常；运用之妙，存乎一心"。一句"运用之妙，存乎一心"，是其洞察兵法与用兵之法奥秘最深刻的表述。综观岳飞一生的业绩，在谋略上并无惊人之处，似乎只算是位民族英雄，而不能视为天才军事家。其实不然，岳飞擅长野战，其守必固，攻必克，战必胜，依恃的是那一支战无不胜的岳家军。岳家军的训练有素、组织严密、纪律严明、斗志旺盛，曾令金军闻风丧胆，有"撼山易，撼岳家军难"的慨叹；再看岳飞屡次提出的那些符合形势、切实可行的北伐方案，其对荆、襄地区的惨淡经营，对金统治区人民抗金运动的策划和支持，以忠君报国激励三军鼓舞人民的影响等，我们就可以看出岳飞是一位大智大勇的、或可属于被孙子所称之为"无智名无勇功"的更为杰出卓越的军事谋略家，是在高层次上因兵法而生无穷之法的天才军事家。如果不是腐朽的南宋最高统治者的掣肘和迫害，岳飞完全能完成南宋的统一复国事业。只要我们研究一下南宋初的抗金形势就可以证明这一推测并非是妄度猜测之词了。其后的明太祖、明宣宗也有类似的表述，指出对兵法和前人的经验要融会贯通，战争中不可拘泥于古法，必须因时权变，随机制敌。而对此在理论上阐述最为深刻的是宋人何去非，他说：

盖兵未尝不出于法，而法未尝能尽于兵。以其必出于法，故人不可以不学。然法之所得而传者，其粗也。以其不尽于兵，故人不可以专守。盖法之无得而传者，其妙也。法有定论，而兵无常形。一日之内，一阵之间，离合取舍，其变无穷，一移踵瞬目兵形易矣。守一定之书，而应无穷之敌，则胜负之数戾矣。是以古之善为兵者，不以法为守，而以法为用，常能缘法而生法，与夫离法而会法。顺求之于古，而逆施之

> 于今；仰取之于人，而俯变之于己。人以之死而我以之生，人以之败而我以之胜。视之若拙而为工，察之若愚而适为智。运奇合变，既胜而不以语人，则人皆莫知其所以然者。

具体战争中的用兵之道出于兵法，所以为将者必须学习、精通兵法。但时代不同，战争的具体状况各不相同，即使在同一次战争中的战争态势也是不断变化、错综复杂的。兵法只是从无数战争中抽象概括出来的关于用兵之道的一般规律、原则或方法，而不是具体的战争中的指挥艺术。固守拘泥于兵法的一般原则或方法，墨守成规而不知灵活机变，希图以不变应战争之万变，没有不失败的。所以，善于用兵者，都是依据战争的实际状况，灵活运用兵法，因法以生法。有时看上去似乎背离兵法，实际却是合乎兵法的；有时看上去似乎很笨拙、愚蠢，实际却是很聪明巧妙的。由此我们可以清楚兵法中不可言传的奥妙，即所谓法外之法就是融会贯通兵法，进而因法而生法，因法而生无穷变化之法，依据战争的实际而灵活用兵，克敌制胜乃至百战百胜。

在中国古代战争史上，军事家因法而生法、灵活运用兵法而屡战屡胜者不胜枚举；拘泥兵法，不知因势权变而惨遭失败者也非绝无仅有，战国时赵国赵惠文王时的赵奢父子就是这类的典型人物。公元前270年，秦国人军进攻赵国的战略要地阏与，赵国名将廉颇与乐乘都认为从邯郸救援阏与“道远险狭，难救”。赵奢却说：“其道远险狭，譬之犹两鼠斗于穴中，将勇者胜。”狭路相逢勇者胜，这是合符兵法之勇德精神的。勇敢并非不用谋略。赵奢奉命率军救援阏与，但他离开邯郸才30里就高垒深沟，安营扎寨，止军不前。救援如救火，而赵奢一停就是28天。秦国间谍来侦察，赵奢“善食而遣之。间以报秦将，秦将大喜曰：‘夫去国三十里而军不行，乃增垒，阏与非赵地也。’赵奢既已遣秦间，乃卷甲而趋之，二日一夜至，令善射者去阏与五十里而军”。另派军抢占北山。秦军闻信来战，被赵军击败遂解阏与之围。军情紧急，兵贵神速，救援更是如此。赵奢迟留28天而不前，这是违反兵法的。所谓“卷甲而趋，日夜不处，倍道兼行，百里而争利，则擒三将军”。而赵奢率军两日一夜，长途奔袭数百里而斗强秦，这也是违背兵法的。但他根据敌情我情而巧妙把握战机，灵活运用兵法，示形于敌，出奇制胜，一战而胜强秦，是因法而生法，因形用权的典范。

他的儿子赵括，出身将门，史载其“自少时学兵法，言兵事，以天下莫能当。尝与其父奢言兵事，奢不能难”。可见他对兵法的烂熟。公元前260年，秦赵长平之战爆发，那时赵惠文王和赵奢已死，老将廉颇根据战争发展的态势，采取持久防御的战略，坚守营垒，避免决战，消耗疲惫秦军。双方相峙达四个多月。秦军欲战不能，用反间计使赵孝成王以赵括代替廉颇。蔺相如反对说：“王以名使将，若胶柱而鼓瑟耳，括徒能读其父书传，不知合变也。”即赵括只是纸上谈兵，不知道灵活用兵，更没有实战经验，连赵括的母亲也反对以赵括代替廉颇。但赵孝成王固执己见，为求速战速决，坚持派赵括出任赵军统帅，代替廉颇。颇具戏剧性的是，临阵易将，兵家大忌，赵国以赵括代廉颇，秦国同时也以名将白起代替大将王龁。结果，“赵括既代廉颇，悉更约束，易置军吏。秦将白起闻之，纵奇兵，佯败走，而绝其粮道，分断其军为二，士卒离心。四十余日。军饿，赵括出锐卒自搏战，秦军射杀赵括。括军败，数十万之众遂降秦，秦悉坑之。赵前后所亡凡45万”。赵括精通兵法而不能结合实践运用兵法，不能因法生法，不仅使他自己身败名裂，45万将士除240名年幼者被放回国外，其余全部被秦军坑杀，赵国的强国地位也由此走向衰败。

赵奢、赵括父子同是抗击秦军，其父因法生法，灵活运用兵法而胜；其子精通兵法，不知权变，纸上谈兵，在实践中手足无措，招致惨败。可谓保全赵国者赵氏，毁败赵国者亦赵氏，一胜一负，显见因法生法、活用兵法的重要意义。同为临阵易将，一胜一负，更见知人善任的重要性了。“法有定论，兵无常形”。灵活用兵用将的奥妙无穷，体现在战争中的每一个环节上，能否运用之妙，事关生死存亡，战争的残酷性体现于此，战争的艺术性也体现于此。

战国以下，因法生法、灵活运用兵法而克敌制胜的光辉战例比比皆是。如强而避之，避实击虚，避其锐气，击其惰归等是兵法之常。刘邦与项羽大战，周亚夫平定七国之乱，陆逊指挥的吴蜀夷陵之战等，都是遵循这些基本法则获胜的。而刘秀指挥的昆阳之战，谢玄指挥的淝水之战，后赵石勒大败姬澹之战，朱元璋平定陈友谅之战等，却反其道而用之，同样取得了胜利；归师勿迫，穷寇莫追，是兵法的另一基本法则。张绣违反这一法则追击败退的曹操，被曹操预设的伏兵击败，失败后的张绣在谋士贾诩的帮助下立即派兵追击曹操，又大败曹操。西汉名将赵充国追击羌族中的先零族，“充国引兵至先零在所。虏久屯聚，解驰，望见大军，弃辎重，欲渡湟水，道厄狭，充国徐行驱之”。有人不理解为什么不迅速包围全歼之，赵充国认为：“此穷寇不可追也。缓之则走不顾，急之则还致死。”逼急了就要拼死决战，所以慢慢驱赶他，获全胜而无大的损失。但东汉皇甫嵩大破凉州王国，唐太宗李世民迫降薛仁杲，南宋韩世忠、岳飞围金名将兀术于黄天荡等，都是乘敌方败归之际而大胜之的。以我集中兵力，迫使敌方分散兵力，以便各个击破是兵法的又一基本法则。但在官渡之战中，曹操以1万余兵斗袁绍10万之众，则多次分兵斩颜良、击刘备、袭乌巢，最终大胜袁绍。后来，曹操进攻关中马超、韩遂、杨秋、李堪、成宜等地方割据者，不是集中优势兵力，迅速出击，各个击破，而是慢进缓击，迫使各割据者联合聚集到一起而后发起进攻。诸将不懂其中的奥妙，他回答说：

> 关中长远，若贼各依险阻，征之，不一二年不可定也。今皆来集，其众虽多，莫相归服，军无适主，一举可灭，为功差易，吾是以喜。

至于曹操北征乌桓，长途奇袭，师老且寡，竟斩乌桓单于蹋顿之首，收降其部众20余万人。战后，辽东单于速仆丸和袁绍剩余的两个儿子袁尚、袁熙率数千人马逃奔辽东太守公孙康。公孙康因远离中原，不听从曹操的号令，部将劝曹操乘势远征公孙康，擒获袁氏兄弟。但这一次曹操一反常态，不去穷追猛打，而说：“吾方使康斩送尚、熙首，不烦兵矣。”随即率军回中原。他们刚回到许昌，公孙康就派人送来袁尚、袁熙及速仆丸的人头。众人也不明白其中的原因，曹操说：（公孙康）“素畏尚等，吾急之则并力，缓之则自相图，其势然也。”这个不战而胜之法与其平定关中诸雄的谋略相反，其灵活运用兵法几乎到了出神入化的地步。

总之，为将用兵之道不能不知兵法，更不能固执拘泥于兵法。精通兵法在于领悟兵法的奥秘，在于结合战争实际灵活运用兵法，因兵法而生无穷变化之法。理论联系实际，才能因敌制变，百战百胜。

因形用权、因敌制变、因法生法，既是制定长规远略、中规战略应遵循的基本原则、规律，更是中国古代具体的辨敌之术与战略战役之计的军事智道的重要组成部分。对于这些充满辩证法和源自实践的军事智道原则，倘若天才卓越的军事家或将帅能将它们灵活运用的话，那么，在战争中就能稳操胜券，且指挥军队作战更能潇洒自如、游刃有余，达到变化无穷、百战不殆的自由境界。

第四讲

攻防论：战阵与存亡之道

从某种意义上说，一切军事谋略都可视为是关于如何进攻或防御的谋略。换言之，军事家或指挥者以攻防为手段制定正确的战略战术决策，成功地把握攻防时机，组织攻防运作，控制攻防节奏，实施攻防转换，即灵活机动地运用攻防手段，掌握战争的主动权，达到克敌制胜的目的，这一过程就是军事谋略的展开和实现过程。对攻防手段的灵活运用亦即军事谋略的主要内容。宋人何去非说：

> 兵有攻有守，善为兵者，必知夫攻守之所宜。故以攻则克，以守则固。当攻而守，当守而攻，均败之道也。

在中国古代战争史上，灿若星辰的著名军事家和战争指挥者在战争活动这一广阔恢弘的舞台上，指挥千军万马，攻守皆宜，进退自如，纵横驰骋，导演出一幕幕波澜壮阔、威武雄壮的战争活剧，显示了令人叹为观止的战争指挥艺术的高超非凡的智慧谋略。

进攻速胜与战阵活局

中国古代的军事理论家和军事家们认为，无论是在战略上还是在战术上，对敌作战、夺取战争胜利的主要手段是主动进攻。主动进攻，对敌方发起突然迅速的攻击，可以乘敌不备，出敌不意，打乱敌方的战略战术构想，使战争按照我方所预定的战略战术方向发展，从而牢牢掌握战争的主动权，“致人而不致于人”，夺取战争的胜利。先发制人是对主动进攻时机的本质规定，它强调的是充分把握和利用有利时间、空间、态势、战机，对敌方发起迅雷不及掩耳般的突然袭击。速战速决则是主动进攻的基本原则。先发制人，速战速决，然后将整个的战阵态势，始终变为有利于己的活局，最终实现既定的战略目标。这里的关键，在于牢牢掌握住战争的主动权，方能“先发”，也才能“制人”。对此，则必须在战阵的“活局”上下功夫，抓战机，定方略，摆活阵，出奇兵。

1. 进攻方略

中国古代的军事理论家、军事家们主张主动进攻、先发制人、速战速决的攻势作战，但绝不是盲目的进攻万能论者。他们所主张的攻势作战是在周密筹划、充分准备前提下的主动进攻，即攻势作战必须遵循“胜于易胜”、“胜已败”的原则，遵循“避实击虚”、“攻其不守”、“攻其不救”的原则，遵循“因敌制变”、“因形用权”、灵活用兵的原则等。另一方面，攻势作战的基本原则是相对稳定的一般规律，军事家和战争指挥者在战争实践中，只有根据其所面临的战争实际，充分发挥其超人的智慧谋略，灵活运用攻势作战的各种手段或方法，才能创造奇迹，夺取战争的胜利。所以，在攻势作战的一般原则指导之下的进攻作战手段或方法是千姿百态、多种多样并难于全面描述介绍的，以下结合战例，对中国古代战争史上的战略进攻的几种基本战法作一介绍。

（1）长驱直入。

战有攻守，兵有分合。在战略进攻中，集中优势兵力或主要力量，长途奔袭，长驱直入，对敌方的国都、要害之地实施坚决果断、迅速猛烈的战略攻击，给敌方以致命的、有时甚至是毁灭性的打击，这在战争史上是最富有冒险性、最为惊心动魄的场景。

公元前506年冬，吴王阖闾在大军事家孙武、伍员的帮助下，经过充分准备，以3万兵力，分南北两路，发起了以楚国都城郢为目标的战略进攻。这时，楚军虽遭吴国长达6年之久的“三分疲楚”战术的袭击骚扰而稍有削弱，但仍保持着强大的兵力。在楚国国力和军事力量仍处于绝对优势的情况下，吴军采取了出其不意的战略进攻，使楚军大为震撼。楚军对吴军的攻击方向不明，只知北路军向围攻蔡国的楚军进攻，却不知吴军南路主力的存在，更不了解吴军的战略进攻目标是郢都，因此，产生了判断失误。尽管如此，楚令尹子常与名将沈尹成针对吴北路军的攻击，制定了在汉水两岸集结主力，以逸待劳，分路夹击，歼吴军于汉水的防御战略。由于吴军南北两路的迅速推进，尤其是南路军突然出现在柏举山区，使楚军预定的战略受到威胁。楚令尹子常弃预定的防御战略于不顾，率军向东驰往柏举地区，使自己阵脚大乱。经前后四战，楚军主力几乎全部被歼灭。楚军沈尹成部在回援子常部的途中也被吴南路军击破。吴军乘胜疾进，长驱直入，锐不可当，于十一月二十九日攻取楚之郢都，楚王出逃。后因秦国的干预、吴国的内乱及越国乘势伐吴，吴军撤军回国。

公元前284年，燕破强齐是运用用兵一向、长驱直入进攻战略获得成功的又一典型战例。公元前313年，齐国曾乘燕国内乱而兵出燕国。齐军进攻神速，仅用50天时间就攻克燕国都城蓟。由于人民的反抗，三年后不得不撤出燕国。燕昭王为报此仇，锐意进取，于公元前284年齐国内外交困之机，以著名军事家乐毅为上将军，率领燕军主力，联合赵、魏、韩、楚、秦等国，组成诸侯联军进攻齐国。济西一战，诸侯联军大破齐军主力，齐湣王率残兵败将逃回都城临淄。其后，乐毅遣散诸侯联军，准备亲率燕军灭齐，但在灭齐战略上众说纷纭。谋士剧辛信认为：

齐大而燕小，赖诸侯之军以破其军，宜及时攻取其边城以自益，此长久之利也。今过而不攻，以深入为名，无损于齐，无益于燕而结深怨，后必悔之。

乐毅则认为：

齐王伐功矜能，谋不逮下，废黜贤良，任信谄谀，政令戾虐，百姓怨怼。今军皆破亡，若因而乘之，其民必叛，祸乱内作，则齐可图也。若不遂乘之，待彼悔前之非，改过恤下而抚其民，难虑也。

两相对照，乐毅的战略决策无疑是高明而周密的，对战机的把握是准确而及时的。乐毅不以攻城掠地为目标，率领燕军长驱直入，迅速推进，穷追猛打，兵锋直指齐国都城临淄。燕军在长途追击途中，在运动中歼灭齐军残余部队，齐湣王出逃至莒，为楚将淖齿所杀。燕军几乎兵不血刃而占领临淄。接着，乐毅一方面采取一系列政治经济措施，以安抚民众，争取民心；一方面兵分五路，在半年时间中攻取齐国70余城，几乎占领了除莒和即墨以外的齐国所有领土，表现了一位天才军事家控制把握战争全局的能力、坚决果断的战略决策能力、非凡的胆略和恢弘的气魄。

永和二年（346年），东晋权臣兼大将桓温指挥的灭汉之战是成功运用这一战法的又一生动战例。此年十一月，桓温决心消灭割据巴蜀地区的李汉政权，召集部属制定伐汉战略。李汉政权内部矛盾重重，是东晋西征的有利条件。但由湖北溯江而上，关山阻隔，交通艰难，而且西征如不能速胜或失败，北方的后赵也可能乘机南下。因此，东晋朝廷中的许多大臣和将领对西征伐汉多持反对态度，独江夏相袁乔鼎力支持，他的进攻战略指导思想是精兵强将，轻装从简，偃旗息鼓，隐蔽疾进，通过艰险岩阻之地后，以汉都成都为战略攻击目标，出其不意，速战速决，来一个长途奇袭的战略进攻。桓温由此下定出征四川的决心。同月，桓温以袁乔率2000人为前锋，自率益州刺史周抚、南郡太守司马无忌等将士由江陵出发。

桓温军轻兵急驰，长驱深入汉国腹地，次年二月到达青衣。自湖北江陵经四川万县、宜宾至雅安，直线距离也近2000里，实际行程至少在3000里左右，考虑到蜀道艰险，深入敌境的无后方作战等因素，以万余兵力作灭人之国的战略攻击，其胆略和气魄可想而知。由于桓温军的迅速推进，李汉政权无法组织有效的战略防御。直到桓温进川并快打到成都大门口时，汉国王李势才命其叔父右卫将军李福、从兄镇南将军李权、前将军昝坚等率汉主力军由山阳赴合水迎击。汉军多数将领主张在江南设伏以阻击晋军，而昝坚力主直趋犍为，与东晋军决战。但汉军到达犍为时，东晋军已避开汉军主力，闪过犍为，越过乐山，斜插到成都西南、乐山西北方向，使汉军的阻击计划完全落空。三月，东晋军运动至距成都200余里的彭模。前有坚城，后有汉之重兵，孤军深入，兵书上称为“死地”。部分将领认为应将部队“分为两军，异道俱进，以分汉兵之势”。袁乔指出：

> 今悬军深入万里之外，胜则大功可立，不胜则噍类无遗，当合势齐力，以取一战之捷。若分两军，则众心不一，万一偏败，大事去矣。不如全军而进，弃去釜甑，赍三日粮，以示无还心，胜可必矣。

军有分合，分合之宜，因战势而定。处于如此状态下的东晋军，只有合兵齐力，“置之死地而后生”，拼死一战尚有胜利可能。桓温同意袁乔的计划，留参军孙盛、周楚领部分战斗力弱的士卒留守彭模，保护粮草物资，自率主力挺进成都。

此时，南下迎战东晋军的汉军回师夹击东晋军，但李福被孙盛击败；李权追击桓温军主力，三战三败，汉军溃不成军，逃回成都；桓温军迅速推进到离成都10余里的地区，昝坚军在沙头津不战自溃，桓温军已无后顾之忧。其后，桓温指挥东晋军与成都守军激战，占领成都，李势出逃数天后自动投降，割据巴蜀的汉政权灭亡，东晋军长途奔袭的进攻战略获得彻底胜利。

（2）战略迂回。

进攻作战中的大迂回战略及中路突破战略是中国古代军事智慧的硕果之一。两国交兵，两军对战，无论是以强攻弱、以众击寡，还是以弱攻强、以寡击众，迂回、侧击、分割、包围、中路突破等是军事家和战争指挥者经常灵活运用的战略战术手段或方法。《孙子兵法》中的“迂直”之计、“奇正”之法、“虚实”之用等就是对这一战略战术手段方法的理论概括。

在中国古代战争史上，最早采用大规模迂回进攻战略的成功战例是商汤灭夏桀的鸣条之战。商汤的进攻战略是：其大军由亳沿黄河南岸向西隐蔽运动，长驱千里，横越今河南省全境，到达潼关后渡过黄河，向北直插夏王朝都城安邑的侧翼。夏桀仓促出师迎战，两军大战于鸣条，夏军大败。其后，夏桀向东南方逃窜，商汤由此灭夏。

公元前589年，晋国出动兵车800乘，将士6万人进攻齐国。晋军主力与齐国军队决战于鞍。《左传·成公二年》生动形象记载了这次战斗的过程，结果是齐军大败。齐顷公率败军向东溃退，晋军乘胜追击，从西方逼近齐都临淄。在晋军主力与齐军对峙、大战的同时，晋军的另一支部队已转至今山东南部的丘舆，由今沂蒙山腹地向北迂回进击马陉，从齐国都城的东南方向发起攻击。晋军两部分进合击，齐顷公在大势已去，败局既成的情况下，被迫向晋国割地求和。

楚汉战争中，刘邦坚守成皋、荥阳一线达数年之久，而韩信在北线夺魏、攻赵、降燕、取齐，则是从整体战略上对楚王项羽逐步形成了大迂回包围的有利战略态势，加之南线英布的侧击、项楚腹地彭越的破击，任凭项羽如何骁勇过人、楚军如何所向无敌，最后在汉军的大战略迂回、侧击、合围的态势形成之后，项楚覆亡期限就到了。

在中国古代战争史上运用大迂回战略最典型、最突出的战例是元蒙灭南宋的战争，其战争延续时间之长，迂回范围之广，双方对峙抗击、反复争斗之激烈，对宏观攻防战略双方认识把握之清晰及逞能斗智之尖锐，是中国古代历次战争所无法比拟的。

元蒙军对南宋的战略进攻，自端平二年（1235 年）起，至祥兴二年（1279 年）战争全部结束，前后长达 43 年之久，共卷起四次大规模的战略进攻。端平二年（1235 年）、嘉熙三年（1239 年）的两次进攻，蒙古军的战略以中部江汉战场为攻击重点，西部战场和东部战场同时并进。西部战场，由陕西西部、甘肃南部向南进军，目标是攻取四川。在这两次进攻中，蒙军都攻入四川，占领了包括成都在内的部分地区。东部战场，蒙军由河南向南推进，重点打击宋军的江淮防线，前锋逼近长江。蒙军战略进攻重点在中部的江汉战场。蒙军的第一次进攻曾长驱直入，推进至荆湖北路，兵锋曾到达长江沿岸。抗元名将孟珙奋力反击，给敌人以重创，并乘胜收复以襄樊为中心的各战略防御重镇，形成了中部战场的较严密的防御体系，以致蒙军在第二次进攻中，在中部战场上的进攻毫无进展。

淳祐十一年（1251 年），蒙哥即大汗位后，采取大迂回的战略，再度南进攻宋，其部署是由忽必烈和兀良合指挥蒙军主力，经甘肃南部、陕西西部攻四川，经四川西取吐蕃、南下大理，迂回至南宋大后方的广西等地，再由南向北推进，经广西进攻荆湖南路，与山河南南下荆湖北路的蒙军实现夹击对接，企图一举夺取中部和西部战场的胜利，迫使偏于江南一隅的南宋政权束手待毙。遵循上述战略目标，忽必烈和兀良合率蒙军于第二年七月进入四川，占领成都、喜定等重镇。次年八月，蒙军占领吐蕃境内的塔拉，由此分兵进攻今云南和西藏。宝祐三年（1255 年），忽必烈回师，为实施第二步在荆湖实现夹击对接的战略进攻目标作准备。而兀良合则兵出安南，迫使安南国王于宝祐六年（1258 年）投降。至此，蒙军迂回攻击的战略目标基本实现。

宝祐五年（1257 年）十月，蒙哥汗调集大军亲征南宋，其进攻战略是：蒙哥亲自率蒙军一部再次由陕西进入四川，攻取仍为宋军占领的各城邑要塞；兀良合率军自安南由南往北进攻广西、荆湖南路，以鄂州为攻击目标；塔察克由陕西进攻荆湖北西部，以汉水西岸的荆山地区为攻击目标；忽必烈由河南南部进攻荆湖北，也以鄂州为战略攻击目标。这一阶段蒙军的战略任务是扫平四川，实现中部战场以鄂州为中心的南北对接，完成对中西战场的完全占领。但蒙军这一阶段进攻战略的实现并不很顺利。在四川，蒙军在四川的军事行动遭到南宋军民的激烈反抗，蒙军虽然攻占不少地区，而蒙哥汗在合州长在八个多月的攻城战中身负重伤死于合州城下（一说是病死）。于开庆元年（1259 年）展开的南北夹击对接战略行动展开比较顺利。同年八月，忽必烈率军从河南南部南下湖北，进展迅速，次月到达黄陂。在听到蒙哥已死的消息后，忽必烈仍指挥蒙军包围鄂州，并分兵进攻江西，引起南宋朝廷的极大恐慌。十一月，南宋无赖出身的右相兼枢密使贾似道率大军援鄂州，与蒙军一触即溃，贾似道转而向忽必烈求和。此时的忽必烈围攻鄂州不下，为急于北上与其弟争夺汗位，无心恋战，便同意贾似道的求和，除留一部分军队接应兀良合外，自率大军回北方争夺汗位。而兀良合由广西进攻荆湖南，势如破竹，一直打到岳州，在与忽必烈的接应部队会合后也率军回北方。由于蒙古政权内部的权力斗争，才使濒于覆亡的南宋政权得以苟延残喘。

忽必烈夺取汗位后，改称皇帝，建立元王朝。至元四年（1267 年），元蒙军对南宋的第四次、也是最后一次战略进攻开始。针对日益腐败无能的南宋政权，元军采取中央突破的进攻战略。它以“围点打援”的战术，对宋军的战略重镇襄樊进行了长达五年之久的包围。在至元十一年九月，忽必烈派左丞相伯颜率领 20 万大军由中部荆湖北战场突击南下，攻克鄂州后，沿长江顺流而下，迅速占领荆湖、淮南、两浙、江南等广大地区。至元十三年三月，攻取南宋都城临安，南宋政权覆亡。元军对南宋的战略进攻最后完成。南宋政权的覆亡和元政权的胜利原因很多，仅就军事谋略而言，元蒙统治者在战略进攻中成功地运用西线大迂回及南北对接、中部突破等进攻战略应是重要原因之一。

（3）缓攻待机。

兵贵神速，速战速决，是战争指挥的重要原则。然而，在战争实践中，如何控制把握进攻的时机和节奏，是闪电式的快速进攻，还是慢推缓进、迂回侧击等，完全在于军事家和战争指挥者根据战争实际的要求而确定。

公元前225年前后，秦军以摧枯拉朽之势横扫中原，一举削平魏、赵、韩、燕诸国，接着移兵向楚，准备灭楚后再对付齐国。出兵之前，秦王政问大将李信和名将王翦消灭楚国需要多少兵力。李信“年少壮勇”，认为只要20万人就足以荡平楚国。老将王翦则坚持说非60万人不可。秦王政说：“王将军老矣，何怯也！李将军果势壮勇，其言是也。”前225年春，秦王政命李信率兵20万伐楚，王翦便称病回乡养老。李信与副将蒙恬分兵两路，初战告捷。随后，李信和蒙恬在城父会合，但已成深入敌境、孤立无援之势。楚国名将项燕率楚军主力尾随而至，大举反攻，“三日三夜不停舍，大破李信军，入两壁，杀七都尉，秦军走”。秦军的失败，是轻敌和轻率冒进所致。楚国虽屡吃败仗，但毕竟是战国诸雄中仅次于秦的大国、强国，要一举灭楚，并非易事。城父一战，秦军伤亡惨重，就是明证。

至此，秦王政方才悔悟，亲自到频阳向王翦认错，并恳请王翦出山，再率秦军灭楚。王翦说：“大王必不得已用臣，非六十万人不可。”秦王政便调集60万大军，由王翦指挥。王翦率军进入楚国边境后，采取高垒深沟、养精蓄锐、固守待机的战略。这一战略，不是主动出击、寻找楚军主力决战，而是在敌国境内坚守自固，吸引楚军主力于坚壁之下，反客为主，伺机破敌。史载他率军进入楚境后，“坚壁而守之，不肯战。荆兵数出挑战，终不出。王翦日休士洗沐，而善饮食抚循之，亲与士卒同食。王翦使人问中戏乎？对曰：‘方投石超距。’于是王翦曰：‘士卒可用矣’”。楚将项燕的对策是集结楚军主力于寿春淮河北岸地区，等待秦军主动来攻，双方剑拔弩张，都不肯贸然开战。但楚王不了解战况，数次严令项燕率军主动进攻。项燕只好放弃原定战略，指挥楚军主力由寿春向西进攻秦军营垒。楚军“数挑战”，秦军坚守不出。项燕见屡攻不克，便指挥大军转而东进。项燕原定固守待机的防御战略未尝不是对付秦军的最佳方案，但在昏庸无能的楚王的威逼下，放弃寿春一线的防御体系，主力西进，这已失去了主动地位和机动的时机；攻而不克，将士疲惫，士气沮丧，军心动摇，又撤离战场，重新东向，这是不败之败，未战先输之劣招。王翦全部进攻战略实施所等待和盼望的就是这一时机，现在有利战机出现，王翦立即“举兵追之，令壮士击，大破荆军”。秦军在运动中追击、歼灭楚军主力，杀项燕，随后克楚国都城寿春，俘楚王。王翦在战略进攻中所运用的固守待机的进攻谋略，是对进攻战略的创新和妙用。

西汉景帝时，名将周亚夫运用同一进攻谋略而平定了吴楚七国之乱。公元前155年，吴王濞、楚王戊等七王联合谋反，其中以吴王濞力量最强，他联合楚王戊向北推进；地处山东的胶西王印、胶东王雄渠、菑川王贤、济南王辟光同时反汉，但四王之军只在山东围攻齐王将闾于临淄，没有与吴楚联军统一行动；赵王遂参加叛乱，也只在河北境内活动，所以，汉军的主要攻击对象是吴楚联军。吴王濞起兵之初，有人曾建议吴军联合楚军入武关，直捣长安；或轻兵急进，迅速攻取洛阳，再以潼关之险防止汉车出关东下，如此号令天下，也可能有一番作为。但这两个方案都遭吴王否决。公元前154年正月，吴王濞自广陵起兵，西向联合楚军，以攻城掠地、逐步推进的战略，以长安为目标向西北方向攻击前进。至河南，重创梁王武的军队，将梁王包围于睢阳。睢阳是吴楚联军进一步西进洛阳或长安的主要障碍，因此，吴楚联军屯兵于睢阳城下，日夜攻城。同时，吴王濞另遣军一部向山东境内攻击，以与山东四王的军队联系；派出一支小部队隐蔽埋伏于河南西部的崤函险塞之地，以伏击出关东来的汉军。

七国谋反，汉景帝拜窦婴为大将军，屯重兵于洛阳，遣将军栾布兵出山东，曲周侯郦寄平赵。同时，拜周亚夫为太尉，率汉军主力迎击吴、楚联军。

周亚夫受命后对景帝说："楚兵剽轻，难与争锋。愿以梁委之，绝其粮道，乃可制。"他的策略是，吴楚联军人众剽悍，难以与其争锋斗胜；应将计就计，让梁王固守睢阳，吸引吴楚联军于坚城之下，汉军主力深入敌后，截断其粮道，待敌饥疲力衰后而歼之，这还是攻中有防、固守待机的谋略。这一进攻战略构想得到了汉景帝的认可。周亚夫率汉军自长安迅速绕道武关，奔赴洛阳，然后自率30万大军经荥阳向东疾驰至战略要地昌邑。另派韩颓当等率骑兵远袭淮泗口，截断吴、楚联军的粮道。周亚夫预定的进攻战略由此展开。

战争中，周亚夫固守昌邑，不仅截断了吴楚联军的粮道，而且将吴楚联军攻入山东的周丘部10万大军与睢阳城下的联军主力分割开来，使其既不能越过昌邑向其主力靠拢，又不敢向西进攻洛阳。周亚夫固守昌邑的战略意义是很明显的，但他坚持预定的战略也受到很大压力，这是因为梁王坚守睢阳，是周亚夫固守待机战略的重要组成部分，其以孤城吸引吴楚联军主力，当然要承受吴楚联军主力的猛烈攻击。梁王是汉景帝的弟弟，他多次向周亚夫求援，周亚夫置之不理。梁王又向汉景帝告急，汉景帝令周亚夫发兵援助，周亚夫仍坚守不出。后来，吴楚联军围攻睢阳不下，转攻昌邑，企求与汉军主力决战，周亚夫仍固守不出。不久，“吴兵乏粮，饥，数欲挑战，终不出……吴兵既饿，乃引而去，太尉出精兵追击，大破之”。楚王戊自杀，吴王濞带领数千人南逃丹徒。在汉军追击下，又向东越逃窜，后被越王诱杀。平定吴、楚叛军，前后共 3 个月时间。整个战争过程，并没有大规模的激战。可以说，战争的胜利，主要是周亚夫在进攻作战中运用和坚持固守待机谋略的结果。吴楚联军覆亡后，其他参加叛乱的五王势单力弱，也相继被消灭。

（4）分割包围。

在中国古代战争史上，攻势作战的方法手段千变万化，进攻谋略丰富多彩，但进攻作战、克敌制胜的灵魂在“因形用权”、“因敌制变”，灵活用兵，因敌制胜，那些天才的军事家和战争指挥者正是创造出无数出神入化、变化无穷的战争奇迹和战法。对敌采取分割包围、围而不打并因此争取全胜的战法，是中国古代战争史上进攻作战中的又一重要战法。北宋初的赵宋灭南唐之战就是这一战法的典型战例之一。

天宝七年（974 年）十月，宋太祖赵匡胤在灭亡荆湖、西蜀、南汉诸割据势力后，发起了以南唐都城金陵为目标的进攻作战。时南唐国王李煜昏庸无能，政治黑暗，对强大的赵宋王朝恐惧有加，曾希望自去国号，以作宋王朝的附庸而求苟延残喘。但南唐大臣枢密使陈乔、张洎则认为南唐拥有荆湖北东部等广大地区，屯兵数十万，足可与赵宋一战，因此坚持抵抗宋军。赵匡胤见李煜拒绝投降，立即部署灭南唐之战：联系吴越王钱俶自苏州进攻常州，作牵制性攻击；命大将潘美、刘遇率步骑军集结于和州，作渡江以中路突破的佯攻姿势；宋军大将曹彬率主力 10 万人则自江陵水陆并进，沿江东下。曹彬率军沿长江东下途中，首先绕过南唐军重兵把守的重镇鄂州，首战峡口寨，将鄂州与其下游各重镇隔离开来，孤立起来。然后留军一部包围鄂州，自率大军继续东进，进入江南境内。对南唐军江南境内的江防重镇江州、湖口同样采取分割包围、围而不打的战术，不作旷日持久的攻坚作战。宋军主力则迅速东下，攻取池州、石牌口等地，至闰十月中旬，攻铜陵，大破南唐水军，不战而取芜湖、当涂。几天后，宋军再破南唐江防要塞采石矶，歼灭南唐军 2 万余人。李煜急令南唐水军一部自金陵溯江而上，企图阻击宋军主力的东进，但被曹彬击溃，其残余逃回金陵。宋军潘美、刘遇部则和曹彬部会合，由采石矶渡江后，既彻底截断南唐军上游鄂州、江州、湖口各战略要地与金陵的联系，又对金陵形成战略包围的态势。

天宝八年（975 年）五月，宋军在进逼金陵近郊的同时，对金陵外围各重镇展开攻击，先后攻克溧北、宣化镇等地，给南唐军以沉重打击，金陵周围除润州外，其余各重镇的据点皆或克或降，为宋军所掌握控制，金陵成为一座孤城。四月，宋军击败南唐江州守军，屯重兵于独树口，阻遏南唐湖口军对金陵的救援。至此，南唐军控制下的润州、金陵、湖口、鄂州几大战略重镇全处于宋军的包围监视之下，互不相援，孤立无助，只能坐以待毙。同月中旬，李煜急召南唐军大将朱全赟救援金陵。朱全赟拥重兵 15 万，镇守湖口，但其犹豫恐惧，湖口事实上已处于宋军的严密控制之下，若东进救援金陵，不仅前有宋军阻击，更有上游宋军追袭其后，因而迟迟不敢行动。七月，处于绝对优势地位的赵匡胤敦促李煜投降，并暂缓对金陵的攻击。李煜准备投降，但被陈乔、张洎所制止。南唐润州守军投降，金陵更加孤立。宋军在处于绝对优势的态势下，仍采取围而不攻的战术。避免大规模的攻坚作战。十月，朱全赟自湖口东下救援金陵，被宋军击溃，南唐军损失数万人，其残部退守湖口。十一月二十七日，李煜在上游援军被宋军击败后，于绝望中向宋军投降，南唐灭亡，包括湖口、鄂州在内的各南唐军也相继投降。

综观宋军灭南唐之战，宋军采取灵活机变的谋略的手段，集中优势兵力，先打分散弱小之敌，对南唐各主要战略重镇均采取分割包围、围而不打的战术，避免作大规模的攻坚战，力求在运动中消灭其有生力量，迫使被相互隔离的备战略重镇的南唐守军在孤立无援的状态下军心瓦解、斗志松懈、精神崩溃，最后不战而降，宋军则以最小的代价取得了战争的彻底胜利。

2. 先发制人与速战速决

先发制人是中国古代军事理论中的重要命题之一。中国古代的军事理论家、军事家们将先发制人与攻势作战、主动进攻紧密联系在一起。认为先发制人是对主动进攻作战之时间、战机把握的肯定和要求。进攻速胜则是攻势作战的基本原则之一，无论是战略进攻还是战术进攻，无论是在理论上还是在实践中，中国古代的军事理论家和军事家都主张速战速决，进攻速胜。

（1）主动进攻，先发制人。

先发制人是在进攻的战略战术一旦确定的前提下，或在战争过程中出现有利战机的条件下，首先对敌方进行突然袭击，实施主动进攻。通过迅雷不及掩耳般的突然袭击和主动进攻，不仅使战争的发展进程向有利于我不利于敌的方向发展，而且能破坏敌方的预定战略战术部署，对敌方的心理和军心士气以震撼及打击，使敌方陷入被动挨打的境地。中国古代的军事理论家和军事家们对此有较为全面的论述，他们认为：

宁我薄人，无人薄我……《军志》曰："先人有夺人之心"，薄之也。

薄人，即逼近敌人，给敌方以突然进攻和打击；先人即先发制人；夺人之心，即打击敌方的军心士气。《孙子兵法·九地》指出：

敌人开阖，必亟入之。先其所爱，微与之期。践墨随敌，以决战事。是故始如处女，敌人开户。后如脱兔，敌不及拒。

就是一旦发现敌方的破绽或失误，就要乘机而起，乘虚而入，发起突然攻击，给敌方关键要害之处以决定性的打击。这不但要求战前有充分运筹和准备，而且对军事行动计划要充分保密，军队如同处女那样安静沉寂，使敌方放松戒备。而一旦发起攻击，就要迅如脱兔，使敌方来不及反抗就被摧垮击败，保证夺取初战即第一次打击的胜利。大军事家尉缭也说：

《兵法》曰："千人而成权，万人而成武。权先加人者，敌不力交；武先加人者，敌无威接。故兵贵先。胜于此，则胜于彼矣；弗胜于此，则弗胜于彼矣。"

他强调先于敌方施展谋略，使敌方无法谋划；先于敌方使用武力，使敌方无力反抗。所以，用兵最重要的是先发制人。先发制人获胜，为敌方所制就失败。

战略进攻中的先发制人是战争史上的奇观，秘密制定战略规划，隐蔽调动千军万马，在敌国敌方猝不及防的状态下发起如雷如霆、暴风骤雨般的突然进攻，给敌国敌方以沉重、致命的打击，这是那些天才军事家和战争指挥者的伟大杰作。在中国古代战争史上有不少这样辉煌的篇章。如上文所述的由孙武和伍员策划指挥的吴军大破楚军、攻克楚国都城郢的战例是如此，越王勾践的破吴复国之战是如此，桓温指挥的东晋军一举消灭割据四川的李氏蜀汉政权是如此，而唐代安禄山策动"安史之乱"也是如此。

"安史之乱"是一场给国家、社会和人民带来巨大灾难的不义战争，但从安禄山策划准备、发动叛乱的过程看，貌似一介武夫的安禄山确乎谋精虑深、工于心计。在叛乱爆发前，安禄山隐蔽进行了长达十几年的准备工作，在唐朝廷中，他装傻卖痴，貌似憨厚诚笃，博取了唐玄宗甚至杨贵妃的信任和重用，一身兼任平卢、范阳、河东三镇节度使，手握重兵，控制着广大地区。他在京城长安收买官员，安插耳目，对唐朝廷的一举一动了如指掌。在其统治区域内，秘密收买战马扩军备战，势力日益强大。至唐天宝十四年（755 年）十一月，悍然发动叛乱，由北向南发起突然进攻。十余天后，兵锋到达河北省南部，警报传到京城，唐玄宗还不肯相信。司马光记述安禄山先发制人的叛乱发生后的形势说：

> （安禄山）于是引兵而南。禄山乘铁舆，步骑精锐，烟尘千里，鼓噪震地。时海内承平久，百姓累世不识兵革，猝闻范阳兵起，远近震骇。河北皆禄山统内，所过州县，望风瓦解，守令或开门出迎，或弃城窜匿，或为所擒戮，无敢拒之者。

（朝廷）"大臣相顾失色"。此时的唐王朝无能征惯战之将，军无训练有素之兵，以至招募市井无赖充数。至十二月，叛军已占领河北、大同、河南大部及山东西北的部分地区，洛阳落入其手。唐军处处被动挨打，无法遏制叛军的攻势。次年六月，叛军入关中，克长安，唐玄宗仓皇出逃，鼎盛一时的唐王朝几乎因此覆灭。后来，历经七年苦战，"安史之乱"虽然被平定，但造成了唐中后期的藩镇割据局面，唐王朝因此由极盛走向衰落。安禄山不义的叛乱失败了，但就军事谋略而言，其对进攻时间、时机的把握是适当的，其先发制人、主动进攻、突然袭击的宏观进攻谋略是成功的。

战役战斗中战术的先发制人在战争史上更为普遍，成功的战例更为常见。战术上的先发制人，对军事行动计划、部署等要绝对保密，运兵动作要迅猛、快捷，对攻击时间和对战机的把握要更准确、及时。当敌方处于毫无准备、士气低落，或天时地形不利、防御设施未备，或在运动过程中处于混乱状态等情况下，战争指挥者就应该毫不犹豫地对敌方发起主动进攻、突然袭击，如此必能大获全胜。战争史上战术的先发制人成功的战例不胜枚举，春秋战国时期的许多战例是为人所熟知的，秦以后许多著名战例如赤壁之战、昆阳之战等在战术上也是以主动进攻、先发制人取胜的。我们再举一二例以欣赏之。

唐初，北方的突厥屡屡入侵，边患不断。唐太宗贞观三年（629 年），东突厥颉利可汗侵入河西各州，唐太宗决心予以反击。次年正月，大将李靖率精骑 3000 自马邑直趋恶阳岭，使颉利可汗大为震恐，其部下更是一片惊慌。李靖乘其上下惊恐不安之际，夜袭定襄，大获全胜。颉利可汗在退往碛口途中，又遭唐大将李世勋袭击，损失惨重。其败退铁山后，唐太宗派使者唐俭等前往安抚颉利可汗，并命其入朝晋见。同时，命李靖等前往迎接。颉利可汗愿意内附，但对入朝心存犹豫。李靖认为，颉利可汗仍有很大势力，若不乘机消灭，必有后患。他对副将张公谨说：“诏使到，虏必自安，若万骑赍二十日粮，自白道袭之，必得所欲。”公谨曰：“上已与约降，行人在彼，奈何?”靖曰：“机不可失，韩信所以破齐也。如唐俭辈何足惜哉!”于是，李靖“督兵疾进，行遇候逻，皆俘以从，去其牙七里乃觉，部众震溃，斩万余级，俘女十万……颉利亡去，为大同道行军总管张宝相擒以献”。由于唐军的主动进攻和出其不意的突然袭击，一战而灭亡东突厥，开拓疆土自阴山至于大漠。

泰定三年（1203 年），刚刚崛起的铁木真消灭其强大对手——突厥克烈部，也是运用先发制人、突然袭击的方法获胜的。其时，铁木真驻军于斡难河西岸。为使军队能秘密接近克烈部，保证突然袭击的成功，他先派其弟拙赤合撒儿向克烈部头领王罕诈降，王罕信以为真，派使者与拙赤合撒儿接洽。铁木真逮捕王罕的来使，命其为向导，带领蒙古军偷袭克烈部。偷袭途中，铁木真一路将王罕散布在通道上的哨兵全部俘获，严密封锁消息，使王罕蒙在鼓里。铁木真的大军到达折儿合不赤孩地区后，采取分进合击的战术，迅速挺进王罕在者者额儿温都山以西大营。待王罕发现时，其大营已被团团包围。双方激战三昼夜，克烈部被歼灭。王罕逃脱，后被突厥乃蛮部哨兵所杀。蒙古部与克烈部都以骑兵为主，机动性强，如不采取先发制人、突然袭击的进攻方法，铁木真就无法一战灭亡克烈部。

（2）速战速决。

《孙子兵法》再三强调："兵贵胜，不贵久。""兵之情主速，乘人之不及，由不虞之道，攻其所不戒也。"《六韬·龙韬·军势》云："善战者见利不失，遇时不移；失利后时，反受其殃。故智者从之而不释，巧者一决而不犹豫。是以疾雷不及掩耳，迅电不及瞑目，赴之若惊，用之若狂，当之者破，近之者亡，孰能御之？"兵贵神速，速战速决，是一切军事家和战争指挥者的座右铭。对他们来说，实力、威力加速度等于胜利。人们早就认识到，战争，尤其是进攻作战，是以"日费千金"所支撑的，旷日持久，不仅浪费人力、物力、财力，而且迟则生变，迟疑不决或迟后一步，就会丧失主动权，失去有利战机，使胜利的希望变成失败的现实。战争，本来就是国力、兵力、智慧的角逐和较量，在诸条件相当的情势下，就看谁能抓住有利战机，乘敌不及反应就战而胜之。在这里，时间、速度就是决定胜负的决定性因素，谁领先一步谁就是胜利者，这是速战速决、进攻速胜成为普遍军事原则的根本原因。当然，进攻速决速胜是有前提和条件的，这和先发制人一样，无谋略、无计划、不顾客观条件的进攻是赌徒式的视战争为儿戏的行为，如此进攻速战未必能速胜；自恃勇力，骄横无忌，像项羽那样横行天下，每战必胜者，终究也免不了失败的下场。

在中国古代战争史上，大多数著名的军事家和战争指挥者的著名的成功的战例，大多是他们遵循速战速决、进攻速胜军事原则的结果。三国时，魏国著名军事家司马懿擒孟达之战是人人皆知的战例，此战例在谋略运用上自有其特色，但在运兵速度上则更典型。太和元年（227年），魏国新城太守孟达准备谋反。身为魏国大将重臣的司马懿时驻军于宛城。孟达驻军上庸。他在给诸葛亮的信中说：

宛去洛八百里，去吾一千二百里，闻吾起事，当表上天子，比相反复，一月间也，则吾城已固，诸军足办。则吾所在深险，司马公必不自来；诸将来，吾无患矣。

从宛城到洛阳 800 里，司马懿向魏明帝奏请出兵，往返 1600 里；从宛城到上庸 1200 里，孟达按常规速度算，司马懿或魏军到达上庸要一个月的时间，而他在这一个月中可以修固城防、调备军队等，魏军来了可足以一战。关于兵力和军粮，司马懿后来说：

孟达众少而食支一年，吾将士四倍于达而粮不淹月，以一月图一年，安可不速？以四击一，正令半解，犹当为之。是以不计死伤，与粮竞也。

从时间上看，按正常情况魏军到达上庸要一个月，而魏军军粮只能供一月之用，即赶到上庸之日也是魏军无粮之时；孟达军粮足够支撑一年，这是魏军必须迅速进攻的原因之一。从兵力对比看，魏军对孟达军为 4∶1，魏军迅速进击，即使伤亡掉队损失一半人，还比孟达军多一倍，这是可以进攻速战且可速战速胜的条件之一。当然，作为军事谋略家和战争指挥者来说，司马懿还必须考虑孟达谋反，如不迅速消灭，不仅其准备充分，城防坚固，使进攻作战更为艰难，而且，迟延时月，蜀军如派军援助孟达，双方联合行动，要战胜孟达和蜀军就更困难了。所以，出其不意，迅速出击，在最短时间内消灭孟达是刻不容缓的事，这是速进速决、速战速胜的必要性之一。因此，司马懿当机立断，一边派人向魏明帝汇报，一边立即指挥军队日夜兼程，向上庸迅速进军，“乃倍道兼行，八日到其城下。吴蜀各遣将向西城安桥、木兰塞以救达，帝分诸将以距之”。孟达为此惊呼：“吾举事八日，而兵至城下，何其神速也。”结果，由于司马懿进军神速，孟达军城防不固、准备不足、军无斗志。估计司马懿不来，他却来了；估计吴、蜀之军会来援助，两国军队却来不了，失败是必然的。司马懿以速进速战速决赢得了战机，争取了主动权，只用了 16 天时间就获得了胜利。

以守代攻与克敌战阵

《孙子兵法》云：

> 胜可知，而不可为。不可胜，守也；可胜，攻也。守则有余，攻则不足。善守者，藏于九地之下，动于九天之上，故能自保而全胜也。

争取战争胜利是军事家和战争指挥者的天职，弱守强攻是战争中的基本原则。战争的胜负可以预知但不可强求。有必胜的力量、条件和把握，就要采取主动进攻的态势。反之，就应采取防御策略。积极防御，首先能自保不败，不被敌方所战胜。只有“先为不可胜”，才能等待时机去战胜敌方，“以待敌之可胜”。到那时，“动于九天之上”，纵横驰骋，便可“自保而全胜”。在这里，防御是积极的防御，是军寡兵弱者争取战争胜利的必要手段和方法，而不是消极的无所作为的或不光彩的形式或行为。以强胜弱、以众胜寡是战争的常规（真正做到这一点也并非易事），而以弱胜强、以寡胜众在战争史上则更精彩辉煌，更能显示出军事家和战争指挥者的聪明才智及出神入化的战争指挥艺术。所以，积极防御、坚防持久、以守代攻，进而运用克敌战阵的手段消灭敌人，同样是夺取战争胜利的方法和手段，防御谋略更能体现军事家和战争指挥者的军事智道与胆识卓见。

与先发制人相对的后发制人，其实质就是积极防御，在积极防御中通过人的主观能动性的发挥，争取主动和有利战机，进行反攻，夺取战争的胜利。防御之坚，是积极防御的前提，防而不固，一败涂地，自然谈不上反攻取胜；防御中的持久是对防御时间长短的大概表述，防御时间的长短以战争有利态势的是否出现、有利战机的是否到来为转移。所以，防御时间的长与短是相对的。

需要强调指出的是，战争中的攻防与力量的强弱的关系并不是绝对的。如同在人寡力弱时采取主动进攻、先发制人同样获胜一样，聪明的军事家出于减少损失、争取全胜的需要，往往在优势地位也运用积极防御、后发制人的手段去夺取战争的胜利。攻也胜、守也胜，强也胜、弱也胜，弱守强攻、弱攻强守，均能克敌制胜，方显出军事指挥者无穷的智谋和不尽的风流。

1. 防御方略

攻防问题是存在于战争这个统一体中矛盾对立着的两个侧面，是古今中外的军事理论家和军事研究的永恒主题。在中国古代，《孙子兵法》较早地提出了关于防御问题的基本谋略原则及一般方式方法，其云，“守而必固者，守其所必攻也”；“善守者，敌不知其所攻”；“我不欲战，画地而守之，敌不得与我战者，乘其所之也”；“敢问：‘敌众整而将来，待之若何?’曰：‘先夺其所爱，则听矣’。”等。防御谋略强调的是以机动作战为主的积极防御。与孙武同时代的著名军事家范蠡对敌强我弱、敌众我寡，我处于防御地位时，认为应“尽其阳节，盈吾阴节”。即通过防御，争取时间，消耗敌方的实力，充分挖掘、发挥我方的潜力，改变敌我力量的对比，争取有利态势和战机，以夺取战争的胜利。战国时的军事家孙膑关于防御谋略的观点是“埤垒广志，严正辑众，避而骄之，引而劳之，攻其无备，出其不意，必以为久”。埤垒广志、严正辑众，即以深沟高垒，坚防持久，抵御优势敌军的进攻；在持久防御的同时要严明军纪，团结士卒，激扬军心士气，提高军队的战斗力。对敌方，则充分发挥将帅的智慧谋略，运用一切手段给敌军以打击袭扰，消耗其实力，瓦解其攻势，在持久防御中粉碎敌方的进攻，争取战争的胜利。孙武、范蠡、孙膑是中国古代最著名的军事理论家和军事家，他们的防御思想成为中国古代军事理论中积极防御理论的基本原则，中国古代战争史上无数精彩绝妙的防御战法，都是遵循和灵活运用这些原则而夺取胜利的成功范例，以下就防御中的几种主要战法略作分析介绍。

（1）以守代战。

“以守代战”是中国古代军事家和战争指挥者灵活运用防御手段或谋略的重要战法之一。当我处于寡弱、劣势地位，甚至处于众强、优势地位时，为了避免与敌方作代价巨大的直接决战，争取战争的“全胜”，而运用积极防御的谋略手段，坚防不战，以守代攻，以守代战，使主动进攻者不战自退或不战自败，这在中国古代战争史上是最为精彩和高明的防御谋略和防御战法。

“以守代攻”，不战而胜，最典型的战例是三国时魏军对蜀军主动进攻所采取的防御战。诸葛亮三出祁山的故事在中国几乎是家喻户晓。不过这场战争除去局部的互有胜负，在总体上蜀军是失败的。以弱蜀攻强魏，又是兵出汉中，道路险远，运输艰难，蜀汉想取胜是很困难的，除非曹魏在指挥上出现大的漏洞。而曹魏的谋士和将军们恰恰老谋深算，采取了以静制动，以守代攻的稳妥而确当的战法，使诸葛亮无懈可击，终致劳师无功。黄初七年（公元226年），诸葛亮屯兵于汉中阳平关，准备攻魏。魏明帝准备针锋相对，举兵伐蜀。散骑常侍孙资向魏明帝说：

> 昔武皇帝征郑，取张鲁……数言“南郑直为天狱，中斜谷道为五百里石穴耳”，言其深险……又，武皇帝圣于用兵，察蜀贼栖于山岩，视吴虏窜于江湖，皆桡而避之，不责将士之力，不争一朝之愤，诚所谓见胜而战，知难而退也。今若进军就南郑计亮，道既险阻，计用精兵及转运、镇守南方四州，遏御水贼，必用十五六万人，必当复更有所发兴，天下骚动，费力广大，此诚陛下所宜深虑……分命大将据诸要险，威足以震慑强寇，镇静疆场，将士虎睡，百姓无事。数年之间，中国日盛，吴、蜀二虏必自疲敝。

孙资在这里要求明帝记取祖宗以来对付吴蜀的基本经验，也为当时及其后对付诸葛亮的进攻定下了以守代攻的基本策略。魏明帝很痛快地接受这个建议。在其后的战争中，魏军虽有反击，但都是在战略防御基础之上的有限反击，所取战法基本是以逸待劳，深沟高堑，结寨坚守，不给敌方以可乘之机，迫使蜀军在粮尽草绝、后勤供应无以为继的情况下主动撤退。其中最主要的几次战争经过是：

太和二年（228年）正月，诸葛亮率蜀军第一次攻魏。作战初期，诸葛亮命大将赵云、邓芝率一军自斜谷向陕西郿县作佯攻，以吸引魏军主力和魏军的注意力，造成蜀军将出汉中进攻关中的态势，而诸葛亮自率蜀军主力6万余人自汉中西出祁山，乘魏军防守空虚，出其不意，一举攻取魏之南安、天水、安定三郡，曹魏政权朝野大震。魏明帝亲自坐镇长安，命大将军曹真扼守陈仓，阻击蜀将赵云、邓芝的进攻；命大将张郃率魏军主力西进，以抵抗诸葛亮的进攻。诸葛亮为阻止魏军主力的西进，确保对所得三郡的占领，派参军马谡、裨将军王平率军迅速抢占街亭，凭险阻击魏军。但马谡依山扎营，反被张郃包围，数断其水源，致使蜀军大败，街亭失守，使蜀军主力“进无所据”，被迫还汉中。不久，蜀军所攻取三郡又被魏军收复。诸葛亮第一次伐魏之战失败。

同年十二月，诸葛亮乘魏军主力攻吴、北方鲜卑族攻魏，而关中魏军防守空虚之际，又率蜀军自故道出散关袭击陈仓。此前，魏国大将军曹真“以亮惩于祁山，后出必从陈仓，乃使将军郝昭、王生守陈仓，治其城”。由于魏军早有防范，而诸葛亮原以为奇袭陈仓，必能速战速决，因此携带的军粮不多。不料兵围陈仓，遭到魏将郝昭的坚决抵抗。奇袭战打成了攻坚战，蜀军攻城20余日，伤亡惨重。曹真得知诸葛亮再次兵出汉中，围攻陈仓，急令张郃等率大军救援。蜀军久攻陈仓不下，不仅魏军援军将到，更紧急的是军粮告尽，无法继续实施预定的作战目标，史云：“亮复出散关，围陈仓，曹真拒之，亮粮尽而退。”这真实地说明了魏军以守代战防御谋略的成功和诸葛亮第二次攻魏之战的失败。

建兴九年（231年）二月，诸葛亮第四次兴兵伐魏，其主力出祁山，仍以攻取陇右为作战目标。魏军中的许多人都看到了蜀军的致命弱点，建议“亮军无辎重，粮必不继，不击自破，无为劳兵；或欲自芟上邽左右生麦以夺贼食”。魏大将军曹真严令各地守军坚守各城邑要塞，禁止主动出战。不久，曹真死，司马懿代曹真为魏军统帅，率大军阻击蜀军。初战中，魏军救援祁山，被蜀军乘虚攻取上邽；司马懿率军回救上邽，在上邽东凭据险要，与蜀军对峙。蜀军屡次求战，司马懿坚守不出。诸葛亮见求战不成，移军进攻祁山。司马懿指挥魏军追击蜀军至卤城，大将张郃说：“彼远来逆我，请战不得，谓我利在不战，欲以长计制之也。且祁山知大军以在近，人情自固，可止屯于此，分为奇兵，示出其后……今亮悬军食少，亦行去矣。”司马懿不听张郃的劝告，指挥魏军继续追击蜀军。诸葛亮突然回师，司马懿又急令魏军登山结寨，坚守营垒而拒不出战。五月十日，魏军曾出击进攻蜀军，被蜀军击败。此后，魏军坚防营垒以劳蜀军。两军相对峙至夏、秋之际，蜀军此次出战虽经过充分准备，但经过半年多的消耗，粮草供应又行将断绝。而蜀军负责督运粮草物资的李严因大雨连绵、道路险难而无法按期完成任务，便假传后主刘禅的旨意，命诸葛亮撤军，退还汉中。在这一次对抗战中，司马懿虽然在战术上偶有失误，被诸葛亮所调动而导致小的失败，但从总的防御战略看，司马懿正是坚持了以守代攻的防御谋略，以极小的代价迫使诸葛亮精心准备、周密规划的第四次攻魏之战归于失败。

建兴十二年（234 年）二月，诸葛亮经过数年准备之后，率蜀军主力 12 万人出斜谷，兵锋直指渭南，发起第五次、也是诸葛亮一生中的最后一次攻魏之战。魏明帝命司马懿率军拒敌，其诏曰：

但坚壁拒守以挫其锋，彼进不得志，退无与战，久停则粮尽，虏略无所获，则必走矣。走而迫之，以逸待劳，全胜之道也。

司马懿根据既定的防御谋略，屯兵渭南，坚守营寨，无论蜀军如何挑战，拒不出战，争取实现以守代战、不战而胜的战略目标。诸葛亮作为杰出的军事家，也深知蜀军的弱点和魏军的防御谋略，为此而进行了充分准备，如用“木牛”“流马”运粮，保证粮食物资的供应，“每患粮不继，使己志不申，是以分兵屯田，为久驻之基”。即针对魏军的持久防御作与魏持久对峙的打算。同年八月，诸葛亮病逝于军中，长史杨仪和姜维等秘不发丧，率领蜀军撤退回汉中。魏军以守代战、以不战之战获得了战争的胜利。

（2）防守反击。

防御是手段，不是目的。在防御的同时，要运用一切手段，如劳之、骄之、怒之、饥之、困乏之、麻痹之，如断其粮道、坚壁清野等谋略手段，千方百计动摇敌方军心，松懈其斗志，削弱其战斗力，以扭转我之被动、不利态势，争取主动和有利战机，进行反击，夺取战争的胜利。唐代军事家李靖说：“攻是守之机，守是攻之策，同归乎胜而已矣！”进攻是防御的关键或核心，防御是进攻的手段，这深刻揭示了防御的本质、目的及防御与进攻之间的辩证关系。防御是进攻前的准备，是争取战争胜利的手段，这就是积极防御的内涵。在中国古代战争史上，此类的精彩战例比比皆是。

公元前 284 年，燕军在名将乐毅指挥下，大破齐军，占领了除即墨和莒以外的所有齐国领土，齐滑王被杀。齐国军民在齐宗室田单的指挥下，坚守即墨和莒两座孤城，抵抗燕军达五年之久。在此期间，田单用反间计，使新即位的燕惠王临阵易将，撤掉乐毅，任命骑劫为统帅。燕军将士为此愤愤不平，斗志涣散。此后，田单又故意放出流言说：“我最怕燕军割去被俘齐军的鼻子，并驱使他们在前列和我们打仗。如果那样，即墨就不攻自破了。”骑劫果然如法炮制。即墨城中的军民见燕军如此惨忍，人人激奋，誓死坚守，唯恐被燕军俘虏。田单再次放风说："我最怕燕人挖掘城外的坟墓，侮辱我们的祖先，那样做，我们就会心寒意冷，士无斗志。"骑劫又一次上当受骗，指挥燕军在城外大挖坟墓，焚烧骸骨，"即墨人从城上望见，皆涕泣，俱欲出战，怒自十倍"。田单见民心士气空前高涨，又用诈降之计，约期正式投降，使围城燕军日益松懈。战机已到，田单"及收城中所得千余牛，为绛缯衣，画以五彩龙文，束兵刃于其角，而灌脂束苇于尾，烧其端。凿城数十穴，夜纵牛，壮士五千人随其后。牛尾热，怒而奔燕军，燕军夜大惊"。牛尾上的火光耀眼，燕军视如火龙，被撞者非死即伤，纷纷躲避，军营大乱。齐军500精兵乘乱奋击，城上居民击鼓鸣号，呐喊助威，惊天动地，骑劫被杀，燕军大败。齐军乘胜追击，队伍日益壮大，终于驱逐燕军，恢复所有失地。两座孤城的五年艰苦支撑，以田单为首的两城军民五年的自奋自励，及其对燕军五年的离间、分化、瓦解，使不利逐渐转化为有利，才有条件成熟后的奋然一击，造成整个战局的改观，通过反击而击败燕军，恢复故国。

防守反击，其防守时间有长有短，其反击谋略、手段或方法同样多种多样。崇祯十六年（1643年）五月，明末农民起义军领袖李自成面对优势明军的进攻，采用诱敌深入之法，实施快速反击战略，数月之间就粉碎了明军的进攻，这是防守反击的另一种形式。在此前一年，李自成在湖广战场大破明军，乘胜攻取今湖广北部、河南中南部广大地区，声威大震。接着，起义军主力向河南北部攻击前进，第一阶段的作战目标是攻取重镇开封、洛阳，然后再西进，夺取关中地区，作为战略根据地。明王朝以孙传庭为统帅，镇守潼关，指挥协调各路明军围剿李自成农民起义军，其进攻部署为：孙传庭所率领的明军主力出潼关，向东推进；一路自洛阳南下，与孙传庭所亲自率领的明军主力相配合，由北向南攻击；一路自江西北上，兵锋指向今河南汝南；一路出湖广、陕西、河南三省交界的商洛地区，与由江西北上之明军相配合，由南向北攻击，对进入河南的起义军主力形成四面合围、南北夹击的攻势，计划歼灭起义军主力于河南。明军来势凶猛，李自成针对孙传庭的进攻战略，立即改变原定作战方案，先派军一部进攻洛阳、渑池，佯败诱敌。孙传庭亲自指挥的明军主力上当，尾追起义军至郏县、汝州一线。郏县、汝州是起义军占领区的腹地，起义军主力已集结在这一地区。明军主力攻占郏县、汝州后，李自成对郏县之敌围而不打，而以起义军主力与明军主力相持于汝州，另派一军袭击汝州以北的白沙（今河南伊川县东南），截断明军的粮道及其与后方的联系，逐步形成对明军主力的大包围态势。很快，明军粮秣告绝，军心动摇；深入敌境，士气恐慌颓丧；阴雨连绵，大军露宿野外，人心浮动，许多明军哗变溃逃。尚未作战，明军已溃不成军。孙传庭见形势不利，亲率明军主力以往后方督运粮秣为名，向陕西方向撤退。李自成指挥起义军主力乘机反击，穷追猛打孙传庭部四百余里，至孟津歼敌四万余人，孙传庭遭此惨败，率残部退守潼关。其余各路明军不战自溃。至此，李自成挟战胜之威，一举攻克潼关，杀孙传庭，乘势克西安，分兵四出，攻城掠县，扩大战果。李自成的胜利，是成功运用防御中的诱敌深入、困敌疲敌、得机快速反击之战法的胜利。

（3）固守待援。

“固守待援”是中国古代兵家防御谋略中的重要原则之一。一般说来，固守是固守敌方必攻之地。敌方志在必克，守方拼死坚守。必攻必守，事关成败。调兵遣将，堆柴积薪。那勇与智的较量，也就分外紧张和激烈。著名的秦赵邯郸之战是“固守待援”的典型战例。

公元前260年“长平之战”后，赵国40万精锐之师尽被坑杀，赵国元气大伤。秦国同意赵国割地求和，秦撤军回国。其后，赵国没有依约割让六城予秦，而加强与魏、楚两国联系，准备三国联合伐秦。秦昭襄王闻信，于公元前259年9月，命大将王陵率大军攻赵，兵围邯郸。但秦军的进攻遭到赵国军民的奋勇抵抗，屡屡失利。秦昭襄王命大将白起代王陵统帅秦军，白起拒不从命，认为“邯郸实未易攻也。且诸侯救日至，彼诸侯怨秦之日久矣……远绝河山而争人国都，赵应其内，诸侯攻其外，破秦军必矣，不可”。秦昭襄王改命大将王龁代替王陵继续对赵国作战。这是一场决定赵国存亡命运的大战。从整体实力看，秦强赵弱，但赵军在本土作战，兵力上进攻不足，防守尚有一番作为。遵循既定战略，赵军一方面坚守邯郸，并在防御中使秦军造成重大消耗；一方面派战国四大公子之一的平原君赵胜赴楚、魏两国求援。赵胜历经周折，在赵军坚守邯郸两年后，求得楚、魏两国援军在邯郸城外会合并向秦军发起猛烈攻击。城内赵军也乘机反击，在内外夹击下，秦军大败而逃，数万人投降被俘。三国联军在运动中又歼灭秦军一部，王龁率其残部退回黄河以西地区，赵、魏收复以前的失地。赵军以固守待援的战略击败强秦，取得了战争的胜利。

“固守待援”的战略战术要点，一是防守要坚决、持久、机动、灵活、积极主动。立足于防，又尽可能多地消耗敌军的实力。二是援军运动要及时，救援战术要灵活，战机把握要准确，与防守军队配合默契，才能达到后发制人、克敌制胜的目的。南宋抗金、抗元时期的枣阳保卫战与襄樊保卫战便是两个形式相同而结果完全相反的战例。正大六年（1229 年）二月，完颜讹可率领金军中路军主力围攻枣阳，志在必克。宋军统帅赵方与枣阳守将孟宗政紧密配合，顽强防守。赵方命外线的扈再兴军主动出击，在运动中给金军以重创，破坏金军的围城计划。孟宗政部在城内则拼死抵抗。金军从城下挖地道，企图搞突然袭击。孟宗政严密防御侦察，等金军挖通后，宋军往地道里塞柴火、喷毒烟，使金军无法突袭。金军将一段城墙挖空，使城墙倒塌。孟宗政指挥士兵在缺口处堆满柴草，烧起一堵火墙，阻止金军的攻击。并在城墙缺口里赶筑一座偃月形的新城。在枣阳激战之际，赵方指挥大将扈再兴、许国各率军 3 万，分两路深入金军后方，烧毁金军的粮仓及物资储备，截断金军粮道，使攻城金军士气沮丧。这时，赵方命许国、扈再兴回师枣阳，内外夹击，大败金军于枣阳城下。宋军乘胜追击，完颜讹可只身逃回开封。咸淳四年（1268 年）的襄樊保卫战，守卫襄樊的宋军防御有力，坚守孤城达五年之久。但元军从开战以来便采取“围城打援”的战术，包围襄樊，而以主力打击来援的宋军，使守城宋军最后陷入孤立无援的绝望境地，不得不开城出降。枣阳保卫战和襄樊保卫战一胜一负，胜负原因很复杂，但双方攻守技巧的优劣高低不能不是一个重要因素。

（4）乖其所之。

“乖其所之”是孙武提出的重要防御手段之一。“乖其所之”直解为优势敌军向我进攻，我画地而守，避免同他作战，并运用谋略手段使敌人改变预定的进攻方向。这一谋略在理论上与《孙子兵法》不战而胜的思想相一致，即通过“伐谋”、“伐交”等谋略使敌方或放弃进攻企图，或改变进攻目标等，达到“我不欲战，画地而守之，敌不得与我战”的目的。如史载春秋时期，齐国进攻鲁国，孔子为救鲁国，派其弟子子贡止齐攻鲁。子贡凭三寸不烂之舌，让齐军改攻吴国。子贡到吴国劝吴王援鲁而攻齐，又到越国劝越王帮助吴国攻齐，再到晋国劝晋王迎战吴军。越军随吴军打败齐军，晋师大败吴师，越军又乘机攻入吴国，而鲁国因子贡之谋免遭战争灾难。司马迁记载子贡此举过程后评论说：“故子贡一出，存鲁，乱齐，破吴，强晋而霸越。”防御谋略中的“乖其所之”，往往和其他谋略配合运用，如运用诱敌深入的谋略，使有明确进攻目标的敌军被引诱而改变了预定的进攻目标，实际成为“敌不知其所攻”而进入“善守者”所设下的陷阱，最终导致进攻者的失败。

公元前2600年左右，原处于长江中游的黎苗集团的首领蚩尤入主中原，引起中原诸夏各部族的反抗。中原诸夏各部族的首领黄帝率领各部族与蚩尤首战于今河南中部。蚩尤集团拥有先进的铜制兵器，战斗力强。黄帝集团实施主动退却、诱敌深入的战略，将蚩尤引诱到今河北北部地区。蚩尤长途追击，疲惫不堪；加之地形不熟，气候不利，敌情不明等因素的影响，士气不振，斗志松懈。黄帝则利用天时地利人和之便，在一个狂风大作之日，乘蚩尤集团士众困惑彷徨之时，以指南车指示方向，在涿鹿大战蚩尤，一战而擒。这就是历史上著名的“涿鹿之战”。

永乐七年（1409年）七月，明永乐时期的淇国公丘福奉成祖之命，率领10万大军出塞远征鞑靼可本雅失里。临行前，明成祖再三告诫丘福要慎重决策，切勿鲁莽轻进。八月初，明军出塞后，丘福率前锋1000余骑先期到达胪朐河以南，击败鞑靼游骑，俘获其官员一名，丘福问本雅失咀在何地，被俘官员答，北遁未远，最多不过30多里。茫茫沙漠，寻敌不易，求战心切的丘福立即决定追擒本稚失里。时明大军未到，将军李远说：“轻信谍者，孤军深入，进必不利，莫若结营自固，以待我军毕至。”丘福不听。本雅失里引诱明军向鞑靼预设的陷阱前进，这是另一意义上的“乖其所之”，即将明军引诱到错误的导致其失败的进攻方向上去。丘福盲目轻信，不听部将劝告，率领1000余骑向北追击，果然被鞑靼大军包围，无一生还，主将阵亡。明军此次远征漠北的战略行动也宣告失败。

以“夺其所爱”迫使进攻一方改变进攻目标、进攻方向的战例，如三国时曹魏保卫襄樊之战则较为典型。建安二十四年（219年）七月，镇守荆州的蜀国名将关羽率军进攻襄樊，东吴大将吕蒙、陆逊，暗中筹划乘机攻占荆州，因而设法促使关羽不断调荆州之兵北上襄樊前线作战。关羽是三国时的名将，为曹操所敬畏，他率军北上后，分兵两路，一路包围襄樊，于八月击败魏援军3万人，杀魏国大将庞德，擒名将于禁，襄樊魏军守将曹仁率数千人坚守孤城，频频告急；一路急攻郏下、洛阳，许昌震动。此时，著名谋略家司马懿和谋士蒋济向曹操进言说："刘备、孙权，外亲内疏，关羽得志，权必不愿也。可使人劝权蹑其后，许割江南以封权，则樊围自解。"司马懿、蒋济的谋略是，要求吴军袭击荆州，迫使关羽回师自救，这是用"夺其所爱"以达到"乖其所之"的目的，使吴、蜀相斗而襄樊解围；对孙权来说，曹操默认吴军攻取荆州并同意吴、魏划江而治，至少表明吴之统治得到认可，更可在吴、蜀相争时免遭魏军的袭击，这是孙权求之不得的"君子协定"。也就是说，司马懿、蒋济的谋略是现实可行的。曹操采纳了这一建议，一面调集大军救援襄樊，以备不测；一面命人出使东吴，孙权立即表示同意出兵荆州，但要求曹操对吴军进攻荆州严加保密。曹操部众中多数人同意实践诺言，为孙权保密，但谋士董昭认为："军事尚权，期于合宜。宜应权以密，而内露之。羽闻权上，若还自护，围则速解，便获其利。可使两贼相对衔持，坐待其弊。秘而不露，使权得志，非计之上。又，围中将吏不知有救，计粮怖惧，傥有他意，为难不小。且羽为人强梁，自恃二城守固，必不速退。"事实也确实如此，为孙权保密，实际是让魏军替吴军吸引关羽的蜀军，魏军不仅达不到"乖其所之"的目的，还可能让关羽军加速攻城，被围魏军在蜀军强攻之下，很可能因绝望而弃城投降，吴军反而乘虚而取荆州。如将消息透露出去，情况则完全相反，关羽有后顾之忧，被包围的魏军必拼死坚守。若关羽回师荆州，吴、蜀相斗，襄樊解围，对魏军有百利而无一害。曹操很赞成董昭的分析，立即命人将这一消息缚在箭上，同时射进襄樊城中和关羽军营。襄樊魏军见信后大为振奋，尽力守城；关羽则认为荆州城防坚固，吴军一时难以攻克，因而不肯立即撤军，企图攻取襄樊后再回师。魏大将徐晃率援军很快赶到，双方胶着相持。此时，东吴陆逊卑言谦词写信给关羽，使关羽坚信吴军不会进攻荆州，并再次调守军前往襄樊前线。吴军乘机而入，轻取荆州。关羽听到荆州陷落的消息，急忙回师南返，但为时已晚，遂演了一场英雄末路走麦城的悲剧，最后被擒身亡。曹操及其谋士以"夺其所爱"之法达到了"乖其所之"的目的，避免了魏、蜀之间的一次大决战。

2. 后发制人与防御战阵

后发制人是对避敌之锋、保存实力、争取主动、待机反攻破敌的积极防御战略战术的理论表述，是中国古代军事理论防御战略战术的理论表述，是中国古代军事理论中的重要命题之一。防御中的久与速，是对防御时间长短战阵布局的相对规定。所谓相对，是因为防御时间的长短以有利战争态势的是否出现为转移，宜长则长，宜短则短。所以，防御时间的久、速或长、短，完全由战争指挥者根据战争发展的具体情况而决定。

（1）蓄盈待竭，后发制人。

后发制人的精义在于避敌锐气，后退一步，寓动于静，以柔克刚，在积极防御中蓄盈待竭，等待或创造有利战机以克敌制胜。一般来说，蓄盈待竭、后发制人是防御一方，尤其是力量寡弱一方争取有利态势或战机，最后战胜众强之敌的最有力的理论武器。所谓“师直为壮，曲为老”，是说在一定条件下，后发制人有利于政治上主动，使不利之师充分暴露其不义，正义之师更显露其正义。政治上主动，就能争取民心，激昂军心士气，争取第三方力量的同情和支持。如此以战，就能理直气壮，斗志高扬，后发而制人，夺取战争的胜利。在战争中，从军事谋略看，后发制人的奥秘在于能蓄盈徒竭，即避敌锋芒、保存实力、待机制敌，所谓“后人有待其衰”，“彼竭我盈”，“让威……以待敌能”，“后则用阴，先则用阳。尽敌阳节，盈吾阴节而夺之”等，都是表达的同一意思。所以，中国古代的军事理论家、军事家和战争指挥者都极为重视后发制人的理论意义和实践作用，并以此为指导创造了许多精彩辉煌的战例。春秋时的晋楚城濮之战和齐鲁长勺之战最为典型、最有代表性。

公元前632年，晋、楚城濮之战爆发。晋文公与楚王各率大军对阵交锋。此战是晋文公争夺霸权的第一仗，也是最关键的一仗，不能不打。但与楚军作战，晋文公颇为踌躇，因晋文公在外流亡期间，曾受惠于楚王，现在兵戎相见，未免忘恩负义。此时，其臣子犯曰：“师直为壮，曲为老，岂在久乎？微楚之惠，不及此。退三舍辟之，所以报也。背惠食言，我曲楚直。其众素饱，不可谓老。我退而楚还，我将何求？若其不还，君退臣犯，曲在彼矣。”于是，晋文公退避九90里，以践诺言，从而赢得了君子重信的美誉，争取了人心。楚王回国，楚令尹子玉主动发起进攻。晋文公又退避90里。“君退臣犯”，子玉为不敬不仁，晋文公为大仁大义，从而获得参战的齐、秦两国军队的尊敬和支持，并激发了晋军将士拼死一战的斗志。晋军主动撤退，将楚军引诱到晋军预设的战地，使晋军在有利的态势和地形中与晋军决战。晋文公退避三舍，后发制人，一谋而有四利。楚军急躁冒进，失计而有四败。战争的结果自然不言而喻。

公元前684年爆发的齐鲁长勺之战是又一生动战例。这一年正月，齐桓公率领大军进攻鲁国，势单力弱的鲁国当然不是强齐的对手，从战争一开始，鲁军就采取避其锋芒、诱敌深入的策略。当齐军被引诱到鲁军预设的有利反攻的战地长勺时，鲁军摆开在此决战的架势。《左传》以简洁生动的语言记载了这次作战经过：齐、鲁两军“战于长勺。公将鼓之，刿曰：‘未可。’齐人三鼓，刿曰：‘可矣。’齐师败绩。公将驰之，刿曰：‘未可。’下视其辙，登轼而望之，曰：‘可矣。’遂逐齐师。既克，公问其故？对曰：‘夫战，勇气也。一鼓作气，再而衰，三而竭。彼竭我盈，故克之。夫大国，难测也，惧有伏焉。吾视其辙乱，望其旗靡，故逐之……’”齐强鲁弱，齐攻鲁防。齐军冒险轻进，连续追击，士卒疲劳；鲁军有计划地撤退，在有利地形中从容布阵，有后发制人以逸待劳之利，这是由被动向主动、由不利向有利转化的关键。战斗开始后，齐桓公倚恃齐军人众势强，骄横轻敌，求胜心切，连续三次向鲁军阵地发动进攻未能奏效，遂斗志衰落，士气沮丧。即曹刿所说的“一鼓作气，再而衰，三而竭”。鲁军抓住这有利的战机，立即发起反击，一鼓作气，击败齐军的进攻。

（2）坚防持久。

进攻速胜与坚防持久是战争中矛盾对立的两个方面，一方的成功就意味着另一方的失败。至于哪一方能战胜对方而获得战争的胜利，除其他原因之外，其攻防手段和谋略的高低优劣是一个重要因素。在中国古代战争史上，南宋在与金、元长达150年左右的对峙中，南宋所实施的防御谋略，无论就其延续时间之长、作战范围之广、往复争夺之激烈，都具有典型意义。

南宋的防御体系由三大战略防线组成，即以淮河为屏障、长江为依托的东部防线；以荆襄为据点、长江为依托的中部防线；以秦岭和川蜀险关要隘为门户的西部防线。在三大防线中，东部江淮防线防卫能力最弱，以致惊险常至，对南宋政权的稳定和生存造成很大威胁。襄樊是中部战线的战略重镇，坚守襄樊可防止敌军中路突破，直趋鄂州、江陵，再沿江东下，对江浙地区作战略包围。同时，襄樊一线可作战略反攻的基地，北向即可兵叩河、洛，直趋河北、山东。因此，在这150年中，襄樊是双方必守必攻的战略要地。西部防线利用该地区崇山峻岭、雄关要隘，防之以险。坚守蜀口、汉中地区的战略意义在于不仅可确保四川的安全，而且进则直取关中，从西部威胁河、洛。敌方若突破蜀口，不仅占领四川，而且可由四川入荆湖，沿江而下，长江天险为敌所有，中部战场不保，东部战场也就必败无疑。三大防线孤立地看，东部最弱，易攻难守；中部有难有易，重在坚决防守襄樊、枣阳、随县等战略要塞，守之则存，失之则亡；西部防线易守难攻，守卫最为稳固。如从三大防线的内在联系看，东部防线是南宋防御重点中的重点，也最易突破，然而，自南宋建炎四年（1130 年）以后，直至南宋灭亡，东部防线虽然承受的压力最大，但却始终有惊无险，南宋的灭亡也并不是由于东线防御的失败而造成的。其奥秘在于东部防线是以中部防线的坚防持久为前提、为保证的。若东部防线危殆，则襄樊、鄂州两线南宋军即可急趋江淮，与敌军决战，又可自襄樊进军河南、淮南北部，威胁山东，截断东部战场敌军的后路，迫使东部战场的敌军知难而退。如中部战场危急，由东部战场北上作牵制性的佯攻，意义不大。但西部防线的南宋军则可兵出汉中，或沿秦岭东出关中，威胁敌中路军的侧翼，以减轻中部防线的压力。这就是说，中部防线的稳固一是依靠其自身的持久坚防，一是得力于西部防线的侧面支援。因此，西部防线的稳固与否，对南宋整个防御体系的确立和巩固具有举足轻重的意义。三大防线的这一内在联系构成了南宋较为完备有效的宏观防御体系，这也是南宋政权在金、元铁骑猛烈进攻下延续 150 年之久的重要原因。

“靖康之难”，北宋徽、钦二帝被俘。赵构逃往江南。几经震荡，赵构终于在临安站稳脚跟，建立南宋政权。金军则占领了京兆大部、荆湖北部、河南、山东等广大地区，并在开封扶植了一个伪齐政权，金宋双方再次对峙。建立对金及伪齐政权新的防御体系问题提到南宋君臣的议事日程上来。建炎三年（1129 年），宋相赵鼎提出：“经营中原当自关中起，经营关中当自蜀起，欲幸蜀当自荆、襄始……荆、襄左顾川、陕，右控湖、湘，而下瞰京、洛，三国所必争……（宜）屯重兵于襄阳，运江、浙之粟以资川、陕之兵，经营大业，计无出此。”这是可进可退、可攻可守的积极防御方针。在此同时，名将张浚也提出，“中兴当自关陕始，虑金人或先入陕取蜀，则东南不可保”；“高宗赵构命张浚为川、陕宣抚处置使，得便宜黜陟”。这样，南宋政权固守川、陕，确保荆、襄，保卫两淮的防御思想便凸现出来。

绍兴四年（1134 年）七月，金、齐联军由东线南下，并准备渡江作战。南宋大将韩世忠在大仪击败金、齐联军，但未能遏制其攻势。奉宋高宗之命，岳飞自荆南、鄂州率军北上，很快攻克襄樊及唐、邓、随等州，直接威胁伪齐首都汴京，迫使金、齐联军回师自救，两淮地区为宋军逐一收复。经岳飞数年的惨淡经营，荆、襄防线得到了加强和巩固。至此，南宋东、中、西三点一线的防御体系终于形成。

绍兴十年（1140年），金军同时在西、中、东三个战场向宋军发起攻击。南宋采取积极防御之策：在西部战场上，宋军一路在陕西西部大败金军，乘胜逼近长安城下；一路沿秦岭东进，袭击潼关，破坏金军的后方联系，策应中部战场宋军的作战。中部战场上，金军佯攻而无实战，以牵制岳家军，掩护金军主力在江淮间的作战。东部战场上，金军主力在顺昌被宋军击败。岳飞从中部战场飞军直袭其后路，进击河南，给金军以重大杀伤。

绍兴三十一年（1161年），金军再次在三大战场同时攻击。金军主力从东部战场长驱直入，以临安为进攻目标，并准备自淮南采石渡江，顺流直下。南宋朝廷命宋军自西线和中线同时向金统治区发起进攻，以牵制金军在东部战场的攻势。但金国海陵帝亲自指挥的东路主力仍不顾一切地准备抢渡长江。这时，金朝廷发生政变，残暴酷虐的海陵帝被部将缢杀，金军军心动摇，宋军乘机反击，大败金军，夺回两淮失地。

综观宋、金对抗时期的攻守谋略，宋军的战略防御体系是稳固而有效的，其防御战略是正确的，它不仅有效地击退了金军的多次强大进攻，而且创造了多次反攻中原、收复失地的有利战机，只是由于腐朽的宋王朝统治者及朝廷投降派的阻挠，才丧失了这一次次有利战机。南宋持久防御谋略的成功，当然也意味着金统治者进攻谋略的失败。不过，南宋统治者所面临的下一个对手就不那么简单了。

蒙古铁骑军于端平二年（1235年）和嘉熙三年至淳祐元年（1239—1241年），曾两次对南宋的三大防线同时发起进攻。而中部防线由于名将孟拱的崛起，巩固强化了襄樊防御，并支援东部防线击败了元军的两次进攻。元军接受教训，改变战略，采取西线迂回、中路突破、南北夹击的谋略，破坏了宋军西部和中部防线，最后正如张浚当年所预言的那样，川、陕不保，襄、汉失守，东南地区就难以保全了。南宋政权覆亡的原因是多方面的，在原有防御体系破坏后不能依照变化了的情况，制定新的防御措施以抵抗元军的进攻，不能不是重要原因。我们当然不必为南宋政权的覆亡而伤感，“道高一尺，魔高一丈”，领先一步就是胜利者。战争无情，历来如此。

战机握失与存亡之道

战争中的主动权问题，是战争的根本问题。争取战争的主动权，即军事家或战争指挥者通过一系列军事谋略的运用和实施，使己方处于主动有利的优势地位，使敌方处于被动不利的劣势地位。谁掌握了战争的主动权，谁就能赢得战争的胜利。反之则会归于失败和覆亡。因此，中国古代的军事理论家们将战争的主动权问题抽象概括为“致人而不致于人”，而这也就成为中国古代军事理论中的核心论题之一。所谓“致人”与“致于人”，关键在于对战机的握与失，故在变幻莫测的沙场上，求生继绝之道，存亡之系，全在于对战机的主动把握之上。其间，主动把握战机者，存；否则，对战机得而复失或一失再失者，亡。

战机，是处于主动优势地位的一方给敌方以最后致命打击的最佳时机，是将胜利的可能变为胜利的现实的关键时刻。其实质，即是对阵双方力量均势变化的重要“转折点”、“关节点”、“临界点”。军事家和战争指挥者不仅需要善于争取战争的主动权，而且需要善于把握、捕捉战机，给敌方以最后的致命的打击，达到胜利的目的。所以，争取战争的主动权和把握战机是相互关联的、军事家和战争指挥者夺取战争胜利的两大关键问题。

1. 致人而不致于人

《孙子兵法·虚实》云：“故善战者，致人而不致于人。”善于指挥战争的人，能调动敌人而不为敌人所调动。能调动敌人，自己就处于主动有利地位，被调动的一方自然就被动挨打。因此，“致人而不致于人”的实质就是掌握战争的主动权。孙武之后的历代军事理论家和军事家都极为重视这一问题，《尉缭子·战威》说：“善用兵者，能夺人而不夺于人。夺者，心之机也。”《鬼谷子·谋篇》曰：“事贵制人而贵见制于人。制人者，握权也；见制于人者，制命也。”两者说的都是同样的意思。唐太宗与李靖讨论兵法精华，他们的结论是兵法“千章万句，不出乎‘致人而不致于人’而已”。

如何在战争中做到“致人而不致于人”，掌握战争的主动权，是一个十分复杂的问题。然而，战不过攻守，势不过强弱。总之是要求强方攻方要保持其主动权和守方弱方要变被动为主动而夺得主动权。诸如攻其必救、攻其不守、攻其不备、出其不意、避实击虚、攻虚击弱、突然袭击、以迂为直、以患为利、反客为主等，都是保持、掌握战争主动权的手段和方法。诸如避其锐气、击其惰归、守其必救、守其必攻、以逸待劳、以治待乱、以饱待饥、乖其所之、夺其所爱、诱敌深入、坚防持久、快速反击等，都是变被动、劣势、不利为主动、优势、有利的手段和方法。除此之外，诸如先胜后战、因形用权、因敌制变、诡道诈计、奇正变化、示形造势等奇谋妙计，也都是以保持或夺取战争主动权为目的的。总之，争取战争主动权的方法多种多样，其中的多种谋略、方式或方法在本书前几章和以下几章都有涉及，这里仅介绍两个带有全局意义的方法。

（1）杂于利害。

战争是一个复杂多变、诡秘莫测的过程，战争双方都力图掩盖自己的战略战术意图、兵力部署、调动方向等，战争前和战争中要完全知彼知已是不可能的。然而，战争中的那些未知领域中某一因素被忽略了，就可能影响战争全局，丧失主动权。出其不意，攻其不备，突然袭击等，都是制敌良策。我方的成功就是敌方的失败，反之亦然。“不意”、“不备”，就是疏忽大意，始料不及。如何能尽可能地减少失误，保持主动而避免被动？《孙子兵法》为此提出了一条带普遍性的原则，这就是“杂于利害”。孙武说：

> 是故智者之虑，必杂于利害。杂于利，而务可信也；杂于害，而患可解也。

意思是说，聪明的战争指挥者，必须兼顾到利和害两个方面。在不利情况、态势下，要看到、思考有利的一面；在有利的情况态势下，要看到、思考不利的一面，这样才能防止失误，消除祸患。

战争中的利与害是客观存在的，又是相对的；是相互对立的，又是可以转化的。中国古代的军事理论家、军事家和战争指挥者对此从理论上作了深入的研究阐述，从战争实践中积累了丰富的经验，这也是中国古代军事智慧谋略的一个重要组成部分。军事家和战争指挥者见利思害，见害思利，趋利避害，化不利为有利的过程，就是保持、夺取战争主动权的过程。它要求军事家和战争指导者制定总体战略或具体的战术决策时，要对敌我双方利害优劣进行深入考察、周密分析、谨慎决策，尽量减少失误。然而，不论何方。失误又总是难以避免的，这就为被动劣势一方走出困境、争得主动提供了现实可能，也为主动优势一方敲起了警钟。

明朝洪武元年（1368年），明军北伐元王朝，总体上处于优势主动地位。八月，明军攻克元京城大都，大将徐达、常遇春率主力进攻山西元军残部。元山西太原守将王保保奋起抗击，打败明军大将汤和一部，然后北出雁门关，东趋保安，形成夺居庸攻大都的态势。这是在不利中看到有利，全局劣势中捕捉局部优势所获得的成功。摆在徐达面前的有两种选择：要么回师大都，要么径进太原。据徐达估计，大都留守部队尚有一定防御能力。回师大都，为王保保所调动，而且还可能中他的埋伏，非计之上者。徐达的对策是，以攻制攻，以攻王保保的老巢太原来制止王保保对大都的进攻，使他由计划中的调动明军、争取主动再次处于被调动的不利地位。徐达分析说：

> 王保保率师远出，太原必虚。北平孙都督率六万之师，足以镇御。我与汝等乘其不备，直抵太原，倾其巢穴，彼进不得战，退无所依，此兵法所谓批吭捣虚也。若彼还军救太原，则已为我牵制，进退失利，必成擒矣。

王保保利用了明军的兵力配置失误取得局部胜利，企图借此打开局面，反客为主，然而，他又忽视了自己的后方空虚，同样可能为徐达所乘。在胜着中留下败局，审思中留下疏漏。战争的进展正如徐达所预计的那样，明军果断进攻太原，既实施了攻取山西的战略目标，又迫使王保保放弃进攻大都的计划，回师救太原。明军在太原附近大破王保保的大军，俘获4万余人，王保保仅率18骑仓皇逃窜。这又是徐达明辨利害，趋利避害，化害为利，调动敌方，掌握战争主动权的结果。

在己方兵寡势弱，处于被动防御、不利状态的情况下，面对强敌的进攻，则应运用一切谋略手段，积极防御，化害为利，争取主动，夺取战争的胜利。在理论上和战争实践中，那些高明的军事家和战争指挥者，往往在敌强我弱、敌众我寡的不利、被动的态势中，更能激发满腔热情，更能超常发挥其智慧谋略。他们或遵循兵法中关于防御的一般原则，如守其必攻，避其锐气，击其惰归，以逸待劳，乖其所之，诱敌深入，坚防持久，以攻代守，主动出击，遏敌之锋等，灵活运用，在积极防御中消耗敌方的实力，松懈敌方斗志，增加敌方的困难，使敌方的优势、主动地位不断遭削弱，逐步陷于被动不利的态势之中，己方则从被动不利转化为主动和有利地位。对主动进攻、人众势强的一方来说，从其谋略、军队的构成、后勤的供应、天时地形的利用，到统帅的性格心理、生活特点等各战争要素，绝不是完整圆满、无懈可击的，任何一个意想不到的薄弱环节（有利中不利的一面，即害）都可能成为防御、被动一方加以利用的突破口。防御、被动一方的军事家和战争指挥者正可以“杂于害”而解除强大之敌进攻之患。在中国古代战争史上，许多以弱胜强、以寡胜众的战例正是如此获胜的。楚汉战争中，刘邦乘项羽率楚军主力攻打齐国之际，联合诸侯军56万人乘虚而入，一举攻取项羽的都城彭城。项羽率3万铁骑还救彭城。他利用刘邦诸侯联军各不统属、管理混乱、麻痹松懈等弱点，长驱突袭，如虎入羊群，数十万诸侯军顷刻间土崩瓦解，作鸟兽散。项羽以己之利攻敌之害，乱中取胜，干净利索。

西汉末的昆阳之战，王莽的大司空王邑、大司徒王寻率领号称百万的大军进攻起义军王凤、王常、刘秀所防守的昆阳。昆阳守军只有八九千人，对昆阳守军来说，敌强我弱，其利与害是十分清楚的。但王邑骄横自大、盲目轻敌又成为王莽军之害、起义军之利，王邑认为“百万之师，所过当灭，今屠此城，喋血而进，前歌后舞，顾不快邪！”百万之师，所过当灭是可能的，但因此而意气洋洋，前歌后舞，就是将战争当儿戏了，这也就成为其失败的原因。果然，刘秀的3000精兵对懈怠麻痹的王邑中军帐突然袭击，王邑便溃不成军。昆阳城里的起义军与援军内外夹击，王邑部队即成落花流水。秦晋淝水之战与此有异曲同工之妙。前秦数万大军逼淝水而立阵，谢玄请苻坚稍退一步，以便东晋军渡淝水而决战。狂妄自大、求战心切的苻坚竟同意并指挥前秦军后撤。前秦军后撤而一发不可收拾。东晋军抓住这稍纵即逝的有利战机，发起坚决攻击，前秦军立刻全线败溃，自相践踏，大将苻融被杀，苻坚负伤，大败北逃。在东晋军的追击下，苻坚“风声鹤唳，草木皆兵”的惊慌与出征时“投鞭断流”的自负，形成鲜明对比。前秦主帅苻坚不可一世的心理状态为谢玄所利用，是东晋军趋利避害、化害为利、夺取主动的重要原因。战争中对立双方的统帅能否在各自的立场上，谨慎决策，慎重指挥，往往成为成败的关键。《孙子兵法》“杂于利害”谋略思想的精义概在于此。

（2）以迂为直，以患为利。

《孙子兵法·军争》云：

> 军事之难者，以迂为直，以患为利。故迂其途，而诱之以利，后发人，先人至，此知迂直之计者也。

“以迂为直”即在难以以直接进攻打击的方法获得战争胜利的情况下，运用诸谋略手段，给敌方以间接的迂回曲折的攻击或打击，达到争取主动、夺取战争胜利的目的。在我强敌弱、我众敌寡、我处于主动及优势地位的情况下，灵活运用迂直之计，可以趋利避害，避免重大损失，牢牢掌握战争的主动权，避免被动和受制于敌，创造最有利的战机，以最小的代价夺取战争的胜利。春秋后期，吴王阖闾准备进攻楚国，著名军事家伍员献“三分疲楚”之法，将吴军分成三军，每次派一军去进攻袭扰楚国的边境，其目的不是给楚军以直接的打击或杀伤，而是疲劳、误导，待楚军“既疲而后，以三军继之”，取得大胜。吴国兵强国富，楚虽然衰落下来，但仍是春秋大国，吴国进攻楚国没有必胜的把握。“三分疲楚”之法就是要在长期对楚军的袭扰中调动它、消耗它，使战争的主动权牢牢掌握在自己手中。吴军运用这种战法袭扰楚军达六年之久，于公元前506年长途奇袭楚国首都郢，一战而取得战争的胜利。吴军以六年疲扰楚军之“迂”，为最后仅用两个月时间一战而胜奠定了基础。战国末的秦军灭楚之战，大将李信率领20万大军进攻楚国，长驱直入，盲目轻战，结果大败而归。王翦率领60万秦军随之再战。为了保持秦军的主动和优势，掌握战争的主动权，王翦入楚后，反客为主，高垒深沟，养精蓄锐，以逸待劳，不是主动寻求楚军主力决战，而是迫使楚军放弃自己有限的主动和优势，由积极防御、以逸待劳变成急躁轻进，主动寻找秦军决战。两军相持数月之后，楚军求战不成，疲惫沮丧，在大军转移过程中，秦军乘机追击，一战而将其击溃，楚国因此而灭亡。王翦以60万大军的优势兵力，在进攻作战中，采取一般由兵寡力弱、被动防御者所常采用的坚防疲敌、缓攻待机的战法，调动了楚军，化解了进攻作战中的诸多不利因素，在最佳战机出现时迅速出击，实现了灭亡楚国的战略任务。王翦的进攻谋略较之李信的进攻谋略可谓为“迂”，但经过这一进攻中迂回曲折的过程，达到了直接打击所达不到的战略目的。

在敌强我弱、敌众我寡的形势下，要变被动为主动，夺取战争的主动权，争取有利战机，以赢得战争的胜利，更需要军事家和战争指挥者把握“以迂为直”谋略的精髓，灵活运用，在迂回曲折之中开拓通往胜利的坦途。本章所述防御态势中避害趋利、化不利为有利的诸谋略方法都可视为“以迂为直”之计的体现。现在，我们再看一个战例。

崇祯七年（1634年）十一月，明末农民起义军领袖高迎祥、李自成活动于巩昌、平凉、临洮、凤翔、固原等地，拥有20万人。崇祯皇帝命河南驻军西进至今陕西大荔、华县地区，湖广驻军进入陕西东南部的商洛地区，四川驻军进入陕西汉中、兴安地区，山西驻军进入陕西韩城、蒲城地区，由大将洪承畴统一指挥，对起义军采取包围进攻态势。面对优势明军的强大攻势，高迎祥、李自成为避敌锐气，率军进入西安以南的终南山。为调动敌人，争取主动，起义军准备东出潼关，进入河南作战。洪承畴闻信，慌忙驰奔华州布置阻截。高迎祥、李白成转而声言进攻西安，洪承畴又急忙回军救援，而起义军乘明军回师西安之际，径直向潼关挺进。洪承畴发觉中计，再率军东下，抢先赶到潼关。起义军见攻潼关不成，重回终南山。明军本来处于主动进攻有利态势，却被起义军所调动，东西奔跑。洪承畴改进攻中的被动防御为主动进攻，亲至蓝田，计划从终南山南攻击起义军。高、李仍避免和洪承畴决战，乃分兵1万余人秘密南进商洛地区，与先期到达那里的老回回部1万余人汇合，作出又要东进河南的进攻态势。洪承畴再一次被调动，亲赴潼关布置防御，并令河南灵宝等地组织阻击。当明军为高、李所调动，被动应付、疲惫不堪之际，高迎祥、李自成指挥起义军数十万人，兵分三路，避开潼关，主动出击，甩开明军，一路自河南陕县渡黄河进攻山西；一路自武关出襄阳进攻湖广；起义军主力自河南卢氏进攻黄河南北两岸，反而将明军封锁在关中地区。河南明军大部调往关中，剩余明军无法阻挡起义军的攻势，纷纷逃避。起义军几乎未经大战就占领河南西部广大地区，开辟了新的局面。起义军在被动防御中虚虚实实，声东击西，避敌之锋，以逸待劳，而被调动的明军则来回奔走，穷于应付，失去主动。这是“以迂为直”指导原则在用兵谋略方面的灵活运用。

“以患为利”之患是指害、不利或困难，“以患为利”就是要变不利为有利，避害趋利，从而夺取战争的主动权。为了更好地了解“以患为利”这种谋略手段，有几个著名战例不能不作简单介绍。一是秦末钜鹿之战。钜鹿之战的胜利，应完全归功于项羽。项羽克敌制胜的谋略即“以患为利”，即人们所熟悉的“破釜沉舟”的故事。时秦军20多万人包围钜鹿，各诸侯军谁也不敢与其争锋。项羽率数万之众，长途救援，无异于羊落虎口。所以，钜鹿战场对项羽之军来说是“死地”。项羽率军渡过漳河后，破釜沉舟，每人“持三日粮，以示士卒必死，无一还心”，项羽率领的楚军因被置之“死地”而个个争先，人人奋勇，结果九战九捷，遂解钜鹿之围。二是三国时曹操征伐关中各割据势力。时关中马超、韩遂、杨秋、李堪、成宜等联合抗击曹操，其人众势强，士兵骁勇精悍，战斗力强，又有地利之便。以曹操的兵力，逐个对付，战而胜之也非易事。现在对付其联军，应该更加困难。但曹操从“患”中看到了“利”，从难中看到了易，对诸多割据者齐集来攻反倒高兴起来。史载：“始，贼每一部到，公辄有喜色。贼破之后，诸将问其故。公答曰：‘关中长远，若贼各依险阻，征之，不一、二年不可定也。今皆来集，其众虽多，莫相归服，军无适主，一举可灭，为功差易，吾是以喜。’”敌强我弱、敌众我寡，尽量分散敌方的力量以各个击破是破敌方法之一。曹操则相反，他从逐个击破、费时耗力的困难考虑，认为各割据者联合起来，要战胜它固然是“患”，但这个“患”是有利之“患”，并看到了充分破敌的依据和把握。战争的结果是曹操一举击破各割据势力的联军，一战而扫平关中群雄。曹操善于运用“以患为利”的谋略，在中国战争史上显得最为典型和突出。

2. 把握战机，克敌制胜

争取战争的主动权，是夺取战争胜利的关键。然而，掌握战争主动权并不意味着就取得了胜利。战争指挥者不能紧紧抓住有利战机，给敌方以最后的致命打击，仍不能把胜利的可能变成现实，甚至功亏一篑，陷入失败。

战机是给敌方最后一击并战而胜之的最佳时机。有利战机的到来，一靠军事家和战争指挥者敏锐的洞察力和准确的判断力。二靠运用一切谋略手段调动敌方，导致敌方失误。诸葛亮论战机说：

> 以智克智，机也。其道有三：一曰事，二曰势，三曰情。事机作而不能应，非智也；势机动而不能制，非贤也；情机发而不能行，非勇也。善将者，必因机而立胜。

这里的所谓事机、势机、情机，基本包括了从宏观战略到具体战役、战斗攻防的态势、时机和战机。宏观战略攻守中有利态势、时机的出现，要经过相当长时间的争取才能出现，如西周灭商，经过了周文王、周武王两代人的努力，他们一方面发展壮大自己的力量，一方面运用一切谋略手段，削弱商王朝的实力。至公元前1766年，在有利态势出现后，周武王在姜太公的帮助下，举兵伐商，经牧野一战而灭商，确立周王朝的统治。越王勾践为报吴国灭越之仇，卧薪尝胆、惨淡经营20年，才在吴王夫差率吴军主力北上中原争霸、国内空虚之际，一举灭吴。为此，宋人何去非大发感慨说：

> 况乎争天下之利，处两军之交，不得其机以决之，则事亦随去矣！盖机之为物不可以期待，不能以巧致者也……先机而起，于机为妄赴；及其去之，于机为失应……夫机之有待之百年而不至者，有居之一日而数至者。待之百年而无可乘之机，则吾未尝厌之，而求于先发居之。一日而机数至，则吾未尝迟之，而怠于必应。呜呼！人能知此，然后可与济天下之大业也。

时机未到，盲动轻举不得；时机已至，失之即逝，更是千古遗憾。战机有百年而不一至，有一日而数至，不管怎样，要坚持不懈的争取，如猫扑鼠的耐心等待。时机一到，便毫不犹豫的猛扑上去。一个人如果能认识到这一点，他就能成就伟业。商汤、周文王和周武王、越王勾践等就是如此。其他许多克敌制性的精彩战例莫不如此。公元前280年，秦昭襄王部署了一次对楚国都城郢的大规模战略进攻。当时，东方六国中的燕、齐、赵、魏、韩五国都已遭削弱，慑于强大秦军的声威，一时不敢再搞联合抗秦。楚国虽是大国，但政治腐败，国力衰退。秦昭襄王及时把握了这个战机，于公元前280年，指挥西、东、中三路大军大规模伐楚，对楚国都城郢实施北、西、南三面战略包围，一举攻克。楚顷襄王出逃，迁都于陈。秦军占领楚国西部江汉湘黔地区，完全实现了预定的战略目标。而在这三年时间中，关东五国没有给楚国以任何支持，说明秦昭襄王的判断准确无误。

开皇八年（588年），隋文帝指挥的灭陈之战，战机的创造与把握也相当出色。当时，隋王朝国势强大，兵力雄厚；陈朝则国衰民弱，君臣昏庸。这是隋灭陈的有利态势。但是，陈有长江天险，是隋灭陈的不利条件。隋以50万大军，兵分八路，在从西至东的数千里战线上同时待命。多路分兵，使陈军不知隋军主力何在，防不胜防，从而大大削弱了长江天堑的屏障优势。在这种情况下，隋军多次进行渡江作战演习，麻痹陈军，为灭陈创造有利战机。同年十月，战机成熟，隋八路大军同时向陈国发起进攻，仅用20天时间就灭亡了陈国，实现了国家的统一。

至于在战役战斗中，善于捕捉、利用和把握战机以克敌制胜的战例就更多了。公元前496年的吴越槜李之战，吴军阵势严整，越军几次冲击都未成功。越王勾践命军中死囚持剑排成三行，整整齐齐地走到吴军阵前，相继举剑自杀，吴军将士纷纷围观，正在惊讶迷惑之际，越军突然发起进攻，大败吴军，吴王阖闾负重伤，不久后死去。这是利用把握吴军短暂瞬间心理混乱的有利战机而破敌的战例。三国时，吴蜀夷陵之战，吴国通过长期防御，使蜀军疲惫不堪、士气低落，遂火烧连营，大破蜀军。这是利用对方懈怠厌战的有利战机而破敌的。唐代李愬雪夜破蔡州，擒获割据淮西的吴元济，是利用在恶劣气候下，敌军疏于防范的有利战机而获胜的。南宋初，韩世忠在大仪阻击金军，是诱使金军进入重重埋伏后而大破金军的。明代，英宗皇帝在大宦官王振的唆使下，率领40万大军亲征瓦剌，中途退军，反被瓦剌大军追击包围于土木堡。土木堡地势较高，掘地两丈而无水。瓦剌军控制附近的水源，使40万明军饥渴难当，被迫向有水之地转移，瓦剌军乘机发起攻击，大获全胜，连明英宗也做了俘虏。这是利用地利之便创造有利战机而大破明军的。

总之，战争中存在多种多样的有利战机，创造有利战机的谋略方法更是千变万化。“势之维系为机，事之转变为机，物之要害为机，时之凑合为机”。军事家和战争指挥者只有善于捕捉、利用、把握，见机而起，才能在剧烈的对抗中夺取战争的胜利。

然而，历史上由于将帅的轻忽愚劣而贻误战机的例证也不少。淝水之战后，前秦苻坚与前燕的慕容垂打得不可开交，加上连年饥荒，燕、秦两国不堪一击。这对东晋的统一事业来说，是千载难逢的良机。然而，东晋君臣竟无动于衷，反而运粮去接济苻坚等，养虎贻患，真是昏庸透顶。东晋后期的名将刘裕曾两度北伐，灭南燕，亡后秦，北方的鲜卑和匈奴政权根本不是他的对手。但他在平定关中之后，急于回师夺王位，结果不仅失去了一次统一全国的大好时机，而且连关中地区也丢于敌手。南宋绍兴十年（1140 年）前后，也曾出现过一次击败金兵、收复失地、统一全国的大好良机。这一年夏，经过长期战略准备的岳飞，率领岳家军，从中部荆湖战场出发，对金军发起了一次大规模的战略反攻。偃城大捷，大破金军主力。岳家军收复河南大部分地区，前锋推进至离开封只有 45 里的朱仙镇。广大人民和抗金义军积极响应，“父老百姓争挽车牵牛，载糗粮以馈义军，顶盆焚香迎候者，充满道路。自燕以南，金号令不行”。金军最高统帅宗弼沮丧悲叹，一批高级将领准备向岳飞投降。岳飞云：“直抵黄龙府，与诸君痛饮尔！”并非虚言，当时确存在收复失地、驱逐金军、统一全国的有利态势。但是，这样的大好形势和良机却被宋高宗和奸相秦桧葬送了。岳飞被一日十二道金牌追逼退军，岳飞“愤惋泣下，东向再拜曰：‘十年之力，废于一旦’。”收复的土地重被金军占领，岳飞也以“莫须有”的罪名被杀害。

还可以举出另外一些典型的战例。春秋时期，吴王阖闾经槜李之战伤重而死，其子吴王夫差立志报仇，数年后大败越军，围越王勾践及 5000 残卒于会稽山，这是灭亡越国、铲除后患的最佳时机。但夫差却以妇人之仁，放弃了这一良机，准许越王勾践投降，保存越国。在其后的十几年中，军事家伍员多次劝夫差灭越，夫差一误再误，犹豫再三，最后导致越国的逐步强大，反攻吴国。吴王夫差多次请求投降，保存吴国。越王勾践当然不肯让吴王重操自己的故伎，放弃灭吴的良机，养虎贻患，遂迫使夫差自杀，灭亡了吴国。楚、汉战争中的项羽鸿门宴上不杀刘邦，后来，终被刘邦所灭。明末农民起义军领袖李自成在陕西境内为优势明军所包围，被迫投降。身为明军统帅的陈奇瑜大喜过望，立即将李自成及其部众36000人遣送回原籍。李自成一转身又率众而起，势力更大，陈奇瑜欲攻不能，被明朝廷因失机而逮捕下狱。这里不禁使我们想起“大仁不义”的宋襄公所指挥的宋楚泓水之战。当时，楚军攻宋，宋襄公率军在泓水北岸立阵待敌。楚军渡河，宋大司马公孙固建议，乘楚军渡河、军队一片混乱之际发起攻击。宋襄公说，讲仁义的人不乘人之危，君子不凭借险要图侥幸取胜，不肯出战。楚军渡过泓水，公子目夷请求乘楚军布阵混乱之际发起攻击，宋襄公说君子不进攻阵势不整的队伍，再次错过有利战机。等楚军列阵完毕，宋军向楚军进攻，立即被楚军包围击溃，宋襄公本人也身负重伤，第二年死去。这种再三放弃有利战机的“蠢猪式”仁义战法固然令人可笑，但后来战争中，却还是不断有人以不同形式重复宋襄公的错误，这就显得可悲了。

战争是力量与智慧的剧烈对抗，战机是双方胜负立分的关键转折，哪一方稍有失误，就难逃失败的厄运。故而，孙武指出，“兵以诈立，以利动，以舍分合为变者也。故其疾如风，其徐如林；侵掠如火，不动如山；难知如阴，动如雷震”；“乘人之不及，由不虞之道，攻其所不戒也”。宏观战略攻守是如此。战役战斗中更是如此。吴起指出，“其善将者，如坐漏船之中，伏烧屋之下”，行动敏捷、迅速、坚决、果断、勇猛，“使智者不及谋，勇者不及怒，受敌可也”。所以，“用兵之害，犹豫最大；三军之灾，生于狐疑”，表达了和孙武相同的主张。后来的军事理论家、军事家从各种不同角度、侧面进一步深化、强调、阐述了孙、吴的上述观点。《六韬·龙韬·军势》说：“善战者见利不失，遇时不移……故智者从之而不释，巧者一决而不犹豫。是以迅雷不及掩耳、迅电不及瞑目，赴之若惊，用之若狂，当之者破，近之者亡，孰能御之?”《唐太宗李卫公问对》则云战争如一盘棋，“一着或失，竟莫能救。是以古今胜败，率由一误而已，况多失者乎!”对于主动权，对于千载难逢的有利战机，要设法创造它，捕捉它，把握它。一旦拥有，就要珍宝视之，性命视之，把它的能量发挥到淋漓酣畅，以致敌死命。这才是将帅的智慧，军事家的决断与胆略。

第五讲

死地奇生之道：战势与权变

中国古代最杰出的哲学家、思想家和谋略家老子认为：

> 以正治国，以奇用兵。

兵圣孙武说：

> 凡战者，以合，以奇胜；战势不过奇正，奇正之变，不可胜穷也。

战争中，“奇正”之术无穷无尽的自由变化和灵活运用，是军事家和战争指挥者克敌制胜最重要、最具体的谋略方法或战争指挥艺术。王皙注《孙子兵法·势篇》时说：

> 奇正者，用兵之钤键，制胜之枢机也。临敌运变，循环不穷，穷则败矣！

准确深刻地说明了灵活运用奇正之术对夺取战争胜利的关键作用及“奇正”这一范畴在军事理论中的重要地位。

无论在理论上还是在战争实践中，奇正必须和示形、造势、虚实等谋略结合运用，才能发挥其钤键、枢机的威力和作用。示形是掩盖我之战略战术和兵力部署配置，诱使敌方判断失误的谋略，是诡道诈计的主要内容；造势是由于奇正之术、示形之法正确运用所形成的于我有利的战争态势和对敌方的巨大冲击力；虚实主要是指敌我双方的综合力量配置的比较及运兵指向。奇正→示形→造势→虚实是一个相互联系的军事谋略过程。对奇正、示形、造势、虚实的实际运用及后人的理解把握，关键在“悟”，妙用在“奇”。因此，战势与权变等，便是死地奇生之道的重要内涵。

奇正相生，动静权变

孙子说：“故善出奇者，无穷如天地，不竭如江河。”又说：“奇正之相生，如环之无端，孰能穷之?”军事家和战争指挥者因天因地、因时因势、因敌因我而灵活运用奇正之法，就会像音乐家运用五音而谱曲，画家运用五色而绘画，厨师运用五味而烹制食品一样，由基本的奇正之法运用发挥、创造生成无穷无尽的奇谋妙略。现结合战例作一概括介绍。

1. 奇与正

奇正最基本的含义是指在战争攻守运动中的机动运兵方式和兵力的合理灵活配置。一般表述为：先出为正，后出为奇；前进为正，后却为奇；静为正，动为奇；明为正，暗为奇等。

先出为正，后出为奇，可理解为在进攻作战中以正面攻击为正，傍击、袭击为奇，如诸葛亮一出祁山时，声称蜀军将由斜谷攻郿县，进军关中，并派大将赵云、邓芝率军自褒城北上，引诱魏军主力，而诸葛亮自率蜀军主力6万余人，自汉中向西攻击祁山。曹魏南安、天水、安定三郡兵力空虚，守备力量薄弱，在毫无准备的情况下，面临优势蜀军的进攻，只好纷纷投降。诸葛亮初战告捷。赵云、邓芝兵出褒城，作了北上进攻关中的态势，这既是先出，又是佯攻、正面明攻，因而是正兵。而诸葛亮以蜀军主力西出祁山，是后出，是暗袭，是避实击虚，声“东”击“西”，因而是奇兵。这里用来先出的非主力作正兵，后出的主力作奇兵，与通常理解的正兵为主力、奇兵为非主力正相反；而恰合了先出为正、后出为奇，明攻为正、暗攻为奇的奇正章法。

公元1212年，成吉思汗向金政权的发祥地辽东发起大规模进攻，他命大将者别率大军直扑东京辽阳。但辽阳城墙坚固，守备力量很强。蒙军久攻不克，只好退军。而在撤军途中，蒙军俘获了金国皇帝完颜永济派往辽阳颁旨的使者，便让使者在前引路，回师再攻。辽阳守军见蒙军已经撤走，防御松懈，现见朝廷使者来到，便开城迎接。蒙军乘其不备，出其不意，轻而易举地夺取了金东京辽阳。蒙军正面强攻，可谓正兵；攻而不克，出奇袭击，可谓奇兵。同时，这里先出的正兵也可视为前攻、明攻，后出的奇兵也可视为后攻、暗攻。

前击为正，后却为奇。前击为正，即正面向前进攻为正兵，比较简单。后却为奇则有多种情况，一种情况是正兵正面进攻不胜，知难而退，在撤退途中抓住有利战机，出奇反攻，如上引蒙古军进攻金之东京即是如此。还有一种情况，是正兵正面进攻失败，不得不撤军退兵，在后退之中设下埋伏，击败追兵，如曹操三次正面进攻割据河南南部的张绣，均不能得手，但曹操在败退之际，张绣军两次乘胜追击，都被曹操设下的埋伏所击败。其中有一次，曹操伏军得胜之后，张绣的谋士贾诩指挥军队再战，却能奇中出奇，击败不再防备的曹军，大胜而归。又如诸葛亮第四次出祁山进攻曹魏，因大雨连绵，交通不便，运输艰难，粮草不继，诸葛亮被迫指挥蜀军撤军回汉中。司马懿认为蜀军粮尽援绝，被迫撤退，必然军心不稳，士气低落，警戒松懈，魏军乘胜追击，必能大获全胜。大将张郃则认为“围师必阙，归师勿迫”。诸葛亮用兵谨慎，撤退必考虑万全，不可追击。司马懿不听，强令张郃率万余骑精兵追击撤退中的蜀军。诸葛亮果然在木门山狭谷之中重兵埋伏，围歼魏军，大将张郃也中箭身亡。另一种情况是，主动进攻的正兵的任务是佯攻、诱敌，将敌或引出坚城，或诱出固垒，在运动中围而歼之，或在阵战中诱敌追击，至埋伏地点攻而袭之。这是战争史上最常见的战法之一。如前引长平之战，秦军诱赵军出战，而后分割包围，待其饥疲不堪一举歼灭。又如，东汉大将冯异在河南奉命阻击赤眉军。冯异军兵寡势弱，退守豁坂（今河南洛宁县境内）坚壁自守。后冯异与赤眉军约期会战。赤眉军以为汉军力量薄弱，倾巢而出。双方大战至中午，均感精疲力竭，冯异便命预先埋伏在道路两侧、穿着赤眉军服装的汉军突然出击，使赤眉军惊疑不定，军心动摇。汉军大举反攻，全线凯旋。汉军乘胜追击，至崤底（今河南洛宁县东北）俘获哧眉军8万多人，其余10多万人逃往它方，最后被刘秀亲自指挥的汉军所包围，全部投降。唐初，投降唐王朝的原隋末起义军杜伏威部大将辅公祏起兵反唐，并以丹阳为都城，自立为帝，国号宋。唐高祖李渊部署各路大军前往征讨。时辅公拓大将冯慧亮有精兵3万，驻守在当涂县境的博望山，依山水之险，安营扎寨。李孝恭与诸将商讨进攻方略，许多人认为博望山难以攻克，不如以唐军主力直捣丹阳。李靖则认为，博望山难攻，丹阳城高沟深，更难攻。若攻打丹阳，不能迅速破敌，屯兵坚城之下，便有腹背受敌的危险。因此，应首先攻博望山。根据李靖的建议，唐军将领黄君汉率领部分老弱向博望山发起攻击，并佯败后撤。冯慧亮率主力尾追不舍，进入唐军预设的埋伏地区，遭唐军主力的伏击。冯慧亮损兵折将，率残部败逃。唐军乘胜攻击，很快攻克博望山，冯慧亮全军覆灭。驻守丹阳的辅公祏不得已率军南逃浙江，后被擒杀。

明攻为正，暗袭为奇，是用次要兵力明攻明出，吸引敌方注意力，以掩盖我之真实攻击方向和意图。这里的明攻是一种示形欺敌的假动作，也就是军事学上的佯攻。这种暗中进行被掩盖的真实意图也就是暗袭，就是用奇。上述先后、前后之正奇一定程度上也是明暗之正奇，一般说来，先出前进之正兵是明攻明出，后出后却及设伏等都带有隐蔽运动的特点。明暗之战法最有代表性的战例是楚汉战争中刘邦的兵出汉中、攻取三秦之战。秦王朝覆亡，项羽自立为西楚霸王，将全国划分为18个诸侯国，刘邦被封为汉王，封地在汉中地区。项羽为阻止刘邦势力的发展，另划关中为三，分封给秦降将章邯、司马欣、董翳三人，企图将刘邦封锁在崇山峻岭之中。刘邦由杜南进入汉中，用张良之谋，沿途烧毁栈道，向项羽表明无东顾之意。不久，项羽与齐、赵等诸侯国爆发战争。刘邦拜韩信为将，指挥汉军准备攻取关中，其作战谋略就是人们熟知的所谓“明修栈道，暗渡陈仓”。修复栈道是旷日持久的事，此举是为麻痹关中章邯等三王，掩盖暗渡陈仓的进攻方略。后汉军主力秘密疾驰，由故道越大散关，渡渭水，直取陈仓。雍王章邯毫无防范，仓皇率军阻击，被汉军击败，不久自杀；司马欣、董翳相继投降。刘邦迅速占领了具有重要战略意义的关中地区，并以此为基地，与项羽展开了大战。明修栈道为正，是佯攻，是伪装，是为了诱使敌方对汉军兵力配置、运兵方向作出错误的判断，以掩盖实现暗渡陈仓的真实攻击目标，所以，暗渡陈仓为奇。这里的明与暗可视为先与后、前与后在战略战术隐蔽手段方法上的表述，两者间的本质是共同的。在中国古代战争史上，运用明正暗奇的战法出奇制胜的战例不知凡几。那些天才的军事家和战争指挥者都能根据各自所面临的战争实际，在时间、空间上利用种种示形手段，达到迷惑敌人隐蔽自己克敌制胜的目的。

动与静，是中国古代军事理论中的一对重要范畴。静以待机，动则出奇，以静制动，是军事谋略中的一个重要侧面。静为正，动为奇，可理解为战前的战略战术决策谋深计远、军队组织井然有序，运兵计划、兵力配置严整周密，表现出一种安闲幽静、从容自如、沉稳自信的状态，对敌方起到一种坚不可摧、高深莫测的威慑作用。一旦时机到来，便迅速出来，动如雷霆，疾如电击，一战而胜。《孙子兵法》所说的“静以幽、正以治”、“始如处女”、“动如脱兔，敌不及拒”、“其徐如林”、“不动如山，难知如阴”、“其疾如风”、“侵掠如火”、“动如雷震”等都是这个意思。在战争进行中，作为奇正战法的静与动则可理解为静以待机、动以出奇。战国末，秦国大将王翦灭楚，以60万秦军深入楚境，屯兵自守，此为以静为正，调动、疲惫楚军，迫使楚军求战不得。待战机成熟，楚军疲惫混乱之际，迅速出击，歼敌于运动之中，这即是以动为奇，以奇制胜。三国时，司马懿坚防固守，使诸葛亮求战不成，进攻无法，粮草无以为继，被迫撤军，这是以静制动，以静止攻，不战而胜。公元621年，窦建德拥10万大军进攻李世民，自以为以众击寡，必胜无疑。但李世民扼守虎牢，断敌粮道，使窦建德求战不成，士气受挫，将士有东归故土之意，无西进灭唐之心。李世民见时机成熟，出兵与窦建德决战。窦建德有轻敌之心，指挥失误，加上军心不稳，战斗力下降，其军不战自乱。李世民乘乱猛击，全歼窦建德军5万余人，俘虏窦建德。李世民坚防虎牢，待敌自乱，这是以静为正，静以待机，以静待哗。时机成熟，一战而擒窦建德，破其军，夺取战争胜利，这是以动为奇，以奇制胜。这里的动以静为前提，静以动为目的。以静待动，动静相生，使奇正战法熠熠生辉。

关于奇与正，前人和今人还有多种理解，如公开宣战、大张旗鼓地兴师征伐为正，不宣而战、突然袭击为奇；攻防中的正面佯攻、固防吸引钳制敌方为正，迂回、包围、侧击、偷袭、机动突击等为奇；按照一般兵法、常规指挥原则指挥作战为正，按照战争实际因法而生法、采取出敌不意的特殊的创新战法指挥作战为奇等。

2. 奇正相合

战争中奇谋、奇法、奇兵可以千变万化，层出不穷，可以“无穷如天地，不竭如江河”。但这些奇谋、奇法、奇兵永远也不能离开常规、常法、正兵而存在。险中求胜，战争史上不乏其例。但军事理论和战争谋略讲求的是在遵循战争基本法则基础之上的战争指挥者的最大自由，或曰主观能动性最大限度的发挥，或曰以无穷之奇谋、奇法、奇兵去克敌制胜。但在强调“以奇胜”时绝不能忘记和忽视“以正合”、“以奇胜”是以“以正合”为前提、为基础的。明人何良臣说：

> 法云：有正无奇，虽整不烈，无以致胜也；有奇无正，虽锐无恃，难以控御也……故善兵者，自能使正之整治，使奇之分移……

战争史上许多成功的经验和失败的教训都证明了这一点。

蒙古灭金之战是以“正合奇胜”之谋略取得胜利的成功战例之一。成吉思汗去世后，新继位的窝阔台汗于1230年夏发起了灭金之战。至次年五月，蒙军在夺取了山西、陕西的一系列战略要地后，准备对主力被压缩在潼关以东、洛阳、开封一线金军发起进攻。蒙军的进攻战略是：窝阔台汗亲率大军由平阳南下，由孟津强渡黄河，兵锋直指洛阳、郑州，威逼开封，这是主力，也是正兵。斡陈那颜率军由山东济南西进，从东方威逼开封；由拖雷率领3万骑兵，由陕西西部向陕西南部、荆湖北部、河南南部作大迂回作战，一方面对金统治中心的洛阳、郑州、开封作战略大包围态势；一方面威胁荆湖北部和河南南部金军的战略后方，使潼关、开封一线主力战场成为无后方作战，从根本上动摇金国军民的抵抗信心和决心。毫无疑问，拖雷部战大迂回之奇兵是以窝阔台之正兵为前提、为基础的，没有窝阔台主力对从潼关到开封一线金军主力的近距离攻击所形成的强大压迫和威胁，拖雷以3万人马作如此广阔空间的大迂回是无法展开，也是无法取胜的。反之亦然，没有拖雷部的战略大迂回进攻作战，金军有战略后方为依托，无后顾之忧，无被夹击之危，可集中力量，稳定军心民心，全力抵抗蒙军由北而南的正面进攻，那么，蒙军由擅长野外机动作战变成旷日持久的攻城攻坚战，即使可能取胜，那也当以长期的、巨大的牺牲为代价。因此，蒙军战略进攻中的奇与正是密切联系和紧密配合的，其后的战争发展也符合预定的谋略设想。拖雷部在陕西西部及汉中地区展开兵力，先后攻取金军控制的凤县、南郑、洋县等地，麾军东下，大破金军于武当山。到年末，金帝完颜守绪才知道拖雷部的作战意向，急忙调集15万大军守卫襄、邓、浙川，阻击拖雷部的战略迂回进攻。拖雷抢渡汉水，除以一部佯攻邓州外，甩开襄樊、浙川之优势金军，北向河南腹地攻击推进，连克河南的泌阳、南阳、方城、襄城，逼近郑州、开封。金军大将完颜合达、移剌蒲阿置邓州被围于不顾，率大军疾速北进，追击并击败拖雷部后卫于五宋山，又在均州的三峰山截住拖雷部主力。此时正是隆冬季节，风雪交加，金军长途跋涉，疲惫不堪，拖雷部转战数千里，实力大减。此时，窝阔台汗指挥的蒙军主力乘金军分兵南下阻击拖雷部之机，乘势攻克郑州。其见拖雷部在三峰山受阻，即分兵接应。拖雷的部将建议等援军到来后再夹击三峰山的金军，拖雷则认为金军立足未稳，便指挥军队立即向金军发起攻击，大破金军。三峰山一战，金军主力丧失殆尽，此战成为灭亡金国的关键一役。此后，拖雷与南下援军会师，克钧州，包围开封、蔡州。金军虽顽强抵抗，但败局已定。后开封守军投降，天兴三年（1234年）正月，蒙、宋联军攻克蔡州，金帝完颜守绪自缢，金国覆亡。蒙军以正合、以奇胜的进攻战略取得了完全胜利。

在中国古代战争史上，因有正无奇、有奇无正而导致战争失败的战例也很多，现举两例。

大家都知道，诸葛亮是一位伟大的政治家和军事家，但他出祁山，基本是劳师无功，总令后人觉得难于理解。其实这也没有什么可奇怪的，人无完人，金无足赤。我们如果不把诸葛亮当成神，这谜团也就容易解开。《三国志》编者陈寿就指出，诸葛亮“于治军为长，奇谋为短，理民之干，优于将略”，认为他在奇谋将略方面稍有瑕疵。由于人们对诸葛亮从人格到智慧的推崇，陈寿的这一评价从始至今遭人非议。平心而论，这评价基本是公允的。诸葛亮用兵，奇谋变诈，确非所长。五出祁山，无功而还，从总体战略上看，有正无奇，“虽整不烈”，应是主要原因。公元228年，他首次率军出汉中攻魏，大将魏延就建议说：

闻夏侯楙少，主婿也，怯而无谋。今假延精兵五千，负粮五千，直从褒中，循秦岭而东，当子午而北，不过十日，可到长安。楙闻延奄至，必乘船逃走。长安中惟有御史、京兆太守耳，横门邸阁与散民之谷足周食也。比东方相合聚，尚二十许日，而公从斜谷来，必足以达。如此，则咸阳以西可定矣。

从当时的形势看，魏延之奇谋未必十全，但绝不是没有现实可能性，而诸葛亮认为此计"悬危，不如安从坦道，可以平取陇右，十全必克而无虞，故不用延计"。用兵在奇，诸葛亮"安从坦道"，不愿冒险，追求"十全必克而无虞"，这是符合诸葛亮从修身、齐家、治国、治军到指挥作战的一贯风格的。因此，五出祁山，率兵攻魏，虽在局部打了几次漂亮仗，但不能从整体、全局有大的突破，终至无功而还。如果说诸葛亮五出祁山对魏作战失利，失就失在有正兵而无奇谋、奇兵，应该是符合事实的。

有正无奇固然不易取胜，有奇无正也非制胜之道。南宋初，金军东部战场统帅宗弼率军追击宋高宗，自山东、淮南，渡江后追至两浙，攻克杭州，将宋高宗逼近大海。但金军犯了孤军深入的兵家大忌，后续部队跟不上，而江淮战场上宋军还控制着各战略要地。金军有奇无正，以奇谋、奇法、奇兵获取的战果无法巩固，结果得而复失。金军在撤退的路上，可谓险象环生，一被韩世忠、岳飞困于黄天荡，差点全军覆灭；二被阻于润州金山，宗弼差点当了俘虏；三被阻于楚州，宗弼九死一生。有奇无正，孤军深入，给金军以深刻的教训。自此以后，宗弼再也没有敢跨过长江一步。

崇祯二年（1629 年）冬天，皇太极亲率 10 万大军，绕过明军坚守的战略重镇锦州、兴城、山海关，奇袭北京。他自喜峰口等要隘突破长城，占领遵化。而后甩开阻击的明军，直扑北京。先后占领天津、通县、蓟县、迁安、滦县等地。明各地勤王军 20 余万人云集北京以东的狭窄地区，后金军屡战不利，不得不还师沈阳。5 年之后，皇太极兵分四路，打算取道山西大同，迂回包围北京。但各路军连连受挫，明军也加强了北京以西以北地区的防御。皇太极被迫撤军。经过两年的准备，皇太极与武郡王阿济格率军经居庸关、昌平对北京发动第三次进攻，也是无功而还。至崇祯十一年（1638 年）八月，皇太极指挥清军主力进攻锦州、兴城，另以岳托、多尔衮、豪格等率军分两路经密云县境的墙子岭、青山关入长城，在通县会合，越过北京，攻击河北南部、山东北部广大地区。因为皇太极所率主力进攻锦州、兴城一再失败，山海关的通道无法打开，岳托、多尔衮、豪格等孤军深入，不得不再次撤军回关外。皇太极四次入关作战，凭借其军队较强的机动能力和强大战斗力，长驱关内，其锋甚锐，但因为没有攻取锦州、兴城、山海关等战略要地，打通入关走廊，因而造成孤军深入，无后方作战、无正兵支持，攻势虽锐却不能持久；而且冒着锁关被围的危险，也只能是无功而退。后来，皇太极吸取经验教训，改变战略，以夺取自锦州至山海关这一战略要道为目标展开攻击，终于事半功倍，一路顺风，为最后入关奠定了基础。

3. 奇正相生

奇正之法的运用，不是奇与正的机械配合，而应是像孙子说的“奇正相生，如环之无端”。对这个变化万千、无穷无尽的奇正之变，在《唐太宗李卫公问对》中，李靖曾有一段解说：“善用兵者，奇正在人而已。变而神之，所以推乎天也。”又说：“善用兵者，无不正，无不奇，使敌莫测。故正亦胜、奇亦胜……非变而能通，安能至是哉?”善用兵者，不仅能使军队之分合、奇正之变化随机转化，应付自如，而且能使敌方无法辨别我之奇正分合变化。对奇正战法灵活运用，变幻莫测，正变奇，奇变正，奇正相生，达到“无不正，无不奇”，“正亦胜、奇亦胜”的境界，才是真正掌握了奇正的诀窍，谙习了个中三昧。

李靖认为，要做到这一点，除了孙子本人，其他人是不可企及的。李靖的话自有一定道理，谈兵易，实战难。不过，在中国古代战争史上，那些天才的军事家和战争指挥者灵活运用奇正之法，使奇正相生变化莫测而克敌制胜的战例也绝不鲜见。我们以明末后金努尔哈赤所指挥的萨尔浒之战，略作分析。

崇祯二年（1629年）二月，明辽东经略杨镐组织11万人，号称47万大军，兵分四路，对后金都城兴京发起大规模进攻。其战略部署是：辽阳总兵刘綎率2万人，由桓仁沿浑江向兴京东南前进；开原总兵马林率兵1.5万人，由开原、铁岭向兴京北侧前进；辽东总兵李如柏率2.5万人，经清河出鸦鹘关为中路右翼，东向兴京前进；山海关总兵杜松率军3万沿浑河出抚顺关，作勾中路左翼，东向兴京攻击前进。

后金方面兵力在6万人左右。面对优势明军的进攻，努尔哈赤的对策是，在界凡山筑城驻兵，以阻击中路军的进攻；以骑兵500守卫桓仁，阻击明南路军的攻击；命侍卫扈尔汉率军1000驻守古埒山，阻击明北路军的进攻；命老弱妇孺守卫兴京及各城邑；努尔哈赤亲率后金全部主力作为机动，俟机破敌。努尔哈赤处于防御态势，守卫兴京及各城、山寨、要隘的是为正兵；准备机动作战的主力则是奇兵。这是兵力部署配置上的以奇为正。

战争开始，努尔哈赤首先由兴京西向迎击明军中路左翼杜松部。杜松主力驻扎在萨尔浒山，而杜松则率军一部进攻距萨尔浒山仅10余里的界凡山的后金守军。努尔哈赤首先切断萨尔浒山与界凡山明军两部间的联系，命代善和皇太极率军围攻界凡山的明军，努尔哈赤则亲率4.5万人，集中优势兵力攻击驻扎在萨尔浒山的2万明军。努尔哈赤的主动进攻，这是战略防御中的奇法、奇兵；攻击杜松部，将两部明军分割开来，这是奇中之奇，以界凡山后金守军吸引明军一部，派代善和皇太极夹攻之，这是正合奇胜；以绝对优势兵力围歼驻扎在萨尔浒山的明军主力，这是奇兵变为正兵；消灭萨尔浒山明军主力，促使界凡山明军不战自溃，攻强而挟弱，这是奇谋中的奇谋。从下午打到晚上，杜松部3万人被全歼。努尔哈赤在歼灭杜松部后，乘胜攻击明北路军。万余明军被歼灭，北路主将马林单枪匹马，落荒而逃。两天中连歼杜松部和马林部4万余人，使整个战局有很大改观。此时，明中路右翼李如柏军进至清河东南的虎栏，南路刘綎军乘后金军主力攻击杜松、马林，兴京空虚，催军前进，企图拿下兴京。努尔哈赤分兵4千前往阻击李如柏军，自率主力疾驰至兴京西面的大屯，预设埋伏，并令人持杜松的令箭前往刘綎军中，诈称杜松军已逼近兴京，令刘綎军加速前进；同时在兴京附近开炮，使刘綎误以为杜松部已开始攻城，促使刘綎快速前进，刘綎军进入后金军的埋伏圈，发觉中计，但为时已晚。刘綎快马捷足踏进陷阱，所率明军也全部被歼。在中路左翼、北路、南路分别被歼灭和包围的同时，中路右翼主将李如柏畏敌如虎，既不肯援救中路左翼的杜松部，又不敢乘虚急进，进攻兴京，而是赖在虎栏，观望不前。最后率军撤退。这一仗，努尔哈赤用了7天时间，歼灭明军4.6万人，为后金的强盛立了一块丰碑。此次大战努尔哈赤在谋略上、战术上、运兵方法和兵力配置上或奇或正，变化莫测，真正做到了正亦胜，奇亦胜，变而能通，制敌死命。

示形适势，出奇制胜

示形是对敌方所采取的隐蔽、伪装、欺骗、佯攻等谋略手段。为了达到出奇制胜的目的，除了要详尽地“知彼”即“形人”外，还必须对己方的战略战术意图、兵力配置、运兵指向、作战时间等作最大限度的保密、隐蔽、伪装，欺骗敌方，即做到“我无形”，促使敌方的认识和判断失误。所以说，示形是出奇的前提，没有成功的示形，就很难保证出奇制胜。示形越巧妙、合理、周密，出奇制胜的概率就越高。

孙子说，战争指挥者应该努力做到“形人而我无形”。所谓“形人”，就是使敌方暴露其战略战术企图、兵力部署和运兵方向。而我之示形谋略的运用，则使敌误奇为正，误正为奇，我之奇正，变化莫测，臻于无形，敌方自然处于被动挨打的地位。关于示形的方法，《孙子兵法》概略地提出了一些基本原则，后来的军事家们在战争实践中总结了更丰富的方法。如“愚之使敌信之，诳之使敌疑之，韬其所长而使之玩，暴其所短而使之惑，谬其号令而使之聋，变其旗章而使之瞽，秘其所忌以疏其防，投其所欲以昏其志，告之以情以款其谋，惕之以威以杀其气”，“示之以柔而迎之以刚，示之以弱而乘之以强，为之以歙而应之以张，将欲西而示之以东，先忤而后合，前冥然后明。若鬼之无变，若水之无创。故所乡非所之也，所见非所谋也。举措动静，莫能识也。若雷之击，不可为备；所用不复，故胜可百全”等。诸多方法的灵活运用，就能够指挥调动敌人“形之，敌必从之；予之，敌必取之”，使敌人耳塞目盲，一切听我安排。他的动作意向我洞若观火，清晰明白；我的战法灵活而神奇，军队运动隐蔽而莫测，如神龙见首不见尾，动于无形，这就达到了形人而我无形的最高境界。

1. 示形诱敌与隐蔽战略

隐蔽自己而调动敌人的精彩战例，不胜枚举。

匈奴冒顿单于与刘邦的平城之战，冒顿单于就成功运用了示形之法。秦末汉初，匈奴部占有东到大兴安岭、北到贝加尔湖，西及阿尔泰山，南至河套、山东和河北北部的广大地区，地广人众，兵强马壮，势力强大。它屡与西汉王朝的叛乱者相勾结，严重威胁新建的西汉王朝的安全。刘邦决心给以沉重打击。他多次派间谍和使者前往匈奴，以窥探其虚实。冒顿单于精于示形之法，

> 匿其壮士肥马，但见老弱及羸畜。使者十倍来，皆言匈奴可击。

刘邦还是不放心，派著名政治家、谋略家刘敬出使匈奴。刘敬回来复命，为刘邦分析说："两国相击，此宜夸矜见所长。今臣往，徒见羸瘠老弱，此必欲见短，伏奇兵以争利。愚以为匈奴不可击也。"而此时刘邦的20万大军已经出发，刘敬的分析不但没有引起刘邦的重视，反而遭到一顿臭骂。刘邦亲自赶往平城督师。冒顿单于的示形之法即所谓示短隐长、示弱隐强，诱使刘邦决策失误，而刘邦轻敌冒进，侥幸邀战，正是兵家大忌。刘邦其人长于政治权术，短于军事谋略，韩信说他最多只能指挥10万大军，并非无据。他争得的汉家天下，主要靠了军事家张良、韩信辅佐。此次出征，张良、韩信都未随行，唯一随军的陈平，有智谋但非将才，这就使他很难逃出困境。果然，冒顿单于率领30万骑兵，很快包围平城。一连7天，大军粮草不足，刘邦手足无措。后赖陈平的诡计才得以脱险，但主羞将辱，损折国威军威，形成汉初数十年对匈奴屈辱求和的局面。

晋末石勒王浚之战，石勒示形之术的运用也很高明。石勒是乱世枭雄，他以襄国为中心，南抗晋军的进攻，西防刘汉政权的袭击，并准备向北吞并幽州刺史王浚的地盘。王浚曾两次进攻石勒，都被石勒击败。后来，王浚准备自立为皇帝，引起内部混乱，军民离心。石勒想乘机消灭王浚，拟先派遣使者前去观察了解形势，并问计于他的谋士张宾，张宾不同意派使者前往，而主张大礼推戴。他分析说：

> 将军威声震于海内，去就为存亡，所在为轻重，浚之欲将军，犹楚之招韩信也。今权谲遣使，无诚款之形，倘生猜疑，图之兆露，后虽奇略，无所设也。夫立大事者必先为之卑，当称藩推奉。

对于这卑而骄之，将欲取之，必先予之的示形之法，石勒心领神会，立即命

人带重宝并推戴表章给王浚，其表云：

> 勒本小胡，出于戎裔，值晋纲驰御，海内饥乱，流离屯厄，窜命冀州，共相帅合，以救性命。今晋祚沦夷，运播吴会，中原无主，苍生无系。伏惟明公殿下，州乡贵望，四海所宗，为帝王者，非公复谁？勒所以捐躯命、兴义兵、除暴乱者，正为明公驱除耳。伏愿殿下应天顺时，践登皇阼。勒奉戴明公，如天地父母。明公当察勒微心，慈眄如子也。

王浚当然需要石勒的地盘和石勒的支持，但刚被石勒打败，现在竟自己送上门，王浚再蠢也不能不心存疑问，石勒的使者王子春回答说：石勒是有力量称帝称王，但称帝称王单靠智谋力量是不行的。你出身于名门望族，雄踞一方，汉家正统。石勒为异族，出身卑微，这一点是无法和你比的。历史上的韩信、项羽等也不是不想当皇帝，而是没有当皇帝的资历声望。所以，石勒不敢窃据大号，只是略有自知之明。勉强当上皇帝不能让天下人信服，不如不当。推戴你当皇帝是诚心诚意的。这一番似乎合情合理的辩说使王浚疑窦顿消，信任有加，却不知道正中了石勒“愚之使敌信之”、“投其所欲以昏其志”的圈套。王浚按惯例，派使者回报石勒。使者到襄国，石勒将精兵劲卒隐藏起来，使者看到的只是老弱病残之军。使者带有王浚给石勒的一封信，石勒还专门为此安排了一个接圣旨的仪式。王浚赠送一拂尘给石勒，石勒假称不敢自己用，“悬之于壁，朝夕拜之，云：‘我不得见王公，见王公所赐，如见王公也……’”他还向使者表示，三月间一定亲自去参加王浚的登基大典。使者将这一切报告给王浚，王浚更加坚信不疑。

其后，石勒率轻骑远袭幽州。到达易水时，守将孙纬飞马报于王浚，王浚的部将也都认为应阻止石勒继续前进。然而，利令智昏的王浚说：“石公来，正欲奉戴我也，敢言击者斩。”石勒一路顺利，到达蓟城，他怕城内有埋伏，伪称给王浚送贺礼，将数千只牛羊赶进城里，阻塞交通，然后率军入城，一举擒获王浚及其部属，占领王浚所属的地盘。由于石勒示形之法的成功运用，将王浚玩弄于股掌之上，使他不费吹灰之力，不战而消灭了王浚这一强敌。

示形之术应用于战斗的战例，也相当精彩。在明初“靖难之役”中，朱棣率军围攻济南，防守济南的铁铉采用诈降之计，请朱棣进城受降。朱棣大喜过望，仅率数人进城。铁铉在城门之上悬挂了一块大铁板，准备乘朱棣进城之际，用铁板将其击毙。可惜，士兵过于紧张，高悬的铁板早落下了几秒钟，砸了朱棣所乘战马的马首，才使朱棣仓皇逃脱。就是这短短的几秒钟，使朱棣死里逃生。否则，明王朝的历史就可能是另一番景象。

战术示形方法是多种多样的。南宋与蒙古军对峙时期，蒙古军的勇敢善战常使南宋军闻风丧胆，南宋名将孟珙在江陵保卫战中，因成功运用示形之法，而有效遏止了蒙军的进攻势头。端平二年（1235 年），蒙古大军分东、中、西三路向南宋发起大规模进攻。中路军由河南进入荆湖北，接连占领襄樊、随县、枣阳、安陆、钟祥、荆门等战略重镇，逼近江陵，荆湖大震。驻防黄州的孟珙奉命救援江陵，阻遏蒙军的攻势。孟珙率军沿长江西上，命将士“变易旌旗服色，循环往来，夜则列炬照江，数十里相接”。用真真假假、虚虚实实的示形方法，壮大声势，给蒙军以心理压力，同时隐蔽自己的主力所在，使蒙军找不到在何处进击。这样，宋军娴于水战的优势就充分发挥出来了。两军相接，孟珙挥军大破蒙军 24 砦，夺回被蒙古军掠俘的人口。接着，孟珙又率军飞驰东部战场，连战告捷，使南宋军威为之一振。孟珙的胜利是示形智取的胜利。

当东晋大权落入大将刘裕手中之初，荆州刺史刘毅起兵与刘裕争权。刘裕部将王镇恶主动请战，他指挥舰船百余艘自当涂沿江西上，诈称是刘毅的父亲刘藩西返荆州的军队，刘毅的部众信以为真，不加防范，任凭王镇恶催舟急进。战争就是如此诡秘莫测，哪怕是一个毫不显眼的细节为敌手所利用，都可能导致可怕的后果。王镇恶军到达离荆州 20 里的地方，舍舟登岸，同时命每只船上留一两名士兵，在对岸广插旗帜，多设战鼓，对他们说：“计我将至城，长严，令如后有大军状。”王镇恶率军直扑荆州，江边刘毅的士兵和当地的老百姓都认为是刘毅的老太爷驾到，仍没人阻拦。兵临荆州城下，刘毅的大将朱显之前来查讯，不见刘藩，又见江边战船被焚，烟火冲天，战旗如云，鼓声震天，方知上当，急忙飞报刘毅，并令关闭城门。但为时已晚，王镇恶已涌兵进城，火烧城南门和东门，并声称刘裕大军已到，刘毅军顿时土崩瓦解。王镇恶迅速肃清刘毅军的残余，占领江陵。王镇恶以一句极普通简单的但却是合情合理的借口，掩盖了自己的战术进攻意图，蒙蔽欺骗了敌军，以极小的代价，收到了出敌不意、攻敌不备、出奇制胜的奇效。

2. 示形惑敌与出奇制胜

战争中的运兵方法是战略战术意图的体现，运兵方法表现为奇正变化，即主要、次要兵力的配置，配合和运兵指向上的虚实等，示形谋略与运兵方法巧妙结合，可以做到愚弄迷惑敌人，使敌人摸不清我之兵力的配置、攻击方向，或误将我次要兵力当主要兵力，或被我之佯攻所吸引而误入歧途，从而陷入被动，甚至身遭覆亡。

西汉初年，北方匈奴内犯一直是汉朝廷很头痛的问题。到武帝时，依靠几十年积蓄起来的经济实力和军事力量，已经可以与匈奴一决雌雄。但匈奴力量依然强大，其骑兵不仅数量大，战斗力强，机动性强，而且飘忽不定，在东西数千里的战线上，汉军防不胜防，不知道它会在什么时间、什么地点发起攻击，处于“不知战之地，不知战之日”的被动态势，也就无法组织起对匈奴军的有效打击。为了改变这一不利地位和态势，汉武帝和名将卫青、霍去病等定下了主动出击、机动作战、示形诱敌、以歼灭匈奴军有生力量为主要目标的运兵作战方略，展开了长达数十年的反击匈奴侵扰的战争。

汉武帝元光二年（前133年），有所谓马邑之谋。这一年，雁门马邑大豪聂壹向朝廷献计：

> 匈奴初和亲，亲信边，可诱以利致之，伏兵袭击，必破之道也。

汉武帝批准这个献计，并制定了周密方案。于是，聂壹假装成逃人来到匈奴王庭，对单于说：“吾能斩马邑令丞，以城降，财物可尽得。”匈奴单于为利欲所驱使，率10万骑至武州塞。此时，30万汉军埋伏在马邑旁的山谷中，而王恢、李息率军3万待命于代郡西部，准备袭击匈奴军的辎重。匈奴单于率大军到达距马邑百余里的地方时，“见畜布野而无人牧者，怪之”。抓到一名正在巡防的汉军小校，才知道这是汉军的诱敌之计，于是急忙撤军。此次被称为“马邑之谋”的诱敌伏击战，因示形中的一个小小的疏忽而前功尽弃。

元朔二年（前127年）正月，匈奴军对上谷、渔阳两郡发起攻击。汉武帝以上谷、渔阳两地为诱饵，吸引牵制东路匈奴军，而以大将卫青、李息等率领汉军主力采取大迂回作战的态势，兵出云中，迅速向西方的河套以南地区隐蔽进军，一举包围匈奴楼烦王部和白羊王部于今之晋西北和内蒙鄂尔多斯市地区，斩首数千级，获牛羊百余万头。楼烦王、白羊王划匕逃遁，卫青乘胜追击至高阙，后转战陇西回师。而上谷、渔阳两地汉军防守失利，弃两城而退守右北平。

元朔四年（前125年）夏，匈奴伊穉斜单于指挥9万精骑兵，分三路进攻代郡、定襄、上郡；命右贤王出兵河套，进攻朔方郡。汉武帝命李息、张次公率军出右北平，佯攻匈奴军左翼，造成汉军主力在东线作战的假象。而由卫青率汉军主力自朔方郡秘密渡过黄河，深入匈奴军后方，直趋匈奴右贤王王庭。右贤王部不意汉军自天而降，在毫无准备的情况下仓皇突围，向北方溃退。卫青指挥轻骑紧追不舍，俘获匈奴裨王以下1.5万余人，牲畜数10万头。此战大大削弱了匈奴右贤王的力量，截断了匈奴中部与西部的联系，为以后汉军分别围歼匈奴各部创造了有利态势。

元狩二年（前121年）夏天，汉武帝命张骞、李广率军出右北平，对匈奴伊穉斜单于和左贤王作佯攻牵制性的攻击，而以霍去病和公孙敖率汉军主力自甘肃陇西挺进祁连山，以歼灭西部匈奴各部和驱逐西羌为作战目标。西线作战展开后，霍去病与公孙敖兵分两路，公孙敖军攻击方向史载不明，但相约会师于祁连山，估计公孙敖军担任正面佯攻，霍去病率汉军主力兵出北地，横渡黄河，经今甘肃青玉湖，至居延海，长驱数千里，然后麾师沿额济纳河南下，迅速推进至今甘肃酒泉、张掖，突然袭击祁连山区的匈奴各部落，共擒获匈奴单桓等五王，王子59人，相国、将军以下官员63人，斩首3万余级。汉军在西线的巨大胜利，不仅西逐羌人，打通了河西走廊，而且由于匈奴西线各部的失败，引起匈奴统治者的内讧。匈奴单于伊穉斜因西线的惨败，准备诛浑邪王和休屠王，迫使浑邪王杀休屠王后，率部众4万余人向汉王朝投降，西线匈奴各部势力由此被瓦解消灭。汉武帝从此集中全力对付东部匈奴。卫青、霍去病率领大军分进合击，在漠北地区大败匈奴单于伊穉斜及其所率的匈奴军主力，伊穉斜单于和左贤王仅率其残余逃往遥远的漠北，漠南地区匈奴势力基本被铲除。汉军对匈奴军的第一期作战结束。

综观汉军这一时期的运兵谋略，由于汉王朝建立了一支强大的、机动性强的骑兵队伍，成功地采取示形诱敌、佯攻与大迂回包围、深入敌后等谋略手段，从根本上改变了被动防御、无处不备、无处无备的被动地位，终于赢得了战争的胜利。

以次要兵力实施佯攻，掩盖主要兵力和主要进攻方向是示形谋略中常见的战法，明代援朝战争中，收复平壤，是将此战法用于攻城的典型战例。日本名将丰臣秀吉统一日本后，公然提出假道朝鲜进攻中国的口号，悍然出兵朝鲜，很快占领汉城、平壤等主要城市和大部分领土。朝鲜国王李昖向明王朝紧急求援。明军东征提督李如松率军渡过鸭绿江，与朝鲜军组成联军，首攻朝鲜北方重镇平壤。平壤城东、南两面临江，西面背山，北面牡丹台已被日军占领，并在山上架炮守御。李如松的进攻战法是，由游击吴惟忠率军一部攻击北牡丹台；以祖承训率军一部攻击平壤城东南面；城东临江，缺而不围不攻，而以裨将李宁、查大受等率军一部埋伏于江东小路；明军主力、主要的攻城器械部署在城西。部署完毕，城东南方向战斗首先打响。日军轻视朝鲜军，祖承训预先让明军都换上朝鲜军的服装，正在两军拼杀之际，攻城明军脱掉朝鲜军服，露出明军甲胄。日军见状，立即增调兵力，集中全力阻击。就在日军将主要注意力放在城东南方向时，明军主力向平壤西城发起猛攻。各种大将军炮、佛朗机炮、霹雳炮、子母炮，同时猛烈轰击，明军趁势杀进城内，与日军展开激烈巷战。吴惟忠部也向牡丹台日军发动攻击，以便策应。日军将领坚守无望，只得率领残部，向汉城方向逃窜。途中又受到预先埋伏在江东的李宁、查大受部的袭击。平壤大捷，是成功运用示形之法的胜利。

战阵之间的示形之术当然不仅限于佯攻一法，刘备袭取蜀汉之战是另一较为典型的示形方法。赤壁之战后，刘备占有荆州，下一步的战略目标就是兵发益州。

正当刘备准备谋取益州时，幸运竟又不期而降。割据益州的刘璋主动邀请刘备入蜀，以帮助他平定汉中张鲁，抵抗强曹的压力。这真是千载难逢的时机，刘备当即留关羽、诸葛亮、张飞、赵云等镇守荆州，自率庞统、黄忠、魏延及士卒万人入蜀。刘璋亲率步骑3万人到涪城欢迎。此时，作为内应的张松和作为军师的庞统都劝刘备乘机一举擒获刘璋。刘备认为：“初入他国，恩信未著。”仓猝行事，会引起蜀地军民的对抗与反感，难以控制局面，应该进一步麻痹刘璋，待机行事。果然，涪城之会，刘璋大喜，遂推举刘备为大司马领司隶校尉，为他补充兵员和物资，将驻守战略要隘白水关的杨怀、高沛部也划归刘备调遣，让刘备前往汉中，进攻张鲁。刘备到达葭萌关，安营扎寨，就地驻防，等待时机。

建安十七年（212年）十二月，曹操进攻孙权，孙权向刘备求援。刘备、庞统认为这是调动军队的最好借口与掩饰。庞统为刘备策划说：

阴选精兵，昼夜兼道，径袭成都；璋既不武，又素无预备，大军卒至，一举便定，此上计也。杨怀、高沛，璋之名将，各仗强兵，据守关头，闻素有笺谏璋，使发遣将军还荆州。将军未至，遣与相闻，说荆州有急，欲还救之，并使装束，外作归形；此二子既服将军英名，又喜将军之去，计必乘轻骑来见，将军因此执之，进取其兵，乃向成都，此中计也。退还白帝，连引荆州，徐还图之，此下计也。若沈吟不去，将至大困，不可久矣。

在上、中、下三计中，上计冒进，下计迟重，刘备取示形惑敌之中计。于是一面收拾行装，一面派人向刘璋说明返旗出川营救孙权之意，并要求刘璋增兵1万，供应军备物资。刘备滞留葭萌，已使刘璋心存疑虑，现在其自动要求离境，当然是求之不得的事，刘璋便调兵4000，军备物资减半，礼送刘备出蜀。说要回军荆州，要求刘璋增兵供饷，只不过是刘备的又一次瞒天过海麻痹刘璋的示形手段。刘备借口回师荆州，骗杨怀、高沛前来送行，乘机杀杨怀、高沛，占领白水关，夺其军，力量大增。接着，一面召诸葛亮率军入蜀，一面指挥军队向成都疾进。由于刘备、庞统漂亮的示形术，也利用了刘璋的笨拙愚蠢，没有遇到多大的反抗，就拿下了成都。

死地后生，战势击虚

唐太宗李世民说：

朕观诸兵书，无出孙武。孙武十三篇，无出虚实。夫用兵者，识虚实之势，则无不胜焉。

此把虚实问题提到很高的地位。何谓虚实？综合中国古代各家兵法所述：凡兵力强大，布防集中，组织严密，训练有素，士气旺盛，供给充足，战争指挥有条不紊，战略战术周密无间，以及坚城要隘、战略要地坚防固守等，都是实；凡兵力弱小，布防分散，组织混乱，素质低下，士无斗志，兵疲粮绝，指挥无序，战略战术漏洞百出，坚城要隘、战略要地防守薄弱等，都是虚。

用兵的基本原则是避实击虚。《孙子兵法》谓：

夫兵形象水，水之形，避高而趋下；兵之形，避实而击虚。水因地而制行，兵因敌而制胜。故兵无常势，水无常形，能因敌变化而取胜者，谓之神。

这里除讲了避实击虚的必要，还讲了避实击虚要因敌变化。善于以自己的虚虚实实去迷惑敌人，而不被敌人的虚虚实实所迷惑。这就是所谓兵无常势，水无常形，因敌制胜。避实击虚，重点要掌握一个“虚”字。所谓“虚”又可称为“瑕”，就是敌方的漏洞、弱点。诸葛亮有一句名言，叫做“不以其瑕而攻之，天下皆强敌也”。孙膑所谓“批亢捣虚”也是这个意思。亢，指咽喉，借指要害。强调了所攻所捣之虚，不是敌方的一般弱点，而是他的致命之处。如果在战场上总能以我之强攻敌之弱，以我之实攻敌之虚，则总能常战常胜。倘能击其要害之虚，则会有全局意义的胜利。不管是战略进攻，还是战略防守，战势上的避实击虚及其灵活运用，是一个基本原则，同时它更是置之死地而后生的权变之道。

1. 围魏救赵，批亢捣虚

围魏救赵是历史上的著名战例。因为它的战法巧妙，而成为运用避实击虚之原则而取胜的经典战法。

公元前354年，魏国大将庞涓率军8万，包围赵国都城邯郸，赵国向齐国求援，并答应以割让中山作为齐军攻魏救赵的酬劳。齐相邹忌反对救赵，齐威王则采纳大夫段干朋的建议，救赵而不急于出兵邯郸，而派兵南攻魏国的襄陵，意在作出一种姿态，坚定赵国抗魏的决心，使魏、赵两国拼死相斗。待魏军伤亡惨重，实力削弱，由实变虚，齐军便可乘魏军之弊，发动袭击。

魏军围攻邯郸一年之久后，赵军已精疲力竭，难以坚守孤城；魏军也受到极大消耗。齐威王见时机已到，命田忌为统帅，著名军事家孙膑为军师，率军 8 万攻魏救赵。田忌准备率军直趋邯郸，与魏军主力决战。孙膑说：

> 夫解杂乱纷纠者不控捲，救斗者不搏戟。批亢捣虚，形格势禁，则自为解耳。今魏、赵相攻，轻兵锐卒必竭于外，老弱疲于内。君不若引兵疾走大梁，据其街路，冲其方虚，彼必释赵而自救。是我一举解赵之围而弊于魏也。

这就是著名的“围魏救赵”的战法，是避实击虚的典型例证。它和段干朋的谋略不同之处在于，段干朋使齐军攻襄陵是避实而非击虚，只是一种佯攻或姿态，不能解决问题。当然，齐威王采用段干朋之谋也是虚招。孙膑以齐军攻魏之都城大梁，这是魏军必守、必救且不守之地，才是“批亢捣虚”、“出其不意”、“攻其不备”的最有效高明的一招。在具体实施过程中，更是妙计迭出，环环相加，在围魏救赵的谋略思想指导下，奇正相变，避实击虚，迫使魏军一步步落入孙膑为之所设下的陷阱之中。

据《孙膑兵法·擒庞涓》记载，田忌、孙膑攻魏的第一步是让不懂战争指挥的齐城、高唐二大夫率齐军一部进攻平陵。这是一种谋略，同时也是一种示形方法。齐军攻魏促使魏军进一步骄傲轻敌，不把齐军放在眼里。下一步出师围攻魏都大梁也不是整师径进，而是派一部分轻车锐骑在大梁四郊驰逐攻击。这又是很高明的一着妙棋。在当时情况下，齐军若以主力直趋大梁，即使攻克大梁，也未必能长期占领。正像各国不愿意看到魏国的强大，而联合攻魏一样，如齐国攻克大梁，整个形势有可能倒置过来，造成各国联合助魏攻齐的局面。再则，魏国毕竟国富民强，实力雄厚。如果齐国孤军深入，攻克大梁，则很可能遭到魏军回师主力与本地驻军的夹击包围，陷入腹背受敌的险境。如果齐军以主力攻大梁而不能迅速攻克，屯兵于坚城之下，师老无功，也是一个赔本的买卖。现在孙膑以部分精锐车骑出其不意，迅猛进攻大梁，这是以奇为正，击敌之虚。目的在于调动敌人，俟机歼灭其有生力量。果然，齐军攻大梁，魏惠王大惊，急令庞涓率军回师救援。庞涓留军一部驻守邯郸，自率主力赶赴大梁。由于孙膑示弱示寡战术的成功运用，使庞涓误认为齐军软弱可欺，便急于求成，舍弃辎重，日夜兼程，企

图一举将齐军消灭在大梁城下。庞涓的轻敌冒进使他放弃了任何警惕，当他走进孙膑在桂陵为他预没的埋伏圈时，魏军的一场惨败也就不可避免了。其结果是魏军遭到削弱，邯郸之围也不攻自破。

12 年后，孙膑故智重施，以“围魏救赵、批亢捣虚”之法大败魏军。史称马陵之战。

桂陵、马陵两战，使魏国一蹶不振，而孙膑所创造的“围魏救赵、批亢捣虚”的战法则成为后来兵家揣摩、体悟、效法的经典战法。

“靖难之役”中，朱棣直攻金陵是“批亢捣虚”的又一典型战例。建文元年（1399 年）七月，“靖难之役”爆发。燕王朱棣率军转战于河北、山东，多次击败建文帝的政府军，“然所过城邑往往坚守不下，间克之，兵去，即杀守帅，复为朝廷。及壬午（1402 年），所据者北平、永平、保定三郡而已”。朱棣的北军频繁作战，师老兵疲，长期作这种拉锯式的攻防战，无疑对朱棣是很不利的。这时，朱棣谋士姚广孝为朱棣策划说：“毋下城邑，疾趋京师。京师军弱，势必举。”朱棣接受姚广孝的建议，避开南军重兵防守的德州、济南等地，沿山东与河南交界线直趋徐州。徐州是兵家必争之地，兵强城坚，朱棣诱徐州南军出战，小胜后即甩开徐州之敌，继续向南挺进。经淝河、灵璧两次大战，打破南军围追阻截，再次避开淮安和风阳两大战略据点，乘势鼓行，直趋扬州，径指仪真，耀兵于大江之上。于是，江南人心浮动，镇江水军投降，朱棣大军逼近金陵。这时，南京尚拥有精兵 20 万，再加上城高池深，储备充足，本可以组织有效抵抗，但是朱棣的北军长驱直入，先声夺人，使南军谈虎色变，心无斗志，终成分崩离析之势。

原来，朱棣起兵两年半，志在攻城掠地与政府军相周旋，往往得而复失，进展缓慢。现在甩掉包袱，轻装速进，半年而占领南京，号令天下，胜利结束了战争。可见战法得当所具有的威力。那么，这个战法的奥妙在哪里呢？明人高岱对此分析说：

> 四方人心多所观望，惟视金陵成败为向背耳。若复攻城略地，广土众民，必待四方之服而后徐议根本之计，则稽延岁月，师老时变，非所谓批虚岛吭之兵也。盖其所急在京师，而不在四方。

这也就是批亢捣虚灵活运用的结果。

2. 虚虚实实，战势击虚

我之虚虚实实、真真假假，使敌难窥蕴奥，而敌之虚实，我能洞若观火，且使它由实变虚，由逸变劳，由饱变饥，由强变弱，而后乘虚而入，以最小的代价，夺取最大战果，这是虚实战法的精彩上品。

我们先看东汉末曹操扫平河北袁绍诸子之战。官渡之战后，袁绍积郁成疾，呕血而亡。袁绍少子袁尚据邺城，统领袁绍旧部，仍有强大实力，曹操要一举荡平袁氏集团并非易事。

袁绍在世时，其子袁谭、袁熙、袁尚等就明争暗斗，各植党羽。袁绍死时，审配矫命使小儿子袁尚嗣位。袁谭驻守黎阳，袁尚只拨给他有限的兵力，并派其亲信逢纪到袁谭军中作监军。袁谭大怒，杀逢纪于军中，二袁间的关系顿时紧张起来。曹操乘袁尚、袁谭兄弟矛盾激化，兵发黎阳。袁谭势单力薄，急忙向袁尚求援。袁尚只得让审配坚守邺城，自率大军援救黎阳。曹操大败袁尚军于黎阳城下，袁尚、袁谭弃黎阳退保邺城。曹操打算乘胜进击，一举消灭袁氏集团。青年谋士郭嘉却向曹操提出了停止北进、南征刘表的作战方案。郭嘉认为，袁尚、袁谭“交斗其间。急之则相持，缓之而后争心生。不如南向荆州若征刘表者，以待其变；变成而后击之，可一举而定也”。袁氏兄弟矛盾重重，强攻硬取，则迫使他们暂时团结，共同对敌，即由分而合、由虚变实。如果撤销外部压力，其内部矛盾必定激化，乃至相互火并，这便是由合而分、由实变虚。到那时再举兵而征之，就会事半而功倍。曹操连称妙计，随即下令留贾信守黎阳，撤军南还，诏示天下，宣称要南征荆州刘表。

正如郭嘉所预料的那样，曹操一撤，二袁马上反目。袁谭在郭图、辛评的挑唆下，首先发难，经袁尚一击，袁谭退向山东平原。袁尚留审配守邺城，自率大军将袁谭包围。袁谭急派辛评的弟弟辛毗向曹操乞降求援。此举正中曹操下怀，乐得坐山观虎斗，待其两败俱伤，正好乘而攻之。著名谋士荀攸则另有见地，他不赞成袖手旁观，而主张出兵救援，他说：

天下方有事，而刘表坐江、汉之间，其无四方志可知矣。袁氏据四州之地，带甲十万，绍以宽厚待众，借使二子和睦以守其成业，则天下之难未息也。今兄弟构恶，此势不两全。若有所并则力长，力长则难图也。及其乱而取之，天下定矣。此时不可失也。

意思是说，刘表胸无大志，早打晚打一个样。袁氏兄弟相斗，拼得你死我活，这是大好时机。他们团结和睦，不好；一个吃掉一个，造成“有所并则力长，力长则难图”，也不好。因此，要紧急挽救袁谭。曹操随即指挥大军回师黎阳。袁尚闻信，也撤平原之围，还师邺城。曹操和袁谭结亲以安抚之，进一步分化离间二袁之间的关系。

建安九年（204 年）二月，袁尚再次留审配守邺城，自率大军进攻平原。曹操抓住战机，立即兵围邺城。袁尚率精锐万人回救，被曹操歼灭。袁尚逃往幽州，投奔其兄袁熙。邺城也只好开城投降。袁绍父子割据数十年的冀、并二州相继归附。在此同时，袁谭乘机夺取河北东部地区，曹操平定袁尚后，顺势吃掉了袁谭。又挥师北取幽州，袁熙、袁尚不战而逃往辽西，投奔乌桓。曹操用郭嘉、荀攸之谋，使袁氏兄弟由实变虚，而后乘虚而入，以较小代价夺取了最大胜利。

魏国智将司马懿平定辽东公孙渊之战也是体现“虚虚实实、避实击虚”的典型战例。辽东太守公孙渊据有襄平，叛魏自立，称燕王。司马懿奉命平叛。公孙渊命大将卑衍、杨祚率步骑军数万，依辽河修筑营寨，南北相连六七十里，以阻止魏军的进攻。公孙渊军凭险布防，以逸待劳，是以实待虚；魏军长途跋涉，将士疲惫，地形不利，又强攻硬取，是以虚击实。司马懿必须设法调动敌人，使它松动防守，乘虚而击。他命魏军一部大张旗鼓地向敌南翼发起进攻，卑衍、杨祚急调主力增援。魏军乘机悄悄渡过辽河，进击其空虚的北翼，顺利地突破了公孙渊精心构筑的防线，取得初战的胜利。

魏军主力渡过辽河，与敌营相逼立寨，而不立即发动进攻。诸将不解其意，司马懿解释说：

贼坚营高垒，欲以老吾兵也。攻之，正入其计。古人曰：“敌虽高垒，不得不与我战者，攻其所必救也。”贼大众在此，则巢窟虚矣。我直指襄平，则人怀内惧，惧而求战，破之必矣。

司马懿若逐一围攻公孙渊沿辽河构筑的营寨，不仅旷日持久，而且以客击主，难有必胜把握。如果避开敌军的高垒坚寨，佯攻其都城襄平，则必能调动敌军走出营寨，使它由实转虚，而魏军则反客为主，可以在运动中消灭敌军。魏军进袭襄平，果然引起卑衍、杨祚的恐慌，他们急忙率军出垒，回防襄平。司马懿见卑衍、杨祚中计，令佯攻襄平的魏军突然调头夹击，卑衍、杨祚大败，被迫放弃辽河一线的营寨，逃往襄平。

司马懿乘胜追击，包围襄平城。时值雨季，大雨如注，辽河水暴涨，洪水泛滥，平地水深数尺。围城魏军将士要求移营防洪，司马懿认为，如果现在移营，襄平城敌军乘机突围而去，就无法将它全歼。因此，严令各军原地驻守。这时，襄平城里军士不时出城放牧打柴，司马懿也不让攻击擒获。一些将士对此大惑不解。司马懿告诉他们说：

> 自发京师，不忧贼攻，但恐贼走。今贼粮垂尽，而围落未合，掠其牛马，抄其樵采，此故驱之走也。夫兵者诡道，善因事变。贼凭众恃雨，故虽饥困，未肯束手，当示无能以安之。取小利以惊之，非计也。

对襄平的包围，司马懿的策略是示弱示懦，稳住敌人，使敌方误认为魏军因兵力不足和为大雨洪水所困，而无力全面围攻襄平，坚定其固守襄平侥幸取胜的心理，为一举全歼其军而创造条件，免得突围逃窜，收拾困难。这是对避实击虚战法的灵活运用。

不久，大雨停息，辽水下落，司马懿立即令魏军全面包围襄平，运用各种方法猛烈攻城。公孙渊粮尽援绝，士气沮丧，损失惨重。几次诈降突围不成，终被一个不漏地全部歼灭。

第六讲

兵家诡道：韬略与悟道

在中国古代战争中，用计施诈一直是兵家的得意法宝。尽管在争战之时，力量的对比往往起着决定性的作用，但在具体的战役之中，兵家计诈的巧妙运作却能够起到扭转战局、克敌制胜的效果。为此，古代战场上的诡诈奇计层出不穷，展示出了军事智道的特殊风姿。

兵家正道，是指师出有名、先礼后兵的动武原则和正面攻战、以力胜敌的作战方法，通常被视为正统的兵战。然而，军事战场上风云莫测的变化、生死攸关的压力和错综复杂的战局并不能让军事家固守模式，人们不得不寻求各种方式去解决战争中的具体问题。这就产生了与兵家正道相背离的诡道。《孙子兵法》说，“兵者，诡道也”，正是对兵家争战方法的精辟议论。

兵家诡道，既是战争中的特殊产物，更是兵家韬略与悟道的结晶，体现出了军事天地中特有的谋略和智慧。只要能够克敌制胜，不管什么样的招术和方式都可以运用；只要消灭了对手，不管什么样的计策和用意都是正确的选择。这就是军事战争中克敌制胜的奥秘所在。

兵以诈立，道以战悟

兵家诡道千变万化，不拘一格，如果概括为一句话，那就是“兵不厌诈”。

军事家大多根据天时、地理、兵力诸因素，构思并制定出具体的实施方案，尽可能地去迷惑对手，造成敌人的错觉，从而为自己赢得主动。在中国古代的军事战例中，以诡道胜敌的战例不计其数，各家用计施诈的方式也不尽相同，但其中也有规律可寻，如果我们更深一步地发掘兵家诡道的奥妙，就会发现其中包含着丰富的智慧和哲理：即兵以诈立，然道却以战悟。只有通过战争活动本身，才能透析出军事智道的“真谛”所在，以及悟出它的规律、运用技艺之法。由此可见，中国古代的兵家计诈无论怎样推陈出新、花样变幻，但总离不开军事战争的规则制约，也总要通过几条主要途径而付诸实施。

1. 制造假象，迷人耳目

对于领兵作战的人来说，要想成功地用计胜敌，首先要隐蔽自己的企图，造成对方的错觉。为此，制造假象就成了施诈的先决条件。假象的制造可以迷敌人之耳目，混敌方之视听，使敌人不知道我方的真正用意。这样，施计一方就掌握了主动权。

在古代战场上，有许多以制造假象而最终胜敌的战例，其中，减灶法和增灶法就深为兵家所熟知。

古代行军作战必须要起灶做饭，用兵者常常根据敌军留下的灶迹来判断敌军的兵力多少，然后决定自己的兵力投入。为了造成敌人的错觉，许多军事家便在行军灶上设计施诈，有意增减灶数，把敌人引入圈套。孙膑使用的减灶法就是一例成功的诡计。

据《史记·孙子列传》记载，公元前341年，魏国攻打韩国，齐威王派田忌、田婴为将，孙膑为师，起兵伐魏救韩。魏惠王派太子申、庞涓为将，带了10万大军前来迎战。孙膑在全面分析敌情之后，向田忌建议说，魏军骄傲轻敌，齐军应采取诱敌深入、一举歼灭的作战计谋。于是，齐军进入魏境的第一天，挖了10万人煮饭用的灶，第二天减少为5万人用的灶，第三天再减到3万人用的灶，制造出齐军大量逃亡的假象，迷惑魏军。魏将庞涓观察了齐军三天留下的灶迹，误以为齐军减员严重，骄傲地说：“我固知齐军灶，入吾地三日，士卒亡者过半矣！”于是轻装兼程，赶到马陵。这时，齐军已于马陵设伏，利用道路狭窄、树木茂密的地形，向轻军深入的魏军发动了攻击，“齐军万弩俱发，魏军大乱相失”，结果魏军主力全部被歼，太子申被俘，庞涓自杀。这就是历史上有名的齐魏马陵之战。

采用增灶方法迷惑敌人的战例也有不少，如《资治通鉴》卷四九记载，汉安帝元初二年（115 年），羌国兵犯武都，汉朝任命虞诩为武都太守，出兵应战。当时，羌军人多，汉军人少，虞诩“因其兵散，日夜进道，兼行百余里，令使士各作两灶，日增倍之，羌不敢逼”。当部下询问这样做的道理时，虞诩回答说：“虏众多，吾兵少，徐行则易为所及，速进则彼所不测。虏见吾灶日增，必谓郡兵来迎，众多行速，必惮追我。孙膑见弱，吾今示强，势有不同故也。”最后，虞诩以少胜多，打退了羌人的围攻。

从上引二例可见，减灶诱敌和增灶惑敌都是以假象来掩盖真相，使敌人不能准确地了解自己的真实兵力，从而克敌取胜。孙膑减灶，意在示弱，诱引庞涓中计；虞诩增灶，意在示强，掩藏自己兵力单薄的弱点，躲避敌人的攻击。二人均筹算准确，用之恰当，假象制造得相当成功。

在古代战场上，许多将领都擅长制造假象。真真假假，假假真真，使人无处琢磨。隋将贺若弼渡江灭陈之役中的制假手段就相当巧妙。据《隋书·贺若弼传》记载，开皇九年（589 年），隋王朝以贺若弼为行军总管，准备大举伐陈：

> 先是，弼请缘江防人每交代之际，必集历阳。于是大列旗帜，营幕被野。陈人以为大兵至，悉发国中士马。既知防人交代，其众复散。后以为常，不复设备。及此，弼以大军济江，陈人弗之觉也。

贺若弼先以虚张声势的方法来进行前线换防，使陈军次次紧张，等到陈军习以为常，放松戒备之际，一举渡江，消灭陈国，可算是以假乱真的高超计谋。

使用空城计来逼退敌方，同样是制造假象的典型战例。《三国演义》中描写的诸葛亮以空城退司马懿之兵的情节，就是以假胜真的妙算之举。当然，这只是小说家根据历史而编纂的故事。在古代战争中，的确出现过以空城假象来迷惑敌人的事情。如《旧唐书·张守珪传》记载，吐蕃进攻唐朝的瓜州，杀死刺史王君焕，直逼州城。当时，张守琏新任瓜州刺史，兵力寡弱，又无守城之具，敌军将至，众心惶惶。守珐对大家说：

彼众我寡，又疮痍之后，不可以矢石相持，须以权道制之。

于是令人打开城门，自己在城楼上饮酒作乐，吐蕃兵至城下，不知虚实，不敢攻城，整队而退。无力抗敌的瓜州得以保全。

用假象迷人耳目使对方产生错觉，一来可以诱敌深入，一举全歼；二来可以吓退敌军，不战自胜。其中最重要的便是致敌于迷惘之中，而使自己处于有利地位。可以说，诡计百端，总要作假。以假乱真，计谋才能得逞。

2. 无中生有，旗开兵移

转移对方的注意力和拴住对方的凝注力，同样是兵家诡道的奥秘所在。聪明的军事家总是牵着别人的鼻子走，始终保住自己的有利地位。要做到这一点，就必须计诈百出，变幻莫测。古代兵战中的无中生有、有中生无、旗开兵移、声东击西等计谋，都是围绕着兵家注意力而展开的各种动作。

唐朝时，安史之乱爆发，安禄山的军队包围了雍丘城，雍丘守将张巡与敌攻守多日，颇有消耗，只能死守城池。安军将领令狐潮率大军把雍丘城围得水泄不通，断绝了城中与外部的联系。许多日过后，城中的箭渐渐告竭，这时，张巡扎了上千个草人，披上黑衣，夜晚之际，在城上缒绳放下草人。安军以为城中之人夜晚出袭，一齐放箭射击，张巡收回草人，得箭数10万支。此后，每逢夜晚，城上守军都要缒下草人，骗安军射箭，久而久之，安军自知上当，不再予以理会。突然一夜，张巡率死士500，缒绳下城，直扑令狐潮的大营，把安军打得落花流水，狼狈而逃。事见《新唐书·张巡传》。由此，使我们联想到了《三国演义》中诸葛亮的草船借箭，真可以算得上无中生有计策的上乘。

另据《后汉书·吴汉列传》记载，吴汉率大军平定公孙述，逼近成都。去城10余里，与副将刘尚沿江两岸分立行营。公孙述派遣大将谢丰、袁吉等率军迎战，分别包抄了吴汉军和刘尚军，使之不得相救。当时军情危急，吴汉为了与刘尚合军，便采用旗开兵移的计策。他闭营三日不出，在营中多树旗帜，使烟火不绝，夜间则率全军暗与刘尚的军队合并，完成了兵力的集中，而谢丰等人还在全力注视着吴汉旧营，并未察出破绽。吴汉、刘尚合兵发动攻击，大破谢丰、袁吉的军队，获甲首5000余级。

五代时，梁将刘郡的“驻魏袭晋”之举，也同样采用了旗开兵移的诡计。据《新五代史·刘鄩传》记载，刘鄩率梁军驻扎魏县，后唐庄宗李存勖率晋军对垒。刘鄩见晋军大集，知其后方空虚，便准备移军远袭太原。为了迷惑晋军，刘郡乃结草为人，穿上盔甲，执以旗帜，放在驴的身上，使之往来城上。晋军远望，城上兵守如故。而刘鄩已率全部梁军远袭太原去了。刘鄩的做法，大体与后汉时吴汉的做法相似，他们都成功地避开了敌军的注意力。

南宋时，毕再遇使用的旗开兵移之计也同样巧妙。据《宋史·毕再遇传》记载，宋将毕再遇与金兵对垒，相持不下，金人大举增兵，集结军队，准备数日后大举进攻。毕再遇观察到金兵的集结，感到强弱悬殊，不能坐以待毙，于是趁夜拔营而去。临走之前，把营中的羊倒悬于鼓上，羊不堪倒悬，用前肢挣扎，击鼓作响。金兵仍然以为宋营有人如旧，不予理睬，等到发觉宋营已空，战机早已错过。

转移对方注意力的诡计，还常用于兵家起事之前的准备时期，许多起事者为了不暴露自己招兵买马的真实意图，避免怀疑，总要先施放出各种各样的烟幕，暗中积蓄实力，以期突然之间起兵成功。东晋时，徐道覆起兵就采取了有中生无的计策。据《通典》卷一六一记载，徐道覆在南康准备组建水军，用以起兵反晋。为了避免晋朝官府的怀疑，徐道覆便假称造船出售。他在南康山中大举伐木，制成船板，贱价出售。附近居民争以贱价购船板，而时值枯水季节，船运不通，船板都积压在居民手中，官府也不加怀疑。到水旺之季，徐道覆揭竿而起，按照卖券沿户索回船板。旬日之间，组船完毕，形成庞大的舰队。当东晋官府得知消息时，徐道覆已率大批舰队顺水而下，一举攻克南昌，掀起了大规模的反晋战争。徐道覆假售船木，把战略物资转移到附近居民手中，巧妙地转移了东晋官府的注意力，使官府错认为徐道覆造船只是商业活动，从而使徐道覆顺利地完成了水军舰船的准备工作，得以在短时期内开船征战，震惊东晋王朝。

声东击西是转移对方注意力的常用战法，也是兵家诡道的主要计诈之一。它以无中生有、有中生无的形式调动敌军，从而虚实并举，避其有备而击其无备。东汉末年，汉将朱儁与黄巾军战于宛城，黄巾军据城内，朱儁率军攻城。朱儁“乃张围结垒，起土山以临城内，因鸣鼓攻其西南，贼悉众赴之。儁自将精卒五千，掩其东北，乘城而入”，最后攻下了宛城。这一场攻坚战，朱儁在城之西南垒起土山，有从此处一举突破之势，拴住了黄巾军的凝注力，牵制了黄巾军的主要守城力量；而其精锐攻城部队成功地从城东北破坚而入，拿下了城池。

后汉建安十三年（208年），曹操率步骑10多万大举南下，兼并荆州，也同样采用了声东击西的方法。当时，曹操听从尚书令荀彧的建议，“显出宛、叶而间行轻进，以掩其不意”，以一部分兵力向宛、叶进行佯动，吸引刘表的军队，同时以精锐部队直下荆、襄，捣敌腹心，迫使刘琮投降。曹操使用的这种计谋，促使荆州全境放下武器。

总体说来，兵家的注意力十分敏感，往往敌动我动，以变制动。然而，巧于诡道者，能有效地转移敌方的注意力，而保持自己的机动性，这就是兵书上常说的“善隐己而诈敌”。多诈则敌不知所向，多诳则敌疲于奔命。无不可以常无，有不可以常有，无中带有，似有而无，变换无穷，此乃兵家诡道之神机。

3. 巧设陷阱，引君人瓮

《兵经百篇·发字》有云：

> 制人于危难，扼人于深绝，诱人于伏内，张机设阱，必度其不可脱而后发。

这是兵家的决胜之策。只要把敌人引入到设好的圈套之内，则可一举全歼制胜无疑。然而，战场上的情况瞬息万变，怎样巧设机关，顺利地引敌上当，则不是容易的事情。为此，古代军事家们创造出各种各样的兵家陷阱，施尽计诈，引诱敌人走向死亡的深渊。

东汉光武帝初年，赤眉军的势力仍然很强大，光武帝派大将军冯异、邓弘等夹攻赤眉军，战于陕西东部。据《后汉书·冯异传》记载，赤眉军为引诱邓弘，假设辎重粮草，诱敌上当。当时“大战移日，赤眉阳败，弃辎重走。车皆载土，以豆覆其上。兵士饥，争取之。赤眉引还击弘，弘军溃乱……大为所败，死伤者三千余人”。赤眉军在邓弘所部断粮的情况下，以假粮车设陷机，赢得了这次战斗的胜利。

楚汉争战之际，汉将韩信奉命伐齐，齐军联合楚军对付韩信，双方夹潍水而列阵。韩信首先在潍水上游截堵水流，用上万个麻袋，盛上沙子，垒成堤墙，使水位渐高。然后，韩信率领军队进攻楚将龙且的军营，假装失败，全军渡水而逃，龙且不知有诈，乘胜追击。龙且军队的主力刚渡潍水，韩信便下令决堤放水，把楚军分隔为两半。这时，韩信率军回击，杀死龙且，全部歼灭了已经过河的楚军。被水隔断的楚军眼睁睁地看着自己人在河对岸被歼灭，却没有办法赶去援救。这一仗，韩信胜得巧妙，龙且输得糊涂。

唐朝高宗调露元年（679年），裴行俭出任定襄道行军大总管，率唐军北击突厥。当时，突厥经常偷袭唐军粮车，夺取粮食。裴行俭准备了300乘粮车：

> 每车伏壮士五人，各赍陌刀、劲弩，以羸兵数百人援车，兼伏精兵，令居险以待之。贼果大下，羸兵弃车散走。贼驱车就泉水，解鞍牧马，方拟取粮，车中壮士齐发，伏兵亦至，杀获殆尽，余众弃溃。自是续遣粮车，无敢近之者。

裴行俭采取粮车藏甲士的计谋，诱敌取粮，然后内藏与外伏夹击，彻底打散了突厥的军队。兵家设陷阱，贵在诱饵可口，正中敌方胃口，才能引敌入圈套。敌方吃了苦头之后，自然不会再盲目出击了。

唐朝末年，军阀混战，杨行密与毕师铎争战于江淮一带。当时，毕师铎军容稍盛，又有骆玄真、樊约诸军相助，杨行密处于不利地位。经过一段时间的对峙之后，杨行密设下了以辎重宝物诱敌的陷阱，据《新唐书·高骈传》记载：

> 久之，行密乃出，委辎重于壁，以羸兵守之，伏精卒数千其旁。行密先犯玄真，短兵接，伪北，师铎诸军奔其壁，争取金玉赀粮，伏噪而出，行密引轻兵蹑其尾，俘杀旁午，横尸十里，师铎诸军奔还，玄真战死。

这一仗，杨行密表面上空营而出，与骆玄真交战，有意把营垒辎重留给毕师铎，实际上设伏在先，专等毕师铎入瓮。最后一举而击溃毕、骆两军，取得了巨大胜利。

安史之乱爆发后，安禄山的军队长驱直入，逼近长安。唐军坚守潼关，阻止安军主力的西进，而唐将郭子仪、李光弼从河北袭击安军后方，使安禄山的两翼和侧后受到极大的威胁。当时的情况是，只要唐军死守潼关，安军在战略上就必然陷入困境。为此，安军主将崔乾祐故意将一部分兵力在正面散乱布阵，同时把精兵埋伏在险隘的侧后方，只等唐军自投罗网。天宝十五年（756）年六月，唐军潼关守将哥舒翰在多方压力之下，率十数万军队出关迎敌，与崔乾祐战于灵宝西南。灵宝南面靠山，北临黄河，中间是70里的狭长隘路，安军主力在此设伏已久。双方交战之后，安军故意装出偃旗欲逃的姿态，退入险隘之中。唐军只顾追击，10万大军涌入隘路。这时，安军伏兵突起，从山上投下檑木滚石，唐军士卒拥挤于隘路，难以展开，死伤甚众。唐军企图用毡车在前冲击，打开一条进路，但被安军用纵火焚烧的草车堵塞，无法前进。唐军被烟焰迷目，看不清目标，以为安军用烟雾掩护防御，便乱发弩箭，到日落矢尽，才知中计。此际，崔乾祐派骑兵从南面迂回到唐军侧后冲击，首尾夹攻。唐军被困于隘路之间，自相践踏，有的弃甲逃入山谷，有的被挤下河里淹死。安军乘势追击，大破唐军十数万人。最后，唐军只有8000余人逃回潼关，而主帅哥舒翰也作了安军的俘虏。这次灵宝之战，崔乾祐设置已久的险隘伏圈终于派上了用场，而唐军明知安军可能设陷，还要出关与敌一决高低，致使主力几乎全部灭亡。

兵家历来视隘、谷为险境，一般不轻意涉入。而设伏者常以此为依托，凭借隘、谷之险，痛歼进入圈套中的敌军。兵书《草庐经略》卷十一曾说：

> 隘地之战……正兵前御，奇兵或击其旁，或击其后。强弩统炮，繁如雨注，一处受敌，回避无地。出彼不意，势自奔溃。

又说：

> 谷战之法，与隘战相似，第宜以轻兵锐卒，置我前行，橹楯强弩，卫我左右，与我阵后，以备敌；分遣奇兵，潜出其左右山冈，乘高夹击，吾正兵从中冲之，必胜之道也。

唐军与安军的灵宝之战正是这种军家兵战的典型战例。

4. 巧施计诈，欺骗敌军

在古代战争中，军事家们不但以武力去征服敌人，还往往使用各种欺骗手段，把对手引入歧途，从而为自己奠定必胜的基础。欺骗敌军的办法多种多样，或以诈降而导致敌方麻痹大意，或以假情报来诳骗敌人上当。所以说，两军相对，从来没有实话真言。《草庐经略》卷一一有云：

> 两敌相仇，言不足信，其信之者，必愚将也。惟智将不为人所诳，而能诳人焉。必因敌有阻绝之势，托或有之事，为莫稽之词，以疑敌之心。或用以恐之使惊，或用以诱之使趋，或用以急之使速，或用以缓之使懈，或使之观望踌躇，其心不决，而我亟乘其且疑且信，出其不意而攻之。若足者，因其可愚而愚之。

我们就从实际战例中来看一看军家诈骗的睿智谋道。

楚汉相争之际，田广占据了山东大部地区，有城70余座，有军队20余万，自号齐王。其主力驻扎在历城。汉军打算吞并齐境，但因齐军兵力强盛，又防守严密，一时无隙可乘。为了麻痹齐军，汉王刘邦派谋士郦食其前去劝说齐王，让齐王与汉王结好。齐王听信了郦食其的花言巧语，决定归附刘邦，同时“罢历下兵守战备”，放松了战略要塞的守卫，以为天下从此太平。在这种情况下，汉军主帅韩信便于夜晚率大军袭击齐国，一举深入齐境，占据了齐王原先管辖的大部分土地（事见《汉书》郦食其传和韩信传）。从此例可见，两军并立之际的结好劝附，往往有奸诈暗藏其中，盲目相信别人，必然自讨苦吃。

采用假投降的办法来诳骗敌军，这是古代兵战中的常用计诈，赤壁之战中吴将黄盖诈降曹操的战例就颇为著名。建安十三年（208年），曹军与吴军相峙于赤壁。曹军大部分是北方人，不习惯于水上的风浪颠簸，便将战船首尾相接起来。吴军主帅周瑜的部将黄盖针对这种情况，建议说：“今寇众我寡，难与持久。然观操军船舰首尾相接，可烧而走也。”周瑜接受了这一建议，决定由黄盖写信向曹操诈降，并与曹操事先约定投降时间。届时，黄盖率蒙冲、斗舰10艘，满载干草，灌以油脂，外用布幕围裹，上插旌旗，并另备走舸系于大船之后，以便放火后换乘。时值东南风起，船行很快。黄盖以蒙冲、斗舰10艘置于前列，行至江中，张帆急进，其余船只依次跟随。曹军官兵看见黄盖来降，皆延颈观望，毫无戒备。黄盖在距曹军二里余，各船同时点火，“火烈风猛，船往如箭”。曹军船只首尾连接，分散不开，移动不便，顿时都烧了起来，烈火蔓延到岸上的营寨。曹军烧死、溺死者甚多。在南岸的孙刘联军主力船队乘机擂鼓前进，横渡长江，大败曹军。

赤壁之战是我国古代以少胜多的著名战例，而这场战役的关键在于黄盖的诈降，不如此，则吴军无法接近曹军的舰船和大营；曹操轻信黄盖之诈，让诈降之船靠近自己的船区，才造成了火烧连船这样不可收拾的败局。

元朝末年，朱元璋占据长江下游一带，与他相对立的割据势力还有陈友谅和张士诚。至正二十年（1360年），陈友谅带军队将犯建康，同时派人与张士诚联系，准备夹攻朱元璋。面对敌军的重重压力，朱元璋对康茂才密授了诈降之计。原来，康茂才与陈友谅是旧交。朱元璋让茂才遣人致书友谅，相邀投降，表示愿做内应。康茂才家中有一看门人曾经伺奉陈友谅，很得信任，于是，康茂才派此人手持诈降信，乘小舟直达友谅大营，说有密信呈报。陈友谅接见后，看门人呈上康茂才的诈降信，并谎说朱元璋营垒中人心慌乱，各打各的主意。陈友谅看过信后，不觉喜上眉梢，问看门人：“康公现在哪里？”回答：“现在守江东桥。”陈友谅又问：“桥是怎样的？”答：“是一座木桥。”陈友谅对看门人说：“回去告诉康公，我五月初十准时出发，到时候，我在江东桥呼‘老康’为号。”看门人诺诺返回。朱元璋听罢汇报，进行紧急部署。他让李善长连夜将江东桥的木桥换成铁桥，派常遇春、冯国胜率3万精兵埋伏于城北江南岸，徐达屯于南门外，杨臻驻东南大胜港，张德胜率舟师出城北龙江关。朱元璋则率部驻扎城西卢龙山。这样，朱元璋张网以待，只等陈友谅受骗而来。果然，陈友谅率舟师按期抵达江东桥，但见桥为铁石制作，哪有什么木桥，心中不免生疑，急忙呼叫“老康”，又不见回音，方知上当。顿时，朱元璋伏兵四起，把陈友谅打得落花流水，狼狈逃窜。朱元璋在清理战利品时，发现康茂才写给陈友谅的诈降信还放在陈友谅的卧舰上，不禁哈哈大笑。兵家上当受骗，未见有比陈友谅更为愚蠢的了。

古代兵家作战，一靠实力，二靠计诈。只要能够引敌上当，则从不计较计谋诡诈的恶劣和凶险。《管子·七法》云：“明于机数者，用兵之势也，大者时也，小者计也。”正是这个道理。

综上所述，兵家诡道巧变万端，出奇制胜，总要根据战场上的具体情况而制定相应的计策。兵以诈立，多谋者胜，这是军事战争的普遍规律。当此之中，善战者制造假象，迷人耳目，便可隐藏自己的军事意图，以假乱真，巧胜对手；而诡道中的无中生有，旗开兵移，则可以设疑兵，出奇兵，金蝉脱壳，声东击西，使敌不知所向。至于巧设陷阱，引入圈套，更是诱歼敌军的常用方式，关键在于用诡诈之法引诱敌人自投罗网。巧施计诈，欺骗敌军，乃诡道中的常见伎俩，只要诈敌有术，骗得巧妙，自然让敌人不胜其防，难逃厄运。古代军事诡道永远是人们施展智慧的广阔园地。

诡道技法，韬略本真

《孙子兵法·计篇》有云：

> 兵者，诡道也。故能而示之不能，用而示之不用，近而示之远，远而示之近。利而诱之。乱而取之，实而备之，强而避之，怒而挠之，卑而骄之，佚而劳之，亲而离之……此兵家之胜，不可先传也。

用兵是一种奇诡的行动，针对不同类型的敌人，要采取不同的打法。为此，军事家展示了多种多样的诡道技巧。上引孙子所云，便是流行于古代战争中的诡道十二法。然无论诡道技法有多少，它总是始终围绕着“克敌制胜”这一韬略的“本真”和核心，来展开和施行的。无数战争实例，均生动地证明了此点。

战场上的情况瞬息万变，双方投入的兵力也有所不同，加上地理环境、武器装备、后勤保障等因素，故而每一场战争，每个战役，都会显示出它的独特性。为此，兵家诡道必须从敌我双方客观条件的分析比较出发，通过主观智能的灵活运用，才能起到克敌制胜的效果。下面，我们结合古代的具体战例来讲述诡道十二法的内涵，探索兵家诡道的智慧和技法。

1. 能而示之不能

能而示之不能，是全面隐藏自己军事实力的一种计谋。简单地说，就是能打者先装作不能打，让敌手不疑于己，无备于己，轻视于己。只要这种迷惑敌人的计诈实施成功，便可寻找时机，向敌人发起突然袭击。古代兵家认为：凡事有其名而无其实者必败，有其实而匿其名者则胜，善用兵者，用诈示形，一般不暴露自己的真正实力，使敌人难以准确地探知我方的军情虚实，才能掌握战场上的主动权。

春秋时期，楚国派斗越椒为大将军率军讨伐郑国。郑国方面派出公子坚、公子庞、乐耳三人领兵拒敌，采取据坚固守的战略，不与楚军直接交锋。楚军连日挑战，郑军只是不理。斗越椒为了掩盖自己的真实军力，便每日与诸将在营帐内饮酒作乐，让手下将士四处掠夺，造成军纪不整、战斗力涣散的假象。郑国的侦察兵多方打探，发现楚军是一群没有凝聚力的乌合之众，便向郑军主将汇报。公子坚认为：楚军四处掠夺，兵力分散游荡，大本营必然薄弱；楚将天天饮酒，心中必然懈怠。如果夜间劫营，一定能获大胜。于是郑军分为三队，离开守区，直扑楚军大营。远远望去，只见灯火辉煌，笙歌嘹亮。郑军呼啸呐喊，杀进营去。这时，早已作好充分准备的楚军从四面冲杀而出，郑军大败，三名主将都当了楚军的俘虏。斗越椒故意制造军纪涣散的假象，引蛇出洞，而郑军不做周密调查，盲目轻信，正中楚军诡计，结果一败涂地。了解对方实力，切不可仅从表面浅探，必须深加究察方可。

能而示之不能，不仅大规模的战役如此，就是轻兵相接，也可以用此诡道。据沈括《梦溪笔谈》卷一三记载，北宋熙宁年间，党项母梁氏率军队进犯宋朝庆州大顺城。守将林广先让守城部队用残弓弱弩进行射击，箭力甚弱。敌军以为守城弓弩的射程不远，便向城墙涌去。这时，林广调集强弓劲弩，一起发射，敌军死伤惨重，相拥而溃，不敢再靠近大顺城。

2. 用而示之不用

用而示之不用，即隐藏和伪装自己的用兵企图，让敌人误以为我方不可能用兵，然后根据战机，突发奇兵，战胜敌人。在军事战争中，要想全面掩盖用兵企图，伪装武器装备，暗中调动兵力，并不是一件容易的事情。一旦军机外泄，必然造成敌方的警惕和戒备。所以，怎样去巧妙伪装，准备用兵而故意装作不用兵，则是兵家诡道的一种特殊技巧。

三国时期，司马懿擒杀孟达之战可谓用而示之不用的典型战例。孟达原为蜀将，后来投降魏国，一段时间后，又打算再降蜀国，同时又和吴国进行联系，准备狡兔三窟。太和元年（227 年），孟达给诸葛亮的信中说，我镇守上庸，魏军主帅司马懿坐镇在宛，距离有 1200 里。等我举事时，司马懿先要上表天子，才能采取行动，这需要一个月的时间。那时候我的城防就加强了，军队也作好了准备。诸葛亮为了促使孟达早日反叛魏国，故意把孟达准备起事的消息泄露给司马懿。司马懿得报后，立即致书孟达，进行安抚。信中写道："将军昔日背叛刘备，投奔国家。国家委将军以重任，独当一面，镇守边关，相机攻蜀，真可谓以诚相见，信而不疑。诸葛亮日夜思欲除掉将军，才劝将军反叛，朝廷对将军仍然信任不移。"孟达见信大喜，对叛魏之举更加犹豫不决。魏军主帅司马懿断定，孟达此时正内心彷徨，应该乘其举棋不定之际，以闪电不及瞬目、迅雷不及掩耳之势将其平定。于是，这年十二月，司马懿不经魏明帝批准，率军日夜兼程，向孟达驻地上庸疾进。孟达经过反复考虑，最后决定投奔蜀国。然而此际，司马懿已率大军出人意料地兵临城下，孟达慌忙之间仓促应战，却早已败局已定。次年正月，魏军切断了蜀军来援之路，攻拔上庸，斩孟达，胜利平叛。

隐蔽用兵企图，继而轻军快速突袭成功，其关键所在，都是首先稳住对方，让对方丧失警觉，然后奇兵突发，战而胜之。

3. 近而示之远

用兵的路线与用兵的企图一样，都要予以伪装。《百战奇略·近战》有云：

> 凡与敌战，我欲近攻，反示以远，使敌备远，我乃近袭。

这就是说，与敌人交战，如果计划从近处进攻，就要故意装出从远处进攻的模样，以诱使敌人转移兵力去防备远处，我便乘机从近处出击。

《吴越春秋》记载，公元前478年，越王勾践率大军攻打吴国，吴王夫差率军迎击，双方于笠泽夹水列阵。越军决定从正面渡江攻击，但为了隐蔽进攻方向并分散敌军兵力，故意派出小股部队从距敌较远的左右两侧鸣鼓佯渡。夫差错误判断敌情，以为敌人从侧后大举进攻，赶紧派出精锐部队远击阻截。就在吴军调兵之后，越军集中兵力，正面迅速渡江，大败吴军。吴军主力被分成两处，自然难以两向兼顾，以致造成远处扑空、近处被创的恶果。

东汉章帝章和元年（87年），汉将班超开拓西域疆土，发于阗等处兵2.5万西击莎车，龟兹王发温宿、姑墨、尉头诸兵合5万人救之，这样，莎车与龟兹联军，兵力大大超过班固。为了分散正面敌军的兵力，班固派一部分于阗军队绕道东行，故意暴露出远袭敌方侧后的企图，龟兹军队果然派出部分军队邀遮于阗军。班固见敌军中计，立即从正面猛攻，直下莎车大营，赢得了这次战役的胜利。

从以上二例可见，善用兵者，为了调开正面阻击的敌人，经常派出小股军队远攻敌方侧后，诱使敌军分兵防御。一旦敌军分兵远去，正面军力相对减少，就可以捕捉到进攻的良好机会了。

4. 远而示之近

与近而示之远一样，远而示之近同样可以分散和调动敌方的兵力，掩盖自己真实的主攻方向。兵家准备轻军远袭者，必在近处牵制敌军主力。

楚汉争战之际，刘邦在彭城遭到失败，魏王豹叛汉降楚。刘邦派郦食其去说降，魏王豹一口拒绝。于是，刘邦任命韩信为左丞相，率军攻魏。魏王豹得知韩信军队逼近，除了加强各地守备之外，以安邑为指挥中心，西凭黄河天险，扼守临晋、茅津、龙门等津渡要地，并派柏直为大将率主力在蒲坂设防，封锁黄河渡口临晋关，阻击汉军渡河。韩信侦知魏军部署后，便在临晋渡口对面安营扎寨，集船结舟；遍插旌旗，多设火炬战鼓；白天擂鼓呐喊，黑夜点火通明。同时假装调兵遣将，大有渡河强攻之势，搞得魏军日夜紧张，草木皆兵，不断增兵补援。正当魏军全力严守临晋关渡口之际，韩信却暗派曹参率一军向北进发，在夏阳选择渡口，制作木罂缻作简易渡河工具，偷渡成功，并以疾风迅雷之势南下攻击临晋魏军侧背，先在东张击溃魏将孙遬所率魏军，再逼魏军大本营。趁魏军惊恐万状，乱作一团之时，韩信才从正面强渡黄河，径下临晋、蒲坂，与曹参的远征军会合，重创魏军主力。

当然，这种远而示之近的诡道未必每次都能奏效。蜀魏战争中，姜维与邓艾的白水之战，诡计就被对方识破。据《三国志·魏书·邓艾传》记载，邓艾屯白水之北。当时，蜀军处于攻势，魏军意在防守。姜维派部将廖化在白水之南虚张声势，摇旗呐喊，牵制魏军，自己率主力远袭洮城。邓艾观察蜀军阵势之后，对部将们说：姜维兵力超过我军，理因渡水强攻，而他们却一点也没有造桥的迹象，这其中必定有诡计，一定是廖化在此牵制，吸引我们的注意力，而姜维可能远袭洮城去了。因此，邓艾连夜率军奔赴洮城。邓艾赶到洮城时，姜维率军也刚刚来到。邓艾先至，占据城池和其他有利地形，姜维的计划全部落空。这一仗，对于魏将邓艾来说，如果不是提早发现蜀军“远而示之近”的诡汁，很可能就被敌军牵制在白水之滨，从而丧失后方的洮城。而对蜀军来说，廖化在正面虚张声势，却没有备船造侨，更进一步地迷惑魏军，因此才被对方识破诡汁。

总之，无论是近而示之远，还是远而示之近，都是隐藏用兵路线的常用诡道。意在选择可靠的主攻方向而又不被对方识破。此乃兵家“明修栈道，暗渡陈仓”之计和“调虎离山”之计的具体运用。

5. 利而诱之

在军事战场上，要想引诱敌军上当，莫过于投下诱饵，给对方一点甜头，这就是所谓的兵家之“利”。兵家之利，可以是物质利益，包括军备、物资、辎重、粮草等诱饵．也可以足某种战机和小股兵力。不管采用什么作诱饵，目的都在于诱其就范，让敌人贪图小利而出动军队，自己却乘隙设陷，克敌取胜。《百战奇略·利战》有云：

> 凡与敌战，其将贪利而不知害，可诱以利。

战国末期，赵国将领李牧戍守代郡，防备匈奴。当时匈奴以骑兵见盛，经常掠劫赵境。李牧针对匈奴贪掠财物的弱点，分析敌我兵力之优劣，部署了利而诱之的一套战策。他先让边郡的居民外出放牧，把牛羊畜群赶于原野，而把精锐部队集中埋伏在西侧。匈奴见此畜群，果然垂涎，便倾军而出，夺取牛羊，一时部队杂乱，各抢所得，不成体统。李牧见此战机，突然率主力军队从左右两翼迂回而至，猛攻匈奴军队。匈奴人此际正个个拥赶着抢夺的牛羊，难以相互结阵，因而被赵军痛加掩杀，几无余存。李牧以牛羊畜群为诱饵，诱歼了全部匈奴军队，从此十几年间，匈奴首领率众远逃，赵国边境安然无事。

唐朝中和末年，幽州与易州的军阀相互残杀，幽州方面派出李全忠为将，攻下易州城，易州王处存引兵退到郊外。为了夺回失去的易州城，王处存制定了引诱幽州军出城，在城外全歼敌军的作战方案。当时战争残酷，野无遗存，一时难以找到诱敌之物，王处存便让三千军士各蒙羊皮，匍匐于荒山草丛之间，幽州军远远望去，以为群羊过境，于是争先而去，准备夺取羊群。一时间前后相拥，不成军伍。等到幽州兵接近之际，伪披羊皮的三千军士一声呐喊，群起而攻之；王处存又率骑兵邀其后路，幽州兵毫无准备，被杀得四处逃窜。王处存又重新收复了易州城。

上引二例，都是以小利而诱大敌的诡道之法。军家争战，一旦趋利而动，不审敌方诡计，必然堕入圈套，蒙受失败。

6. 乱而取之

《孙子兵法·始计篇》曾说：

> 兼弱攻昧，取乱侮亡，武之善经也。

这是说，拣敌人的弱点打，进攻愚昧无知的军队，袭击失去控制的军队，追歼败逃之敌，都是作战中容易取胜的经验之谈。总之，在敌军“乱”的状态下，予以打击，便可成功取胜。善用兵者，能够有意制造敌军内部的混乱，乘敌乱而兼并之。就是在战争进行之中，也可以浑水摸鱼，乱中取胜。

据《韩非子·十过》记载，秦穆公时期，与秦国毗邻的西戎逐渐强盛起来，这对秦国来说是一种巨大威胁。为了东向争霸，秦国决定先灭西戎，免除后顾之忧。然而西戎军政严密，难以寻衅。秦国内史廖便向秦穆公献计说：西戎地处偏僻，戎王从来没有见过中原的歌舞，我们不妨送点女乐去，让他迷醉于声色，荒废政事。秦穆公采纳了这条计策，便挑选了16个女乐送给戎王。果然不出所料，戎王一见到这班中原来的歌舞，欢喜得不得了。于是“设酒张饮，日以听乐，终岁不迁，牛马半死”，国力大大衰弱。而西戎部落中最有才智的政治家由余也因戎王不理政事，沉湎于歌舞，从此弃戎归秦。秦国等到西戎国势衰落、内部涣散之际，一举出兵，直捣西戎腹地，活捉了戎王，彻底消灭了西戎邵落，扩地上千里。这是先秦时代以智道促使它国混乱，乘机而灭之的典型事例。

在几方并战的战场上，乘乱而收渔利的成功之举要算是刘备取荆州的诡道计策了。赤壁大战，刘备与孙权联兵火烧曹军战舰，把曹操打得丢盔弃甲，溃不成军。就在这种追逃逐败的混乱中，刘备暗中派主力抢夺了曹军放弃的荆州四郡，严兵固守，造成既成事实。等到孙权的军队回来收拾战场，荆州四郡早已被刘备牢牢控制住了。刘备的兵力远远少于孙权，如果刘备不用诡计，乘乱而取荆州，恐怕根本无法获得立足之地。孙权后来得知刘备乘乱先抢一步，也终究无可奈何。

乘敌军阵位混乱，出兵攻击，也是乱而取之的实战诡道。后秦与东晋之间的淝水之战就反映了这种战局。据《资治通鉴》卷一五〇记载，东晋孝武帝太元八年（383 年），后秦苻坚率几十万大军南下，准备一举铲平东晋王朝，晋朝方面以谢安为主帅，领兵拒敌。双方在淝水隔河列阵。秦军将领们认为己众彼寡，扼守淝水，不使晋军渡河，可保万全。但苻坚却决定将军队稍稍后撤，让晋军渡河，然后趁晋军半渡背水时，以骑兵发动冲锋，歼敌于淝水之滨。不料秦军一退，阵势大乱，失去控制。身在秦军而实为晋朝内应的朱序趁机在阵后大喊：“秦兵败矣！”秦兵以为真败，竞相奔逃。晋将谢玄、谢琰、桓伊等乘势率 8000 精兵渡过淝水，展开勇猛追击。秦军前锋统帅苻融见势不妙，驰马整顿阵势，阻止秦军后退，但乘马摔倒，为晋追兵所杀。秦军失去指挥，阵势彻底崩溃。前军被晋军打败，而后军自相践踏，四面奔溃，苻坚亦中箭负伤。在这次大规模战役中，晋军有效地利用了秦军后撤自乱的有利时机，果断地发起攻击，以寡击众，把秦军彻底打败。

唐朝武德四年（621 年），李世民率唐军围攻洛阳，屯兵于虎牢，与前来救援洛阳的窦建德的军队展开激战。当时窦军兵多，唐军兵少；窦军以骑兵为主力，唐军以长矛步兵为主力，双方往来冲击数次，骑兵冲不动长矛兵的密集阵势，长矛兵也无法对付骑兵的快速机动。李世民根据战阵情势，决定稳住自己的军队，等待窦军的变化。双方相持大半天后，窦军列阵的士卒饥饿疲劳，纷纷坐列，又争着喝水，秩序紊乱，皆有归营之意。李世民派宇文士及率300骑兵冲击窦军，先行试阵，并指示说：如果窦军严整不动，即应回军；如阵势有动，则可引兵东向冲击。宇文士及率军攻至窦阵前，窦军开始混乱。李世民抓住战机，亲率唐军主力出击，把窦军打得大败，窦建德也负伤坠马被俘。

7. 实而备之

兵家所说的实而备之，可以从攻防两方面予以理解。在防御之时，应该居安思危，有备无患，密切注意敌方的动向；在发动进攻之前，又必须仔细了解敌方的实力，作好认真准备。兵家诡道，施计于人，而又备敌于己，方能百战百胜。

宋辽相持之时，雄州巧加战备的事例就是古代兵家“实而备之”计谋的有效实施。据沈括《梦溪笔谈》记载，辽军占据云、燕16州之后，雄州就成了与辽国接壤的边境城市。雄州北郊居住着不少宋朝的百姓。由于没有边城环护，难以防范敌人的军情刺探和侵扰蚕食。北宋边军有意“实而备之”，扩筑北城，但又担心辽国寻衅，挑起事端。因为当时的军事形势是辽强宋弱，边防举动稍有纰漏，都可能成为辽国诉诸武力的借口，引起外患。担负雄州防务的地方官李允想了一个办法，他先用白银铸造了一个大香炉，放在北郊的一座庙宇里，故意不设人看守。没过几天，银香炉被盗。李允煞有介事地四处张榜，悬赏捉拿盗贼，故意弄得满城风雨。几天后，李允放风说，庙中器物屡次丢失，非得筑城墙围护不可。在这种舆论的掩饰下，他征集民夫，急修北城，不出10日而就。当强敌还没有悟出李允筑城的军事用意时，雄州已成了与辽国对峙抗衡的防御堡垒。

在很多情况下，加强战备会引起敌方警觉，造成紧张局面。李允修城之妙策，既打消了辽国的疑心，又加强了战备，可谓神机妙算。魏蜀战争中，诸葛亮首出祁山，进攻魏国，造成边境的巨大震动。后来，魏国采取“实而备之”的策略，不与蜀军过分周旋，只在陇西地区加强战备，任凭蜀军反复行动，自耗财力，最终挫败蜀军的全部企图。实而备之，确保自己的安全与稳固，使敌无隙可乘，战局自然有利于我方。这种以静制变，以稳制动，以有备制强敌的办法，乃诡道之上乘境界。

8. 强而避之

《管子·制分》有云：

凡用兵者，攻坚则轫，乘瑕则神。攻坚则瑕者坚，乘瑕则坚者瑕。

这是说，凡是进攻作战，打强点就会碰钉子，打弱点就容易成功。攻击强点不克，其弱敌也会变成强敌；乘虚先击破敌人的弱点，其强敌也会变成弱敌。所以，善用兵者，都要有意避开敌人的强点，尤其是避免不利的决战，去寻找敌人的破绽，给以打击。为此，避强击弱，舍长击短，以退求进，以曲求伸，就成了兵家诡道的常用之术。

唐太宗李世民领兵作战，尤其善于相敌而动，避强击弱，往往先避其锋芒，闭营养锐，待敌人萎靡疲惫，突发奇兵，一举胜之。李世民本人就说：

每观敌阵，则知其强弱，常以吾弱当其强，强当其弱。彼乘吾弱，逐奔不过数十百步，吾乘其弱，必出其阵后反击之，无不溃败，所以取胜，多在此也。

李世民两次在浅水原与陇西军阀薛举作战，都采取深沟高垒，避其强锋，伺敌疲而后战的方针，始终遵循“强而避之”的兵家诡道，不争一时之愤。薛举于隋朝末年起兵，占据了陇西，自称西秦霸王，并且组建了一支“将骁卒悍”的精兵，而唐军兵力虽然不少，但因起兵较晚，部队迅速扩充，成分庞杂，又缺乏训练，难以与强敌硬拼。武德元年（618年），李世民在前线军垒中坚壁不战，与薛举的军队相持60余日。同年十一月，薛军粮尽，士气开始动摇。李世民便命令行军总管梁实率一部分兵力布阵于浅水原引诱薛军，薛军果然全体出动，此时，李世民亲率主力部队自浅水原以北，出敌不意地直捣薛军阵后。薛军在唐军的两面夹击之下，溃不成军，大败而逃。

避强打弱，兵家之常。善用兵者，宁愿固守退缩，以保万全，也不会盲目与强敌争战，以求决胜于侥幸之间。《百战奇略·退战》所云“凡与敌战，若敌众我寡，地形不利，力不可争，当急退以避之，可以全军”，也是这番道理。

9. 怒而挠之

采用各种方法激怒敌人，使敌人气急败坏丧失理智，这是兵家常用的激将法。俗话说，激石成火，激人成祸。如果被对方激起肝火，感情用事，不顾客观实际去盲目行动，就会落入对手的圈套。

诸葛亮率军北伐之际，魏军主帅司马懿审时度势，采取深沟高垒、坚避不出的防守策略，不与蜀军交战。蜀军为了激怒司马懿，每日在阵前叫骂，甚至挂出了妇人衣服，嘲笑司马懿的怯懦。然而司马懿就是不为所动，最终坚持下去。后来诸葛亮病死军中，双方争战即告结束。司马懿老谋深算，熟知兵法，才使得诸葛亮“怒而挠之”的激将法无法奏效。

经不起敌方激怒，愤然出兵者，往往兵败于莽撞之间。春秋时期的晋楚城濮之战，楚军统帅子玉被晋文公扣留楚军使者宛春的诡计所激怒，在形势十分不利的情况下与晋军决战，弄得败军丧旅，丢掉了霸主地位。汉高祖四年（前203年），楚汉相争正酣，汉军乘项羽东攻彭越之机，围攻成皋。楚将曹咎起初按照项羽的告诫，坚守不出。后来，曹咎经不住汉军连续讨敌骂阵，一怒之下，率部出击，而汉军准备已久，趁楚军半渡汜水之际，发动猛攻，取得了很大的胜利。可见，一触即跳，经不住敌方挑逗的将领，总会最终导致失败。急而能安，缓而不辍，怒而能息，挠而不动，才是军事家的万全智道。

大业十三年（617年），唐高祖李渊起兵于太原，其子李世民领兵为前锋，直进关中。在霍邑，遇到了隋朝守将宋老生的阻挡。开始时，宋老生坚守不动，使李世民的军队难以过境。为了引诱宋老生出战，李世民便亲率数十名骑兵来到霍邑城下，举鞭指挥，辱骂宋老生。宋老生经不住这番侮辱，引兵三万从东、南门分道而出，追击李世民，使李渊率大军在城外完成了合围阵势，一举包抄宋老生，杀得隋军片甲不留。宋老生单骑逃走，还未回到霍邑城下，就被追兵所杀。霍邑之城也就轻而易举地落入李渊之手。

兵法有云：忿兵者败。所以用兵者无不以计激怒对方，使对方怒而出战。然后，按自己的意图予以歼灭。《孙子兵法·始计篇》曾云：“彼将刚忿，则辱之令怒，志气挠惑，刚不谋而轻进。”领兵作战，于此应该深戒。

10. 卑而骄之

卑而骄之，也是兵家常用的诡道计谋，意在改变敌人的心理状态，使其误以为自己最为强大，别人始终害怕自己，因而不能正确判断敌情。而施计之一方，则强而示之弱，有为而示之不为，假意奉承，暗中积蓄力量。一旦对方头脑膨胀，麻痹大意，出现可乘之隙，便可突发制人。《百战奇略·骄战》有云：

> 凡敌人强盛，未能急取，须当卑词厚礼，以骄其志，俟其有间可乘，而后破之。

因此，善用兵者，不怕敌人看不起自己，反而常常故意设法让敌人轻视自己。这样，敌明我暗，敌懈我戒，优劣之势，显而易见。

在双方力量对比较为悬殊的情况下，弱者采用“卑而骄之”的诡道对付强者，还能够暂时缓解自己的困境，争取到恢复和发展的时间与机遇。俗话说：骄兵必败。这是指强大的一方，一旦被胜利冲昏头脑，忘乎所以，放松了对弱敌的戒备，必然会遭到失败，而强弱之势也可能会因此而转变。古代诸侯争战，弱方经常忍辱负重，自卑其位而使强者益骄，在强者丧失警惕的情况下，暗蓄实力，一举歼灭强敌。

匈奴灭东胡之举，同样采用了卑而骄之的策略。公元前207年，匈奴太子冒顿杀父自立。兵力强盛的东胡派使者前来索取良马，冒顿以睦邻邦交为由，说服群臣，恭恭敬敬地把数匹珍贵的千里马送给了东胡。东胡首领以为冒顿不敢惹他，便得寸进尺，又向冒顿索取美女，冒顿仍不顾群臣的反对，把心爱的美女送给了东胡。东胡首领越发骄横，接着又提出了领土要求。冒顿觉得该是制止东胡的欲望的时候了，于是率领匈奴军队，袭击东胡。东胡压根儿就轻视冒顿，毫无戒备，结果使冒顿的突然袭击得手，东胡随之灭亡。这样，在中国北方便出现了一个强大的匈奴部落。

示弱骄敌也常见于两军对垒。三国时期，蜀将关羽驻守荆州，对曹魏发动进攻，兵围樊城。但他担心东吴从后方偷袭，因此在荆州保留了雄厚的兵力。吴国为了夺取荆州，有意派一个“未有远名，非羽所忌”的陆逊为右部督，镇守陆口，与关羽的守区相接。陆逊为了麻痹关羽，便给关羽去信，自称书生，并极力称赞关羽的军威，以增加其骄傲之气。关羽得信后，为陆逊的谦词称颂所迷惑，以为此书生不成大事，便调集荆州的守军奔赴樊城。于是，东吴趁关羽与曹军在樊城相持不决的时机，偷袭荆州，兵不血刃地占领了公安、江陵诸城，并且攻占夷陵、秭归，切断了关羽入川的退路。这时，关羽的军队在樊城受挫，大本营又被东吴占领，回归无路，败走麦城，被吴将马忠活捉。东吴未费太大气力就夺取了荆州。

当然，示弱骄敌，不一定全靠卑辞厚礼，有时靠老成持重也可成功。战术上示弱，暗中积极创造制敌而不制于敌的条件，也照样奏效。例如战国末年，赵将李牧带兵防备匈奴的侵扰，他首先装出一副畏敌如鼠的姿态，凡遇匈奴进犯，总要退缩固守，不与匈奴交锋。如此数年，匈奴误以为赵军懦弱，便产生了骄傲轻敌的情绪。有一次，匈奴10余万人南下进犯赵国领土，还以为李牧会像以往那样退缩防守，因此毫无戒防。哪想到，李牧却挥军掩杀，果断出击，使匈奴措手不及，全军覆没。

11. 佚而劳之

兵书常说：知兵者应经常保持军队的锐气，锐气多劳则疲竭，疲竭则力有所不及。所以，善用兵者，往往采取“佚而劳之”的诡道计谋把敌军拖疲、拖垮、拖死，在敌军东劳西奔、疲惫不堪的情况下，出而战之，大获全胜。

唐朝武德二年（619年），宋金刚率军攻下太原，夺取了唐朝的这个北方重镇。为了收复失地，李世民率领3万精兵渡过黄河，与宋金刚的军队相持于柏壁。据《资治通鉴》卷一八八记载，当时，宋金刚集中了精兵猛将，直逼李世民，准备快速解决战斗。而李世民采取了养精蓄锐、分兵袭扰、疲劳敌军的作战方针，与宋金刚的军队在柏壁周旋。最后，宋金刚的军队疲惫不堪，粮草全无，人心涣散，开始撤退。李世民见战机已到，亲率唐军出击，大败敌军。由于唐军半年来以逸待劳，而宋金刚的军队则耗尽心力，所以交战一开始，优势和主动权就完全掌握在李世民手中。果然，唐军一鼓作气，不但全部歼灭了宋金刚的军队，还乘胜收复了太原。

乾化二年（911年），后梁与周德威率领的晋兵交战于柏乡。当时梁军兵力多于晋军，便采取了正面出击的方针。晋军在周德威的指挥下，采取了“佚而劳之”的办法，拔营退军，不与梁军营垒对峙，使晋军处于骑兵机动的状态。梁军攻之，晋兵躲之；梁军停兵吃饭，晋兵用骑兵骚扰。经过几天的周旋，梁军已经饥渴劳倦。于是，晋军整队与梁军交战。交战之日，又故意拖延时间，战至黄昏，梁军尚未进食，士卒饥疲已甚。周德威立即命令晋军向梁军发起猛烈进攻，梁军难以力支，纷纷向后退去。晋军紧追不舍，几乎全歼梁军。

12. 亲而离之

《百战奇略·离战》说：

> 凡敌有谋臣良将，须伺其隙以离间之，使彼猜贰而去，我必得所欲。

这是说，如果敌方有足智多谋、勇敢善战的将领，就需要制造和利用他们的内部矛盾进行离间，使他们受猜疑而被调离指挥岗位。这样，我方就达到了从组织上指挥上削弱敌人的目的，赢得战场上的优势。古来征战，千军易得，而一将难求。许多兵家用间，都是为了不战而先离敌人之将。为此，离间的诡计便层出不穷。

《韩非子·内储说下》有这样一段记载，郑桓公打算袭击邻国，首先派人到邻国去了解那里的人才情况，并把邻国的豪杰、良臣和智勇之士的姓名全部记录下来。而后，郑桓公给这些人每人一份良田和财产，并把本国的官爵名号封给他们，为此大造舆论。邻国君主得知消息后，以为这些人通敌卖国，便毫不留情地把他们全都杀了。郑桓公见邻国人才已尽，便出兵消灭了这个邻国。俗话说：人才尽而国家破。从这段历史中我们可以悟出这方面的道理。

在古代战争中，用离间手段挑拨敌人内部矛盾，赶走敌方良将忠臣的事例不计其数。如春秋战国时期，秦国用计把赵国良将廉颇离间，齐国田单用计把燕将乐毅离间，都达到了目的。廉颇去则赵国灭，乐毅走而燕军败等，这都是人们熟知的典型事例。

第七讲

用间谋道：内攻巧伪与奇诈胜计

《孙子兵法》开宗明义第一篇《始计》说：

兵者，国之大事，死生之地，存亡之道，不可不察也。

意为军事战争是国家大事，关乎人民的生死，国家的存亡，不可不认真地研究，缜密地考察。又说，“兵者，诡道也”，不厌其诈。诡计阴谋、欺蒙诈骗在这里是可用的，而且是必须用的。所谓巧伪内攻即指此。“用间”、“奇谋”，即内攻巧伪与奇诈胜计，均由此而生。

文攻之策与战略离计

“文伐”也叫“文攻”。《六韬·文韬·文伐》汇解云：“文伐者，以文事伐人也。”指用政治、经济、文化思想等非军事手段打击敌国或敌方。具体说，即施谋一方对内施行仁政，修明政治，发展经济，收揽人心，做到国富民强，政通人和，国力强大充实；对敌国则采取种种谋略手段分化、瓦解、打击，使其在无形中政治腐败，经济衰退，国力削弱，各种矛盾激化，上下离心离德，貌似强大而实际上不堪一击。最后顺天应人，大兴义师，一举歼灭。《六韬·文韬》有

《文伐》篇，集中论述了“文伐”的十二种方略，就其本意而言，“文伐”即战略用间的离计。以下对此作一简略介绍，共有十二策。

一策：因其所喜，以顺其志，彼将生骄，必有奸事。苟能因之，必能去之。

就是按照敌人的喜好，顺从敌人的心愿，使其滋长骄傲情绪，做出奸邪事端，然后因势诱导，制敌死命。商灭夏桀，周灭殷纣，都用了这一文伐手段。

《孙子兵法·用间篇》云：

> 殷之兴也，伊挚在夏；周之兴也，吕牙在商。明君贤将，能以上智为间者，必成大功。

伊挚就是商汤的贤相伊尹，挚是他的名字。吕牙就是吕尚，也叫姜尚、姜子牙、姜太公，是辅佐周文王兴周、周武王灭殷的谋略家。孙子说，殷、周的兴起，夺取了夏、殷的天下，是因为伊尹在夏桀那里、姜子牙在殷纣王那里做间谍而成就伟业的。宋朝的王应麟不同意这种说法，认为伊、吕都是圣贤之人，不会去做间谍。说伊、吕做间谍是战国辩士对圣人的诬蔑。伊、吕是不是做过间谍，史料不足，暂不去说他。但伊、吕为商汤、周文王出谋划策，先以“文伐”，后以武力消灭了夏桀、殷纣却是事实。“文伐”既是战略“用间”，说伊、吕曾为间谍也无损其圣贤灵光。

姜太公辅佐周文王“文伐”殷纣，史书多有记载。《史记·殷本纪》载：“殷纣王暴虐无道，滥杀无辜，残害忠良，沉湎酒色，宠信妲己，百姓怨望。”他设炮烙之刑：立一铜柱，下置炭火，令“罪人”在上面行走，掉在炭火中烧死，以博取妲己一笑。西伯昌、九侯、鄂侯为殷朝三公，九侯女儿长得美好，被纣王选入宫内。九侯女不喜淫乱，殷纣王便怒而杀之，并把九侯也剁成了肉酱。鄂侯为九侯争辩，也被杀死。西伯昌叹惜了一声，被崇侯虎听见，报告了纣王，也被囚禁在羑里。西伯昌为了赎罪，便采用了“因其所喜，以顺其志”的计谋，使其臣下闳夭等搜求“美女、奇物、善马以献纣”，纣才赦免了西伯。西伯出狱后又“献洛西之地，以请去炮烙之刑，纣乃许之，赐弓矢斧钺，使得征伐，为西伯”。西伯回国后，“乃阴修德行善，诸侯多叛纣而往归西伯。西伯滋大”。西伯得到纣王的信任和诸侯的拥护，便利用纣王给的征伐特权，对周围弱小部族进行征伐。

如伐犬戎，伐密须，败耆国、邘国，伐崇侯虎，建设丰邑，立为新都。殷纣被西伯的“美女、奇物、善马”迷住了心窍，愈加骄横荒淫，废贤臣尚容，杀王子比干，囚箕子，逐微子，逼得太师、少师抱着祭祀乐器出奔周国。各诸侯也纷纷叛殷归周。周武王伐纣，牧野一战，殷人倒戈，一举消灭了立国600余年的殷朝，可说是周文王和姜太公的“文伐”为其打好了基础，创造了成熟的条件。

二策：亲其所爱，以分其威。一人两心，其中必衰。

意为收买拉拢敌国君主的近身宠臣，以削弱敌君的权威。其宠臣有了二心，国家就会走向危亡。春秋末年，越国灭吴，可为此节的注脚。

《史记》的《吴世家》、《越世家》和《国语》的《吴语》、《越语》皆载此事。大意是：吴国自用伍子胥和孙武为将，国力渐强。西破强楚，南服越国，有称霸中原之势。但“吴王骄而喜佞”，宠信太宰伯嚭。伯嚭“贪而善谗”。在战败越国、围困越王勾践君臣于会稽之时，吴王夫差发誓为父报仇，要灭越国。越王勾践在走投无路之际，用大夫文种之计，以美女八人、白璧十二双、黄金千镒，买通了伯嚭。伯嚭极力劝说夫差答应越国求和要求，从而保存了越王勾践性命和越国社稷。勾践君臣在吴为奴服侍吴王三年，用假忠诚和金银珠玉美女继续收买伯嚭和吴王，取得吴王信任，赦免其罪，放其回国。勾践回国，“乃苦身焦思”，“卧薪尝胆”，不忘国耻，开始了对吴国的“文伐”；对内施仁政，“身自耕作，夫人自织，食不加肉，衣不重彩，折节下贤人，厚遇宾客，振贫吊死，与百姓同其劳”。对外继续收买吴王宠臣伯嚭，使吴王对勾践准备复仇的种种迹象，视而不见，听而不闻。在关键时刻，吴王不听伍员忠言苦谏而轻信伯嚭甜言蜜语，不去攻打越国，却北向与齐、晋争霸，结果被越国乘虚攻破，吴国灭亡，夫差自杀。

三策：阴赂左右，得情甚深，身内情外，国将生害。

意为暗中贿赂敌国君主的左右近臣，和他们建立深厚的情谊，使之“身在曹营心在汉”，敌国就必定会产生祸害。此节与上节意思差不多，上述几例皆可作为例证。最典型的是秦国贿赂郭开。

《史记·廉颇列传》载：秦国派大将王翦攻打赵国，赵国欲起用被排斥逃到魏国去的名将廉颇，便派人去考察廉颇的情况。这时秦国派王敖携重金到赵国偷看，用黄金3000斤收买赵王近臣郭开，深与结交。郭开本是奸佞之徒，早与廉颇有仇，受了王敖贿赂，便为秦国卖力。郭开买通去考察廉颇的人，使之回来向赵王汇报时说“廉颇尚能吃肉吃饭，但一会儿便拉了三次屎”。赵王听了说：“临阵打仗，岂能老去拉屎！廉颇老矣！”遂弃而不用。之后起用李牧和司马尚。李牧和司马尚御敌得力，秦兵不能得手。王敖又送给郭开黄金7000斤，答应事成之后秦王给予高官厚赏。郭开向赵王进谗言说：“李牧在前线不向秦兵进攻，私下与秦人讲和，是企图叛赵归秦，受秦封地为王。”赵王听了信以为真，便派赵葱、颜聚去取代李牧、司马尚。李牧不接受这个命令，赵王便派人把他杀了。赵国失去大将，秦兵乘机进逼邯郸，大败赵兵，杀死赵葱，俘虏了颜聚和赵王。赵国灭亡。一个郭开受贿，葬送了一个国家。

四策：辅其淫乐，以广其志，厚赂珠玉，娱以美人，卑辞委听，顺命而合。彼将不争，奸节乃定。

意为助长敌国君主的淫乐行为，以扩大其荒唐志趣，用丰厚珠玉贿赂他，用美女迷惑他。言词卑恭，曲意听从，迎合其心意。这样他社将丧失斗志，邪恶行为就会肆意发展下去了。

中国古代“三十六计”中有“美人计”。美人计一定要跟着重贿。如周文王对殷纣王，在献有辛氏美女的同时，献上“骊戎之文马、有熊九驷，他奇怪物”，以后又献洛西之地，尽量满足其欲望，使之在荒淫暴虐的泥坑中越陷越深。又如越王勾践对于吴王夫差，也是以美女珠玉使其“忠广”，自误误国的。《史记·越王勾践世家》载：越王勾践夫椒惨败之后，先用美女珠宝“卑辞厚礼”以求和；继则用美女宝器以脱身。回国后又遍搜国中美女宝物，得西施、郑旦献给吴王。吴王自得西施更加肆意淫乐，神魂颠倒。勾践见有机可乘，想伐吴报仇。大夫逢同劝谏说：我们国家战败不久，今刚好些，要打吴国，吴国必然惊惧，全力对付我们，那我们又大难临头了。猛鸟要捕食，尚且先隐匿其形，何况人呢。现在吴国要北伐齐、晋，又极怨恨楚、越，为越之计，不如暗结齐、晋，亲交楚国，继续卑辞厚礼，表面亲服吴国。“吴国志广，必轻战”。齐、晋、楚三国伐吴，“越承其弊，可克也”。勾践听了逢同的话，像猫儿扑鼠一样耐心等待。吴国果然没有先攻打越国，而北攻齐、晋。结果被晋国打败。越国乘吴国北线失利，向前奋力一扑，便将吴国消灭了。

周幽王宠褒姒导致西周灭亡，也属此类。

五策：严其忠臣，而薄其赂。稽留其使，勿听其事。亟为置代，遗以诚事，案而信之，其君将复合之。苟能严之，国乃可谋。

意为尊重敌国的忠臣，少给他些礼物。稽留他派来交涉的使节，但不听他的意见。极力促使敌君改派他人取代来使，并给他透露些真实情况。表示依赖亲近和友好，其君就会附和我们。如果能这样用不同的方法对待敌国的忠臣和奸佞，就可以谋取他的国家。

战国时期魏国派大夫须贾带其舍人范雎出使齐国。齐王看中了范雎的经纶之才，便稽留他们，并单独赠送范雎牛酒及黄金。范雎推辞不掉，便收了其牛酒而辞退了黄金。回国后须贾向丞相魏齐报告此事，说范雎有私于齐，否则为什么齐国不赠给正使而单送给随从范雎呢？魏齐听了大怒，以卖国贼罪令卫士将范雎杖笞至死，丢在茅厕里让人尿他。范雎死而复苏，被人救出，化名张禄逃到了秦国，后来做了秦相国。为了报仇，他派兵攻打魏国，强索魏齐。魏齐吓得弃相印逃到赵国。秦国又把赵国平原君弄去拘留在秦国，直至逼得魏齐走投无路而自杀，魏国提着魏齐的头到秦国请罪。这虽是齐国用计而秦收其利，但魏国因此失人又失势，国力大大削弱，道理与《六韬》此策相似。

六策：收其内，间其外，才臣外相，敌国内侵，国鲜不亡。

收买国王左右的大臣，离间其边远的官吏，使其人才为外国做事，然后以兵相加，这样的国家很少有不亡的。

中国历史上这样的史实是不少的。有所谓“楚材晋用”的成语，说的就是此国培养了人才而被他国利用，做赔钱自弱的生意。《左传·襄公二十六年》云：“虽楚人才，晋实用之。”《周书·沈重传》载，沈重本南朝梁国人，在北周做官，已过了退休年龄，便上表请求回老家梁国。周武帝宇文邕“优诏答之，曰：‘……不忘恋本，深足嘉尚。而楚材晋用，岂无先哲’”。春秋中期以后，秦国用外国人才最多，秦穆公时，名臣百里奚、蹇叔，战国时名臣商鞅、尉缭、范雎、蔡泽、李斯、吕不韦、韩非、郑国等，都是外来人才，且战国时期秦国用的这些人都是出自三晋，可以说是“晋材秦用”了。秦国越来越强，最后统一中国，与其吸引外才、利用外才有关。反过来说，魏、赵、韩、楚等国因人才外流，削弱了自己，一旦强敌入侵，自己的人为敌国所用，这就加速了灭亡，岂不正是“才臣外相，敌国内侵，国鲜不亡”吗？

七策：欲锢其心，必厚赂之，收其左右忠爱，阴示以利，令之轻业，而蓄积空虚。

欲使敌国深信不疑，就必须厚赂他们，收买其国君左右的亲信大臣，暗中给他们好处，使他们玩忽职守，忽视生产，造成国家空虚，财源枯竭。如上述秦国收买赵国的郭开，赵国收买吴国的伯嚭，皆是收买近臣的例证。

利用诡计，甚至派出间谍，扰乱敌国生产，使之耗费人力物力的事例还不少。如韩国为了减轻秦国内侵的压力，使之缓攻韩国，就曾派出水利专家郑国去说服秦王大兴水利，以耗其人力物力，“毋令东伐”。但秦国识破了韩人阴谋，使郑国说出了自己的本意，也说出了“渠成秦国获利”的话。秦王觉得有理，没有杀他，叫他在秦国继续兴修水利，开凿成功了引泾水入洛水的灌渠，灌田4万余顷，使关中变成沃野粮仓。“秦以富强，卒灭六国”。这是失败的一例，但却有历史的借鉴意义。

还有苏秦为燕间齐，也很典型。《史记·苏秦列传》载：苏秦为燕相，与燕王定计，假装得罪燕王，逃到齐国，取得齐王信任，然后想法破坏齐国生产，耗费其人力财力。但事还没开始做，苏秦便被刺客刺死，计划失败。事虽未成，而苏秦的计谋却给后人留下了很深的影响。

发展自己，破坏敌国生产，削弱其经济实力，是古今中外长久对立国家之间都使用的阴谋手段。

八策：赂以重宝，固与之谋，谋而利之，利之必信，是谓重亲。重亲之积，必为我用。有国而外，其地大败。

赠给敌国君主以重宝，求其共谋别国，使之对他有利。对他有利，他必然信任我，密切了同我的关系。敌君亲近我了，就必然会为我利用。国家被别人利用，其国必然大败灭亡。

收买敌国，诱之以利，使之为我利用的事例，最典型的是春秋末年子贡为鲁使说服齐国攻打吴国，又说服吴国北伐齐、晋，又说服越国和晋国共同对付吴国的事。其时孔子在卫，听说齐国田常要兴兵伐鲁，便召集诸弟子说：

“鲁国是我们父母之国，坟墓所在，今齐国攻鲁，不可不救。现在我想委屈折节去说服田常，以救鲁国，谁愿为使?”

子贡表示愿去。子贡到齐国会见田常说：“鲁国是不好打的，而今你要伐鲁，是错误的。”

田常不以为然说：“鲁国有什么难打的?”

子贡说：“鲁国城薄且矮，鲁地狭小贫瘠，鲁君愚蠢没有威信，大臣皆徒有虚名而实无用，人民又仇视战争，不值得和鲁打仗。我看还是去攻打吴国。吴国城墙高而且厚，城濠宽而且深，兵利甲坚，士卒精壮食足，精兵重器都在城中，又有才高望重的大臣宋卫，我看很容易打。”

田常听了，气得变了脸色，质问子贡说：“人家以为容易的，你说是难；人家以为难的你说容易，你说这反常的话是什么意思？”

子贡从容回答说：“我常听人说，如果内部有难办的事，首先要进攻外面的强敌；外面有强敌时，就要先攻弱敌。现在你国内的事很难办，你三次讨封都不成功，说明大臣对你很不服气，现在你想以征服鲁国来树立齐国的威望，打胜了会成为国君骄傲的资本和带兵将帅们的功劳，带兵大臣受到尊敬，会对你不利。因为君主骄傲，大臣纵敌，你想成大事很难，且会引起争端。这样你就上与君主疏远，下与同僚发生争执，你在齐国就难立足了。这不是很困难很危险么。吴国强大，你攻吴国，败了，带兵大臣死在外边；不胜，战争持久，带兵大臣在外，内部空虚，没有掌兵权的强臣和你争权，下边也无人指责你的过错，这样你就成为齐国的主宰了。”

田常听了，恰对心病，连声说好。但又怕中途改变战争方向，引起齐国君臣怀疑，又向子贡求教怎么办？子贡说：“好办，你让军队先停止前进，我先去吴国劝吴王来救鲁国。吴一出兵，你攻打吴国就师出有名了。”当时吴国正想南伐世仇越国。子贡到吴国见了吴王说：“我听说，称王的人是天下无双的；称霸的人也不允许有强国与他抗衡。现在齐国要征服鲁国，与吴国争强。拯救鲁国，正是吴国显露名声、树立威信的好时机。攻打齐国对你极为有利，那样不但可以安抚泗水以北诸侯，同时还可惩罚无道的齐国、威服强大的晋国。此举名为救鲁，实因强齐。请大王勿再怀疑。”

吴王说好。但又说：“我曾打败越国，越王现在正苦心经营，招贤纳士，以图报会稽之仇，等我打败越国，再打齐国如何？”

子贡说：“越国弱小，齐国强大，你攻弱越而怕强齐，算是有勇气吗？若你先灭越国，再攻齐国，鲁国早被齐国灭亡了。有勇的人不避困难，有仁德的人不拘于约束，聪明人不会放过时机，守信义者不灭绝别国后代。眼下你能保存越国，各国都认为你很讲仁德，拯救鲁国而惩罚齐国，威胁晋国，各国诸侯就会都来朝见吴国，于是你的霸业就成功了。对于越国，请允许我去说服越王，出兵跟你出征，这样既可控制越国，又可有联合诸侯讨伐齐国的名义。”

子贡又到越国，先对勾践说了吴王要先灭越，再攻齐救鲁的意思，又批评越王做事不慎说：“你若没有报仇的意思却让人家怀疑，这是你很笨拙；若有报仇之志，却使人家知道，则是极危险的。这样你就做不成大事。”

勾践听了很害怕，顿首称谢并求教挽救办法。子贡献计说：“吴王残暴凶狠，群臣不堪他的凌辱；连年战争使国家疲敝，士卒不满，百姓怨恨，大臣人心不稳。伍子胥忠言力谏而被处死；伯嚭恭顺善谗，因巧言吹捧而受到重用。这种混乱局面，正是你伐吴报仇的好时机。眼下你最好派兵跟随吴国去攻打齐国，暂且表面服从，并献上宝物，使他高兴，再用谦逊的言辞奉承他，表示尊敬，使他完全消除后顾之忧，决心去打齐国。吴打不赢，正是你的福分；真打赢了，吴必乘胜攻打晋国。现在我就北上去见晋君，说服他同你一起攻打吴国。吴国连年战争消耗，士气已尽，再有晋国围困，大王你就可乘其疲敝之机，制其死命了。这便是圣人说的以屈求伸的道理。”

勾践听从子贡之计，选兵3000，先派文种到吴，厚礼卑辞向吴王叩首谢罪说：“东海贱臣勾践，蒙大王不杀之恩，得奉宗祀，虽肝脑涂地，不能相报。如今听说大王伸张正义，诛强救弱伐齐扶周，故派小臣文种，献上精甲二十领，‘屈卢’之矛，‘步光’之剑，以贺吴国军吏。勾践已集国内所有兵卒3000人，并请披坚执锐，亲自率领，身先士卒，甘冒矢石，为大王先驱。”

吴王听了这番恭维的话非常高兴，就对子贡说：“越王请求亲自随我去伐齐国行吗？”

子贡说：“不行。把人家的国库调空了，军队全调走了，再带去人家国君，这不合道理。可以接受其礼物和军队，国王就不必跟随出征了。”吴王同意子贡的建议，谢绝越王，使留越国，然后集九郡之兵向齐国发动进攻。子贡于是到了晋国，对晋说了吴国攻齐伐晋的计划，要晋君早做准备。晋军也依计而行。等吴军大败齐军于艾陵后，吴军果然不退，又向晋国发动了进政。晋军早有准备，与吴军战于黄池，大败吴军。正在吴国空虚之时，越国兴兵，灭了吴国。越国成了东方霸主。故司马迁说：“子贡一出，存鲁，乱齐，破吴，强晋而霸越。”这不是“重亲之积，必为我用”的典型吗？

九策：尊之以名，无难其身。示以大势，从之必信；致其大尊，先为之荣，微饰圣人，国乃大偷。

用煊赫的名号颂扬他，不让他受到危难；给他势倾天下的感觉，毕恭毕敬地顺从他，以至高无上的名位崇敬他，先夸耀他的功绩显赫，再恭维他的德比圣人，使他更加狂妄自大而懈怠国事。

喜欢表扬、歌颂、吹捧、奉承，听不进批评，特别是逆耳忠言，是一般人的通病。对君主来讲，则是致命的弱点。对个人来讲，不过是影响进步，或多碰几个钉子，多摔几个跟头，至多危害个人；而对于君主，则不仅个人受害，还会危害国家。如夏桀、殷纣、吴王夫差、楚怀王、赵王迁等，如果能够多听听忠良直谏，还不至于搞到国破身亡的地步。特别是吴王夫差，本性残暴凶狠，自南伏越、西败楚之后，心高气傲，一心想称霸中原。因此，听不进忠言劝告，而专喜欢被人颂扬奉承。在对待先灭越还是先攻齐的问题上，伍子胥力主灭越，强谏而被赐死。而对越文种和子贡的假意颂扬却坚信不疑。因此，为图虚名决心北上伐齐，又进攻晋国，结果中了越人和子贡的“文伐”之计，搞到丧邦亡身。其教训是极为深刻的。

十策：下之必信，以得其情；承意应事，如与同生，既得之，乃微收之；时及将至，若天丧亡。

意为对敌人表示恭顺诚信，以取得他的友情和信任；顺承他的意图办事，好像同胞兄弟一般亲密；既已取得他的友情和信任，便进一步微妙地控制他；时机一到，就像天意叫他灭亡一样，把他消灭。

郑武公灭胡人国家，就是运用的这一诡计。《韩非子·说难》记载：郑武公打算灭掉胡国，就先把女儿嫁给胡国国君为妻。有一天他召集大臣议事，问：“我国现在对外用兵，你们看先攻打谁呢？”大臣关其思说：“先攻胡国！”武公听了佯装大怒，下令把关其思斩首示众，并郑重其事地宣告说：“胡君和我是亲戚，同兄弟一样的亲密，怎么要我去攻打他呢？这是挑拨我和胡君的关系。”胡人听说此事，信以为真，真心把郑武公当做兄弟一般信任，不再作防御郑国人侵的准备。郑武公以此完全控制了胡君。但郑武公却乘其不备，出兵突然袭击胡国，一举把胡国灭亡了。

十一策：塞之以道，人臣无不重贵与富，恶危与咎，阴示大尊，而微输重宝，收其豪杰。内积甚厚，而外为乏。阴纳智士，使图其计；纳勇士，使高其气。富贵甚足，而常有繁滋，徒党已具，是渭塞之。有国而塞，安能有国？

闭塞敌国君主的视听，凡是臣民没有不渴望富贵而厌恶危难与灾害的。对这种人可以暗中许以尊贵官位，再偷着送他大量财宝。用这种方法收买敌国的豪杰。国内积蓄很多，外表装作贫乏，暗中收纳智士以定计谋，收纳勇士以提高士气。并要满足他们渴望富贵的心愿，不断发展壮大自己的力量。这样做就能闭塞敌人的耳目而暗中壮大了自己。敌人有国家而视听闭塞，还能保住国家吗？

收买他国的英雄豪杰和智谋之士，对一个国家具有发展的战略意义，古今同理。殷末，周文王不拘一格收罗别国人才，特别是得了姜太公姜尚，对国家的发展有决定意义。《史记·齐太公世家》云：“天下三分，其二归周者，太公之谋计居多。”春秋战国时期的秦国，之所以最后统一中国，与其收罗各国的人才而用之分不开。如秦穆公为得到流亡的百里奚，用尽心计，用五张羊皮把他从楚国买回，又听百里奚推荐，派公子挚亲自深入宋国农村，聘请蹇叔，对二人皆予以高官厚禄，听其谋汁，使秦穆公独霸西戎，成为春秋五霸之一。战国时期秦国用外人最多。如商鞅是卫国公子，尉缭出身于大梁，韩非是韩国人物，李斯来自魏国，吕不韦是赵国大贾，范雎是魏国的逃亡罪人，蔡泽也是赵人。这些人到秦国后皆得重用，位极将相，都对秦国的发展做出了杰出的贡献。反过来说，魏、赵、韩等国，却因人才被秦国挖走利用，国力受到了削弱，最后被秦灭亡。

历史上齐桓公、吴王阖闾等也是善于用此手段挖人家的人才、为己所用的能手。《国语》、《史记》等载：管仲本是鲁国的死囚，齐桓公用计，威迫利诱地把他弄来，委以国政，言听计从，成为春秋五霸之首。阖闾则纳楚国叛亡伍子胥，又由伍子胥推荐得到齐国孙武，对二人皆授以兵权，使吴国很快富强起来，威震东方。若不是其继承人夫差中人奸计，导致灭亡，吴也许会成为战国之雄，造成战国八雄并立的局面。

十二策：养其乱臣以迷之；进美女淫声以惑之；遗良犬马以劳之；时与大势以诱之；上察而与天下图之。

扶植敌国的奸臣，以谗言迷惑其君主的心智；进献美女淫荡的乐舞，以消磨敌国君主的意志；送良犬宝马，使敌君主沉湎于游猎而神形疲惫；又常报以有利的形势，使其放弃警惕高枕无忧；然后看时机成熟就与天下人共谋而夺取他的国家。

公元前500年，鲁国用孔子为大司寇，摄相国事，辅佐鲁定公出使齐鲁夹谷之会，会上齐国景公的宠臣黎弥，欲在会上用武力劫持鲁君，以献莱人舞乐为名，暗约莱兵举事。孔子识破了齐人的阴谋。在300莱兵以乐工登台欲劫鲁君之时，孔子挺身而出，历阶而上，到齐景公面前怒斥齐人无礼，迫使齐景公及其宰相晏婴承认错误，答应归还齐国侵占的鲁国的洛阳之田，鲁国由是而强盛一时。但齐人于心不甘，设计离间鲁君与孔子的关系，黎弥乃派人向鲁国进献女乐及良马，使鲁定公及其宰辅季孙氏沉迷于女乐良马游乐之中，连日不朝，政事荒怠，疏远孔子。孔子见鲁国君臣如此，势不可为，便辞去大司寇之职，携弟子出国周游去了，鲁国从此日益衰弱。

总之，“文攻”或者说“文伐”，是战略用间，长久之计，不是一年两年能达到目的的，往往需要一代、两代，甚至数代才能达到。如越之灭吴，用了一代人的时间；周国灭殷，用了两代人的时间；秦灭六国，用了数代人的时间。但“文攻”是带根本性战略性的大计。因此，历史上战略家都十分重视，经常运用。《六韬》中的文伐十二种，可说是古人战略用间的经验之谈，其中充满了智慧和唯物辩证的观点，很值得吸收和借鉴。

用间之法与内攻巧伪

“用间”就是使用间谍。自古以来，用间就和军事谋略、战争智慧紧密联系在一起。在中国古代战争史上，用间的办法很多，对用间也有多种总结和分类。我们还是依据《孙子兵法·用间》的分类，以因间、内间、反间、死间、生间五法为主加以叙述，它们均是内攻巧伪的用间谋道的具体运用。

1. 因间

孙武自己的解释是：

> 因间者，因其乡人而用之。

"因间"，更确切地说应叫"乡间"，即用敌国、敌占区之人了解敌情。如东晋祖逖在雍邱利用此法了解敌情，就取得了极好的效果。《晋书·祖逖传》载：祖逖为豫州刺史，镇雍邱，爱人下士，关心自己的下属，对百姓施以仁政，即使是疏淡之交，卑奴贱婢，也都以礼相待，施以恩惠。因此，深得人民爱戴。雍邱地区曾被胡人占领，祖逖收复此地之后，当地住户子弟有的在北边为胡人做事，祖逖也任其选择，不予追究，还经常为保护他们，派部下巡逻，假装抄掠这些人家，以挡胡人耳目，使在胡子弟免遭胡人怀疑和迫害。这样，胡兵家属，反而成了祖逖的耳目，他们得知胡兵有什么密谋和动向，就立即悄悄告知祖逖。祖逖对有功之人，不论大小，立即予以奖赏，一天也不拖延。祖逖靠这一手，屡败胡兵，收复了不少失地。

利用敌人的亲戚、朋友、师生或老乡关系，打入敌人内部，进行离间活动也不乏其例。如公元303年李雄用朴泰赚罗尚。《晋书》载：罗尚为东晋益州刺史，李雄据郫城起义，罗尚派将军隗伯去镇压，李雄用罗尚的同乡武都人朴泰为间谍，先施苦肉计，把朴泰鞭打得遍体鳞伤，然后派到罗尚那里，骗说愿为内应，举火为号。罗尚被骗，派出精兵由隗伯率领去攻打郫城。李雄这边派将军李骧设伏于道，那边朴泰则在城上举火，竖起爬城的梯子，放下拉人的绳子，使罗尚的百余人爬入城内被杀。李骧伏兵从后面杀出，一举将隗伯擒获。

"乡间"在邻国边界使用最多。因为邻国边界地区，双方民间来往较多，关系复杂，一旦两国发生冲突，因为各种利害关系，或被敌国重金收买，或利用故交情谊，被敌方利用，是防不胜防的常事。但利用乡人为间谍，在谋略中是低层次的。乡人只能了解一般情况，不会了解重要机密。乡人关系，人所共知，容易被控制和识破。

2. 内间

内间者，因其官人而用之。

也就是收买敌方的官吏为间谍。杜牧注曰：

> 敌之官人，有贤而失职者，有过而被刑者，亦有宠嬖而贪财者，有屈在下位者，有不得任使者，有欲因败丧以求展己之材能者，有翻复变诈常持两端之心者。如此之官，皆可潜通问遗，厚赠金帛而结之。因求国中之情，察其谋我之事，复间其君臣，使不和同也。

总之是利用敌方内部矛盾、嫌隙和个人私念，收买他为我方提供敌方的内部情报，并从中破坏敌方的内部团结，为我所用。如春秋末年越王勾践收买吴国大夫伯嚭，战国时期秦国收买楚国的靳尚和赵国的郭开，汉刘邦收买匈奴冒顿单于之妻阏氏，隋幽州总管阴寿重贿高宝宁及其属下将领，金放秦桧回南宋为相等，皆是此类。

《史记·高祖本纪》载：刘邦中匈奴人计，陷在白登山被围困。危急之中，陈平献汁，通过匈奴内部奸细王黄、赵利献礼给匈奴冒顿单于的正娄阏氏，让她从中说情，解白登之围。阏氏看了琳琅璀璨的黄金珠玉，已是动心，汉使又偷偷把准备好的美人画图展给阏氏观看，说："汉皇帝准备把中原这些美女献给单于，让他撤兵解围。只要阏氏你从中说和，美人就不献了。"阏氏暗中吃醋，就一口答应。当晚阏氏对冒顿说："匈汉双方君主不应该互相称对，如今大王得了汉家的土地，也不能永久占领，何况汉王还有神仙保佑呢！请大王考虑。"冒顿被说服，于是下令撤军，网开一面，放刘邦突围逃脱了。

南宋时期，金统治者放秦桧回南宋为金之内间，这是中国古代使用内间之计最成功、最典型的事例，秦桧也是中国古代最可耻、最高明的内间。"靖康之难"后，身为北宋王朝御史中丞的秦桧与同僚孙傅、张叔夜、何栗、司马朴等随同宋徽宗、宋钦宗被金军掳往北方。不久，秦桧即卖身投靠。金军进攻南宋，秦桧为金军统帅宗翰起草伐宋文告，并被金太宗派往其弟挞懒军中，协助、策划进攻南宋，进而受其派遣，潜回南宋，开始了其为金国充当内间的可耻生涯。后秦桧和妻王氏及奴婢女仆从由挞懒军中至宋军控制下的涟水，乘船到达杭州。

秦桧回到南宋后，立即受到宋高宗的接见，并被任命为礼部尚书。同时，秦桧针对宋高宗惧怕金军，不求恢复故国，只图在江南一隅苟且偷安；又惧怕金方送回宋徽宗、宋钦宗，从而影响其帝位得失的深层心理，提出"如欲天下无事，南自南，北自北"的卖国求和主张，首次面见宋高宗，即上呈他早已草拟好的南宋向金国挞懒求和的信件。畏敌如虎，主张求和以苟且偷安，在当时的南宋朝廷中，是包括宋高宗在内的相当一部分官僚的共同愿望，这是秦桧作为金国内间，之所以公开提出卖国投降论调，反而受到提拔重用的重要原因之一。所以《宋史·秦桧传》记载说："始，朝廷虽数遣使，但且守且和，而专与金人解仇议和，自秦桧始。盖桧在金庭首唱和议，故挞懒纵之使归也。"

秦桧回归南宋并得到重用，当时就有许多人提出怀疑，但一方面由于南宋朝廷中包括宋高宗在内的投降派的庇护，一方面由于秦桧其人口蜜腹剑、阴险狡猾，善于伪装，蒙蔽了一大批人，像坚决主张抗金复国的南宋初名相、名臣张浚、赵鼎等也曾因不识秦桧的真面目而主张提拔任用他。因此，秦桧回南宋的第二年，就被任命为右仆射、同中书门下平章事兼知枢密院事，即成为宰相。秦桧手握重权后，便开始培植党羽，排斥异己，打击主张抗金复国的爱国官员和人士，提出所谓能惊动天下的治国之策，即将黄河以北划归金国，中原地区划归金国建立的傀儡政权刘豫，南宋统治淮河以南地区。秦桧的卖国行径遭到了广大爱国官员和各阶层人士的强烈反对，宋高宗迫于压力，才罢免秦桧的宰相职务，改任观文殿学士，提举江州太平观。绍定六年（1133 年），金国使臣李永寿、王翊来南宋，"求尽还北俘，与桧前议暗合。识者益知桧与金人共谋，国家之辱未已也"。

端平二年（1135 年），金太宗死，金熙宗即位，挞懒掌握金国朝廷大权，与南宋政权重开和议，秦桧重新得到起用。先任枢密使，为右仆射、同中书门下平章事兼枢密使，即重任宰相之职，主持与金国议和。秦桧复出议和，再次遭到坚决抗金派官员和各阶层人士的坚决反对，但在宋高宗的支持下，包括张浚、赵鼎在内的一大批抗金派官员，或削职罢免、或降职、或流放。秦桧依仗宋高宗和金国挞懒一明一暗、一内一外的支持，更加肆行无忌，其地位更为巩固。

嘉熙三年（1139 年），在秦桧主持下，南宋与金国和谈成功，规定南宋向金国称臣，金将河南、陕西两省地归还给南宋。然而，和议墨迹未干，金军统帅宗弼杀挞懒，把持朝政，撕毁与南宋的和约。次年，宗弼率大军再次向南宋发起大规模的进攻，但金军的此次进攻遭到宋军的迎头痛击，在东、中、西部战场，金军连遭惨败，中部战场上的岳飞率领大军，大败金军主力，前锋推进到离开封只有 45 里的朱仙镇；河北、山西人民的抗金斗争风起云涌；金王朝统治集团的上层人物都感到末日来临，准备放弃两河、山西，退往北方。在这样一片驱逐金军、恢复故国的大好形势下，作为内间的秦桧下令各路宋军班师撤退，河南、陕西之地得而复失，金军不仅获得了喘息的机会，而且重新推进至淮河、秦岭一线。一个秦桧，挫败了南宋数十万将士，使金军获得了在战场上所无法获得的胜利。

淳祐元年（1141 年）春，宗弼率大军渡淮进攻庐州，又被宋军击败。秦桧深感岳飞、韩世忠、张浚等一批抗战将领不除，他作为内间的职责就难尽，便于同年四月招韩世忠、张浚为枢密使，岳飞为枢密副使，以明升暗降之法，剥夺他们的军权，将军队直接置于秦桧的控制之下。控制南宋的政治、军事大权以后，秦桧策划让宋高宗主动向金国求和。

此时的金国不仅在战场上屡遭败绩，损兵折将，而且其统治集团内部也处于腐败黑暗极不稳定的状态之中，在逼迫南宋向金王朝称臣纳贡，两国以淮水为界，南宋另割让具有战略意义的唐州、邓州、和尚原、方山原等地区和要隘给金国，南宋每年向金国贡纳银、绢各二十五万（两）匹后，同意和议。这就是历史上著名的“绍兴和议”。同时，秦桧大兴冤狱，打击迫害抗战派官员及反对他的其他人士，其中最著名的就是以“莫须有”的罪名杀害爱国将领岳飞父子，其下受打击迫害的官员不计其数。《宋史·秦桧传》云，秦桧两度任宰相 19 年，自“桧擅政以来，屏塞人言，蔽上耳目，凡一时献言者，非颂桧功德，则讦人语言以中伤善类”；“劫制君父，包藏祸心，倡和误国，忘仇敦伦。一时忠臣良将，诛锄略尽。其顽钝无耻者，率为桧用，争以诬陷善类为功”；“又阴结内侍及医师王继先，伺上动静。郡国事惟申省，无一至上前者”；“桧阴险如崖阱，深阻竟叵测……晚年残忍尤甚，数兴大狱，而又喜谀佞，不避形迹”等，反映了一个内间加奸臣的手段和面目。

作为金国的内间，秦桧的手段无疑是极为高明的；从金国方面运用内间之计来说，其所选择的人物是极为合适的，其所取得的成果也是巨大的。像秦桧这样的内间，历史上确是不多见的。

3. 反间

《孙子兵法》云：

反间者，因其敌间而用之。

杜牧解释说：

敌有间来窥我，我必先知之，或厚赂诱之，反为我用；或佯为不觉，示以伪情而纵之，则敌人之间反为我用也。

如赵奢反间秦，汉陈平反间楚项羽，唐李愬反间敌人，高仁厚反间阡能，宋太祖反问林仁肇，岳飞反间曹成，李允则反间契丹，三国周瑜反间曹操等，都是用敌间或敌使进行反间活动的成功之例。除此之外，用敌国之人进行反间也属“反间”之类。如齐田单间燕，秦间魏公子无忌、秦范雎，王敖间赵王黜廉颇杀李牧，诸葛亮反间孟获部将高定等。

《史记·魏公子传》载：公元前247年，秦兵攻魏，魏公子率“合纵”，六图之兵，大败秦军，威震天下。秦人十分忧虑，于是便派间谍甩黄金一万斤，买通魏公子的仇人——被魏公子“窃符救赵”时杀死的魏将——晋鄙的门客，散布流言，在魏王面前说：“公子逃在外国十年，于魏是不忠；现在掌握魏国兵权，统领六国之兵，诸侯都听他的指挥，天下人只知有魏公子。不闻知有魏王。公予想乘此威势南面称王；渚侯害怕他的威名，也想共立他为魏王。”然后又接二连三地写信或口头捎信假意祝贺，询问：“魏公子称王没有?”使魏王不得不相信这谣些言，从而夺了魏公子的兵权。魏公子无奈，称病不出，整天以酒浇愁，以女色为乐，三年后愁病而死。秦人得逞其志，接连大败魏军。

《史记·廉颇传》载，秦兵攻韩，一直打到赵国的阙与。赵王派大将赵奢去救援。赵奢进到离赵都30里，便不再前进，以示怯弱。秦国派间谍来探听虚实。赵奢酒食招待他后，放他回去报告赵奢害怕秦兵，不敢前进的情况，使秦兵骄傲，放松警惕，涣散斗志。赵奢乘机反击，大败秦兵。

《史记》的《项羽本纪》和《陈丞相世家》均载：楚汉之争，项羽围困刘邦于荥阳。刘邦请求和项羽讲和，项羽不听。这时陈平向刘邦献反间计说：“照我看来，楚霸王是可以离间使之混乱的。项羽所依靠的关键人物，不过是亚父范增、钟离昧、龙且、周殷数人罢了，大王能拿出四十万斤黄金，进行反间，离间其君臣，使其疑心，内相诛杀，然后出兵攻打，破楚是一定的。”汉王刘邦照陈平之计，出黄金四十万斤，交给陈平，叫他任意使用。陈平用这些黄金行反间于楚军，宣言说：“钟离昧等各位将领，为项王立功最多，然而始终没何封地为王，因此他们便想与汉联合，共灭项氏，分王其地。”项羽听了流言，果起疑心。项羽派人出使汉营。刘邦为楚使准备了丰盛的酒席。当侍者捧着酒菜去请楚使时，抬头一看，故作惊讶地说，“我们以为是亚父派来的人呢，想不到是项王的使节”。说着把酒菜撤了回去，换来了粗劣的饭食。楚使回去把这情况报告了项羽，项羽果然怀疑范增暗通汉营，再不听他急攻汉军的建议。范增见疑，大怒说：“天下大事已定，大王你自己看着处理罢，但愿我能保住这把老骨头，回家做个老百姓就心满意足了。”说完出了楚营，未走到家便疽发病死。刘邦用陈平计，终于灭了项羽。

《新唐书·高仁厚传》载：邛州副将阡能叛变。都招讨使高仁厚前去讨伐。捉到一个卖面的商贩，经审问是阡能派来的间谍。高仁厚令给松绑。间谍本来受阡能欺压，父母妻子都被阡能关押狱中。受了仁厚款待，并答应去搭救他的一家三口和乡亲，间谍被感化，不仅把阡能的情况告诉高仁厚，还答应回去说服被阡能欺蒙、甚至做过坏事的人。第二天高仁厚只带不多兵力就平定了叛乱。

《资治通鉴·宋纪》载：五代末年，宋高祖征伐南唐，忌恨南唐大将林仁肇的威名，便设计派人买通林仁肇的随从，窃取了林的画像，挂在屋内。南唐使者到来，宋太祖引使者进屋，指着画像问：“此人是谁?”使者说：“林仁肇。”宋太祖说：“此人要来投降，先送画像作为信物。”然后指着空出来的公馆说：“这就是我为他安排的。”使者回报，南唐后主李煜不知是计，便将林仁肇杀了。

明军著名将领袁崇焕则是被皇太极用反间计借明毅宗之手而杀害的。在明军与后金军的战争中，明军屡战屡败，袁崇焕任辽东明军统帅期间，才扼制住后金军的攻势，并取得了宁远、宁锦两次大捷，使明军重新振作起来，形成了较为稳固的防御体系，而袁崇焕成为令后金军上下畏惧的第一位明军将领。崇祯二年（1629 年）冬，皇太极改变进攻策略，采取大迂回战法，绕过袁崇焕坚守的宁远、锦州等战略重镇，避免和袁崇焕作战，指挥大军迂道突破长城，直接进攻北京。十一月初，后金军攻取遵化等地，威胁北京。袁崇焕闻信，立即率祖大寿、何可刚等疾驰救援北京。袁崇焕率军至蓟州，大败后金军。皇太极命后金军再次绕道直接攻击北京城。袁崇焕紧追不舍，迅速赶到北京，驻军于左安门，又数次击败皇太极的进攻。皇太极既气且恨，决心除掉袁崇焕。史载皇太极进攻北京，

> 都人骤遭兵，怨谤纷起，谓焕崇纵敌拥兵。朝士因前通和议，诬其引敌胁和，将为城下之盟。帝颇闻之，不能无惑。

所谓袁崇焕“引敌胁和”、“将为城下之盟”之类的谣言，是皇太极收买明朝廷中的宦官而散布的。昏庸的明王朝君臣不辨是非，此时虽然尚未真的相信袁崇焕会如此干，但崇祯帝生疑，京城谣言四起，对袁崇焕已很不利。皇太极巧妙利用明朝廷中对袁崇焕的不利舆论，再使反间计，终于将袁崇焕置于死地。

> 先是大军获宦官二人，令副将高鸿中等守之。太宗文皇帝因授密计鸿中等于二宦官前，故作耳语云：“今日撤矣，袁巡抚有密约，事可立就矣。”时杨太监者佯卧，窃闻其言。纵之归，以所闻告于上，上遂信之不疑。

《明史·袁崇焕传》有同样的记载，结果，崇祯帝下令逮捕袁崇焕，并“磔崇焕于市”。身在清王朝的《明史》作者评论说：“自崇焕死，边事益无人，明亡征决矣。”皇太极以反间计除掉袁崇焕，明王朝中再也没有人是他的对手了，明王朝的灭亡也就快到来了。

“反间”计是较高层次的谋略，其中虚虚实实，尔虞我诈，诡计多端，变化无常，没有超人的智慧和心计，是难以成功的。

4. 生间

《孙子》曰：

> 生间者，反报也。

间谍按约期活着回来报告情况，叫做“生间”。生间在中国古代战争史上成

功的事例不少，除我们前所述及的伊尹间夏，姜尚间殷，子贡间齐、吴、越、晋等四国，文种间伯嚭事例外，我们再举数例以证之。

在中国古代战争史上，一般由国君、大臣、将帅主持用间，或以察敌情，或以乱敌国、敌军之谋等。以大臣、将帅为间谍者为数不多，而国君亲自出马充当间谍的事例则极为罕见。但战国时的赵武灵王就曾亲自当过一次间谍。

战国中期，为了对付日益强大的秦国，赵武灵王实施军事改革，即历史上著名的“胡服骑射”，使赵国的军事武装力量一时冠于诸侯。赵武灵王凭借强大的军事力量，迅速向西北扩张，夺取了北至燕代、西至云中九原的广大地区，其下一步攻击目标便是从云中、北原南下直接袭击秦国的腹地——咸阳。为了为攻秦作准备，赵武灵王传王位于太子何，自号“主父”，亲自伪装成赵国的使者出使秦国，以观察了解秦国的山川形势和军事实力的强弱。《史记》载赵武灵王

> 于是诈自为使者入秦。秦昭王不知，已而怪其状甚伟，非人臣之度，使人逐之，而主父驰而脱关矣。审问之，乃主父也。秦人大惊。主父所以入秦者，欲自略地形，因观秦王之为人也。

赵武灵王亲自入秦并安全而返，是为前无古人、后无来者的最大的“生间”。其后，赵武灵王本准备展开伐秦之战，但因国内动乱，赵武灵王本人被其长子公子章率乱兵困死于少丘宫，攻秦计划遂告终结。

楚、汉战争及西汉前期，承战国纵横之士游说雄辩之余风，充当间谍并功成名就、全身而返者为数众多。刘邦的部属随何离间项爿爿的猛将九江王英布是一典型事例。汉高祖二年（前205年）四月，刘邦率领诸侯联军56万人袭击项楚都城彭城，但很快被项羽击溃，后刘邦率随从数十人西进至河南。刘邦问部下谁能出使淮南，劝说九江王英布叛楚而向汉，随何主动请缨，带领随从20余人出使淮南。九江王英布是项羽手下的爱将、猛将；其时项羽的力量强大，其事业正如日中天，而刘邦刚被项羽击败，毫无优势可言，但随何以其过人的胆识和高超的谋略，为英布分析楚、汉的现状和前景，预测英布跟随项羽、刘邦的利弊得失，终于打动英布，使英布“阴许叛楚与汉，未敢泄”。未敢泄，是说英布不敢公开声明叛楚归汉，随何的目的还没有达到。《史记》记载了随何迫使英布公开叛楚归

汉的一招，显示了随何作为间谍大智大勇的智慧和能力，

> 楚使者在，方急责布发兵，随何直入曰：“九江王已归汉，楚何以得发兵！”布愕然。楚使者起，何因说布曰：“事已构，独可遂杀楚使，毋使归，而疾走汉并力。”布曰：“如使者教。”因起兵而攻楚。布欲引兵走汉，恐项王击之，故间行与随何俱归汉。

随何以其超人的智谋勇气，出色地完成了任务，并安全返回。其后，英布在南线对项楚军的作战，是汉灭楚总体战略中的重要一环，而随何作为“生间”对汉灭楚做出了极为重要的贡献。

秦、汉以降，运用“生间”以获取功的事例很多，如北宋时，名将种世衡巧施妙计，借西夏王李元昊之手除西夏两名大将，而种世衡所派遣的间谍王光信最后又平安归来；南宋初，名将刘锜用生间之计诱金军统帅宗弼，使宗弼不杀间谍曹成等二人，让二人安全返还，都是运用生间的典型事例。

5. 死间

孙子自解：

> 死间者，为诳事于外，令吾间知之，而传于敌。

也就是故意伪造假情报，或做些诳诈之事，泄露出去，使我方间谍知道，然后或纵吾问到敌方透露，或被敌人捉去逼供出假情报，使敌人受骗上当。

《史记·留侯世家》载：刘邦打算用 2 万军队进攻峣关的秦兵。张良献计说：“目前秦兵强盛，不可轻易进攻，听人说峣关秦军的将领是屠户的儿子，商贾出身，可用重金收买。希望你先派人去准备 5 万人的饭食，并在各山头大张旗帜作为疑兵，再派郦食其带重金去收买秦将。”秦将被收买答应投降，并要求联合刘邦进攻秦都咸阳。张良又劝说：“秦将投降，秦兵不一定服气，联合秦兵很危险，不如乘其不备出兵袭击，保证全胜。”刘邦依张良计，大败秦兵。秦人若能来得及，一定会杀郦生。只是未来得及，郦食其侥幸不死。是“死间”偶然转化为

"生间"的一例。但郦食其终于没有逃脱"死间"命运，在说齐王田广时就被杀掉了。《史记·淮阴侯传》载：刘邦派郦食其去说降齐王田广，韩信答应停止东进。但蒯通却对韩信说："虽然郦生说降了齐国，但刘邦并未给你停止进攻的命令。"等郦生说降了齐王田广，留郦生痛饮狂欢，撤除了一切防御之后，韩信用蒯通计，突然出兵袭击齐国，直捣齐都临淄。田广以为被郦生出卖，便把郦生丢在油锅里烹了。此次本是"生间"，却被蒯通一言变成了"死间"。

利用自己人做死间的很多。如唐代李靖用唐俭为死间而破突厥。《旧唐书·李靖传》载：李靖攻打突厥，突厥颉利可汗兵败求和，唐太宗派鸿胪卿唐俭去招降。颉利可汗心中犹豫，表面顺从。李靖说："颉利虽败，尚有众十余万。如果让他们退到大漠以北去，必为后患。现在不如乘招抚和谈、敌人放松戒备之际出兵歼灭，将颉利擒获。牺牲个唐俭有何可惜！"于是连夜进兵，大破突厥。

用牺牲自己人为"死间"只是"死间"的一种，另外还有几种：如用敌兵、敌间、俘虏兵、叛将、逃兵、重罪囚犯、收买死士等为死间者。如"荆轲刺秦王"，就是燕太子丹收买了田光、樊於期、荆轲、秦武阳等为死士，以献地图和秦叛将樊於期首级为诱饵，派荆轲、秦武阳为死间去刺杀秦王的。这次共死了四人：首先田光见疑而自杀；其次樊於期为报仇甘愿献头；荆轲、秦武阳则"士为知己者死"，甘心入"虎口"去'行刺秦王，事成与不成，都只有一死。结果事败被杀。

用叛将为死间的，如三国时吴国陆抗。《三国志·吴志·陆逊传附陆抗传》载：陆抗都督信陵、西陵、夷道、东乡、公安诸军事，西陵督步阐据城叛吴降晋。陆抗听说后，日夜兼程，率兵围西陵，在城外另筑一道围墙，内可围困城内叛军，外可抵御晋国援兵，但不立即攻城。不久晋国派杨肇领兵来接应步阐时，吴军前方都督俞赞又叛逃投晋杨肇。陆抗认为，俞赞投敌，必然将吴军实情告知晋军。俞赞知道我军弱点——异族兵平日缺乏训练，战斗力差，他必然领晋兵攻打异族兵所守阵地。于是当夜紧急调防，将异族兵阵地换上精锐部队。这样一则使敌人误入歧途，导致失败，同时也会怀疑叛将俞赞，而致他死命。第二天杨肇果然率军进攻吴异族兵原守阵地，结果大败。陆抗乘势攻破西陵城，杀叛将步阐，俞赞也未能逃生。

利用逃兵降卒为"死间"的，如南朝刘宋的檀道济。《宋书》和《南史·檀道济传》均载：道济伐魏至历城，被魏兵抄袭，烧了粮草。道济因绝粮退兵。此时有兵卒逃亡降魏，向魏军报告了宋军绝粮的困情，魏兵追击，宋兵很害怕。道济心生一计，乘夜率兵堆沙，将余下的一点粮食覆盖在沙堆上，迷惑敌人。等天亮，魏兵望见粮堆，以为降卒诱骗他们，便把降卒杀了，然后退兵。道济平安撤回。

用谋使敌国献计人成为“死间”。《东轩笔录》记载：宋庆历二年（1042年），西夏元昊掠麟州。有个西夏人向元昊献计说：麟州城中无井，包围上半月，城中人就会渴死。元昊听其计围困麟州数月后，麟州军有人献计说：“敌人所以围困麟州，是因为城中缺水。可以取沟中泥涂在草上放在高处，让敌人看见，以示城内有水，敌人就会撤退。”宋将依计而行，元昊果然被蒙骗。他找来那个献计的西夏人质问：“你说城中无水，怎么会有稀泥呢?”于是把那人杀掉撤军。献计人反而成了死间。

“用间”，除孙子五法之外，按不同分类，还可举出一些如“离间”、“威间”、“恩间”、“言间”、“歌间”、“友间”、“爵间”、“官间”、“僧间”、“孩间”、“文间”、“书间”、“赂间”、“女间”、“诱间”、“画间”、“谣间”、“乘疑可间”等。限于篇幅，不再赘述。

“用间”，是一门艺术，谁用得高明，谁就取胜；稍差一筹，就会失败。因此，用间必须注意几点：

第一，识人选才。用间是斗智、斗勇、斗胆、斗诈，同时也是斗信、斗诚的艺术，如走钢丝，如探虎穴，充满艰险危难，没有胆识、智慧、勇气和高超的技艺，是难胜任的。用间又如抽丝，如拨冗，极其细微，又极其复杂，必须认真细致，于细微处看出问题，明辨真伪，察出动向；寻找间隙，抓住矛盾，钻入内部，不使人觉察，而能了解到有价值的情报。孙子说：“微哉，微哉，无所不用间也。”没有明察秋毫的敏感和见缝插针的功夫，也同样是不行的。用间又像运用水火，水能载舟．也能覆舟；火能攻人，也能烧己；我用间间人，人也用间间我，针锋相对，变化无穷。不随时掌握风向流势，就会被水淹死，被火烧死；不掌握敌人的奸诈诡计，没有随机应变的能力，反会被敌人利用。两间相谋，智能者胜。如晋国的伯州黎逃到楚国，为楚国定计攻晋；楚国的苗贲皇逃到晋国，为晋国出谋攻楚。及两国交战，苗贲皇在晋君身边谋划，伯州黎在楚王左右运筹，各自分析自己原属国家优势。但结果，晋国取胜，大败楚军于隅陵，由此看出间谍之优劣。所以选拔人才，是用间的第一要务。《孙子》说："非圣智不能用间。"为什么？王皙的解释是："圣通而先识，智明于事。"明于事才能胸有成竹，能识人才能用人。

用间人才标准，自然是智勇双全，德才兼备。所谓"德"是指心怀仁义，信念坚定，做到如孟子说的："富贵不能淫，贫贱不能移，威武不能屈。"对国家、对人民、对主人绝对忠诚可靠，才能在任何情况下都不变节，不被敌人软化、收买利用。所谓才，就是完成任务的实际本领。所谓智，就是随机应变的计谋和智慧。所谓勇，就是勇气和胆识。所以，《孙子》说："非仁义不能使间。"对间谍人才要求标准极高；对主谋则要求更高。间谍必须仁义，使间者更要仁义。这样的人才才为你献忠，为你所用。

第二，不惜重金，不吝爵禄。既然间谍前程充满了艰难险阻，非才、德、智、勇兼备之人不能胜任．完成任务需要智谋和金钱，那么"用间"就得付出代价，舍得花钱，重赏间谍之外，要有足够的经费任其开支。所以《孙子》说："三军之亲，莫厚于间；赏，莫厚于间。"如陈平间楚，张口要黄金 40 万斤。君主必须做到如梅尧臣所说："爵禄金帛我无爱焉。"就是说要用好间谍，一定要不惜高爵厚禄、金钱帛币的封赏。舍不得高官厚禄和金钱财物，是不会用好间谍的。如《投笔肤谈・谍间策五》云："欲得敌情者，必不惜千金。吝千金而失间之心者，败也。损千金而得敌之情者，胜也。此胜败之机，不可不察也。"

第三，周密和绝对保密。用间必先设谋定汁，设谋定计必须周密，不周密则难于实施。《六韬・三疑第十七》强调："凡谋之道，周密为宝。"再是保密，关系着间谍的人身安全和计划的成败。故《孙子》强调："事，莫密于间。""间事未发而先闻者，间与告者皆死。"《六韬・阴符》也说："若符事泄，闻者告者皆诛之。"《太白阴经・行人篇》又说："三军之密者，莫密于行人。""行人之谋未发而有漏者，与告者皆死。"由此可见保密的重要和严格。如楚平王的废太子建，逃到郑国，联合郑国伐楚。郑国因国小兵弱，不足战胜楚国，于是叫太子建到晋国，联合晋国一起攻楚。太子建到了晋国，晋国因恨郑国反复于楚晋之间，便企图以太子建为间谍和内应，出兵攻郑，以灭郑国。太子建答应，回郑之后，招纳同党，结心腹数十人，阴谋为晋内应，袭击郑国。因事不密，走漏消息，被郑国君臣知道，将太子建及死党20多人，一网打尽。这是用间不密的一个教训。

对阵反间与心战奇诈

运用心理战法，以行奇诈之术，是用间活动中必须掌握的一门学问。不摸清反间对象的心理性格特点和所欲所好，盲目用间，是难以成功的。人的性格不同，志向不同，欲望不同，好恶不同，在对待同一件事上的心理特点也不同。如《六韬·龙韬·论将第十九》论为将者之十过云：

> 有勇而轻死者，有急而心速者，有贪而好利者，有仁而不忍人者，有智而心怯者，有信而喜信者，有廉洁而不爱人者，有智而心缓者，有刚毅而自用者，有懦而喜任人者。

《六韬》提出对付这十种性格心理的人的办法是：对勇敢而轻于牺牲的，可以激怒而后智取；对于急躁而急于求成的，可用持久战术拖垮他；对于贪婪好讨便宜的，可以贿赂他；对于仁慈流于姑息的可以袭扰他，使他疲惫不堪而后就范；对于聪明而胆怯的，可以用强硬手段胁迫他；对于诚实而轻易相信别人的，可以欺骗他；对于名为廉洁实为吝啬刻薄的，可以轻侮他；对于多谋少决的，可以突然袭击他；对于坚强而刚愎自用的，可以用花言巧语奉承他；对于怯懦无能而依赖别人的，可以愚弄他。这就是对不同心理特点的人采用的不同的取胜之心理战法。总之是“因其所爱”，“投其所好，纵其所欲，以顺其志”。好利者，“啖之以利”；好色者，“淫之以色”；好吃者，“养之以味”；空虚的，“诈之以力”；好疑的，“挑之以疑”等。当然，还有以强制强，以毒攻毒等。这里面充满了辩证法。只有根据当时的具体情况，随机应变地利用心理战术，才能达到反间的目的。

1. 对阵反间的特点

“对阵”，有广狭两义。狭义的对阵，一般是指敌对的两军在战场上枪对枪、兵对兵、将对将的对阵；广义的对阵则不限于此，还泛指两个国家、两个军队在政治、经济、文化、军事、教育等各方面的对峙、竞争或战争状态。我们这里所要分析的“对阵反间”，主要指狭义的、战争状态的敌对两军对阵。两军“对阵反间”有以下几个特点：

第一，困难性和危险性较大。两军对阵，战斗激烈，互有死伤。双方都像发疯了的斗牛，斗红了眼的斗鸡，对敌必然恨之入骨，怀着为其死伤伙伴复仇的满腔怒火，恨不得把对方一口吃掉。在这种情况下，进行反间，尤其是深入敌营对其要害人物反间，真比火中取栗、虎口拔牙还要困难和危险。然而，在历史上，对阵反间的事例却数不胜数，而且成功军还很高。

第二，对阵反间比一般反间要求有更高的胆识和智慧，否则，不仅完不成任务，还有生命危险。因此要求反间间谍必须有胆、有识和超人的智慧和辩才。像秦舞阳那样有功夫而无胆量，入秦宫见秦王色变，被人怀疑，以致阴谋败露，就只有被杀一途了。虽然行刺与反间不同，但深入虎穴，道理却是一样，必须胆大心细，临事不惊，遇变冷静，巧辞灵辩。如文种间伯嚭，子贡间四国，张孟谈晋阳间韩、魏，张仪间楚、赵，华元间子反，皆以胆识和巧辩成功。

第三，对阵反间，要求更准确的心理分析和心理战法。用间无不用心理战法，但对阵反间要求更高。因为对阵反间多处于紧急严峻的形势之下，深入敌营，“短兵”相接，面对面地进行，没有回旋的余地和反复思考的时间，必须抓住要害，单刀直入，“速战速决”。不了解敌情，不摸清反间对象的心理活动，这是难以办到的。因此，要求除了事先探知一些必须掌握的情况如《孙子·用间篇》说的“必先知其守将、左右、谒者、门者、舍人之姓名”之外，还要摸透反间对象的心理，分析透彻，然后灵活运用，“对症下药”，不用多少口舌便把敌人间服。如宋华元间楚元帅子反解宋城之围，事先华元就把楚国元帅子反的守门、守舍的卫士、通信人、巡逻兵的情况了解得一清二楚，并且掌握了子反的为人，喜奉承重义气的性格，然后出城伪装成楚营“谒者”顺利地通过了巡逻兵、营卫、门卫、守舍人等重重岗卡，直入子反营帐，登上子反之床，三言两句，实情相告，晃了晃匕首以示不成功便同归于尽的决心，便把子反说服，答应劝楚王退兵。如果不是这样，华元连楚营也进不去，何谈反间？即使进了楚营，见了子反，言不中子反的心理要害，也难反间成功。赤壁之战，周瑜反间曹操；白登之围，刘邦间冒顿之妻；楚汉之争中，陈平间项羽；垓下韩信用楚歌间楚兵；淝水之战，朱序间秦兵，如此等等，反间成功的事例，无不是事先了解反间对象的心理、正确分析和运用心理战法的结果。

2. 对阵反间心理战法例析

上文提到“对阵反间”运用心理战法成功的事例，都是运用了敌人的什么心理？又是怎么进行的呢？下文分别作些简要分析。

（1）利用敌人好色、贪财、喜奉承、图虚名的心理。如越文种反间吴王和伯嚭。公元前496年，吴越之战，吴兵大败越兵于夫椒。越王勾践被围困在会稽。《东周列国志》是这样描述的：

> 范蠡告急，一日三至，越王大恐。文种献谋曰：“事急矣，及今请成，犹可及也……吴有太宰伯嚭者，其人贪财好色，忌功嫉能，与子胥同朝，而志趣不合。吴王畏事子胥，而昵于嚭，若私诣太宰之营，结其欢心，与定行成之约，太宰言于吴王，无不听。子胥虽知而阻之，亦无及矣。”

这里分析了吴国君臣三人的心理：太宰嚭“贪财好色，忌功嫉能”，吴王害怕与伍子胥议事，而亲近伯嚭，因为伍子胥忠诚刚直，使吴王害怕同他接触。根据这个分析，越王便派大夫文种为使，“命夫人选宫中之有美色者得八人，盛其容饰，加以白璧二十双、黄金千镒”，交文种带着“夜造太宰之营”，跪而致词曰：

“寡君勾践，年幼无知，不能善事大国，致以获罪。今寡君已悔恨无及。愿举国请为吴臣，而恐王见咎不纳，知太宰以巍巍功德，外为关之干城，内作王之心膂。寡君使下臣种，先叩首于辕门，借重一言，收寡君于宇下，不腆之仪，聊效薄贽，自此当源源而来矣。”

文种言辞卑恭到了极点，对伯嚭吹捧到了极点。礼已厚重，但还许以“自此源源而来”。伯嚭见了礼单，听了言辞，还故作傲慢，装作发怒地说：

“越国旦暮且破灭矣，凡越所有，何患不归吴？而以此区区者啖我为也？”

伯嚭心里明白，说的全是实话。但文种已摸透了他的心理，故不害怕，反而从容不迫，讲起了利害关系来。他说：

“越兵虽败，然保会稽者，尚有精卒五千，堪当一战。战而不捷，将尽焚库藏之积，窜身异国，以图楚王之事，安得遽为吴有也。即使吴尽有之，然大半归于王宫，太宰同诸将，不过瓜分一二。孰若主越之成，寡君非委身于王，实委于太宰也。春秋贡献，未入王宫，先入宰府，是太宰独擅全越利，诸将不得与焉。况困兽犹斗，背城一战，尚有不可测之事乎？”一席话，说入伯嚭的心坎，伯嚭不觉点头微笑。文种见事已有成，便进一步坚定其心，指看单上所开美人曰：

“此八人者，皆出自越宫，若民间更有美于此者，寡君若生还越国，当竭力搜求，以备太宰扫除之数。”

于是伯嚭起立说：“大夫你不到伍子胥营而专门到我这里来说事，是因为知道我不会乘人危而害人。来日一早我当引荐你去见我王，将事决定下来。”说完收了礼品，留文种宿于营中，“叙宾主礼”。

文种用心理战法，首先征服了伯嚭，但还有吴王夫差，这是关键。夫差与越有杀父之仇，誓欲灭越而后甘心。时机已到，岂肯轻易放弃。说服吴王与越讲和是很困难的，按人之常情是不可能的。此时用间，只能自取其祸。但文种早已成竹在胸，故竟敢随伯嚭去闯虎穴——吴王中军营帐。文种和伯嚭利用什么心理征服吴王呢？再看一段描写：

次早，文种与伯嚭同造中军，来见夫差。伯嚭先入，把越王派文种来讲和的事说了一通。夫差勃然大怒曰：

“越与寡人有不共戴天之恨，安得允其成哉！”

伯嚭说：“王不记孙武之言乎？‘兵，凶器。可暂用而不可久也。’越虽得罪于吴，然其下吴者已至矣。其君请为吴臣，其妻请为吴妾，越国之宝器珍玩，尽扫以贡于吴宫，所乞于王者，仅存宗祀一线耳。夫受越之降，厚实也；赦越之罪，显名也。名实俱收，吴可以伯（霸）。必欲穷兵力以诛越，彼勾践将焚宗庙、杀妻子、沉金玉于江，率死士五千人，致死于吴，得无有所伤于王之左右乎？与其杀是人，孰若得是国之为利？”又说：“勾践夫妇愿来吴国，吴名虽赦越，实已得之矣。王又何求焉？”

吴王于是被说服，允许越国投降讲和。伍子胥听说，跑来怒争，也无济于事。

文种和伯嚭抓住了吴王的什么心理呢？除了喜欢美色、金玉、宝器古玩等实利之外，还有爱“名”。对于吴王，虚名重于实利。因为吴国自阖闾任用伍子胥和孙武以来，国力发展直线上升，有如暴发户，至夫差已达到顶点。因此夫差野心膨胀，一心想称霸中原，名显天下。文种和伯嚭对吴王这一心理，了如指掌，故一语中的，“夫受越之降，厚实也；赦越之罪，显名也，名实俱收”，吴国就可称霸了。伯嚭反复为越说情，不由夫差不为实利虚名所动。

（2）利用敌人上下不和、军心不稳心理反间，如朱序之反间秦兵。这是历史上秦晋淝水之战中的著名史事。《晋书·苻坚载记下》载，前秦皇帝苻坚，不顾群臣反对，一意孤行，于公元383年，率大军百万南伐东晋。两军在淝水交战。秦军由征南大将军苻融指挥，紧靠淝水列阵。东晋由谢安、谢玄率兵8万与秦军隔淝水列阵。晋军已探得秦军虚实，欲速战速决，见秦军逼水列阵，兵不得渡河，便写信派人送给苻融说：“秦军南来，是为与晋军决战，今贵军逼水列阵，我军不得渡河，怎么交战？难道秦军想持久相持下去吗？若想交战，请贵军稍稍后退，让晋军过河，一决雌雄。”苻坚企图用“击其半渡”之计，等晋军渡过一半时，发起攻击，把晋军打败。于是便下令军队后退。秦兵不知何因，一退便不可阻止。此时朱序在乱军中大喊一声：“秦军败了！”吓得秦军争相逃命，自相践踏，晋军乘此追击，大败秦军。

朱序是什么人？为什么要反间秦兵？

朱序本是忠勇的晋将，在彭城战斗中被叛将出卖，被秦军俘虏，解到长安，苻坚嘉其忠良，任为度支尚书，淝水之战中在秦军为将。但他降秦是迫不得已，身在秦营心在晋，做了内间。在秦军败前，苻坚曾派他到东晋营中说降，而他却把秦军情况告诉了晋将谢安、谢玄，并为晋将出谋划策说：

“秦兵百万，现在并未全部开到，全部开到，就不好对付了，不如趁其未集，速战速决！若挫其前锋，可以得志。”

当晋兵要求秦军速战速决，正是听从了朱序的建议。一计得逞，再进一步从中反间。秦兵下令后退，不可遏止，出现混乱之际，他忽然大喊：“秦军败了！”致使秦军更加惊慌，一败涂地。

为什么朱序一声喊即反间成功？他运用了什么心理战法？用了秦军上下离心，军无斗志，人心厌战、怯战，见机思逃的心理。

《晋书·苻坚载记下》载：出兵前夕，苻坚召集群臣讨论南线伐晋时，群臣一致反对。苻坚不以为然，又单独与其心腹苻融商议。苻融也坚决反对，说：

“岁、镇在斗牛，吴越之福，不可伐一也；晋主休明，朝臣用命，不可伐二也；我数战，兵疲将倦，有惮敌之意，不可伐三也。”

就天道、人和、军心而论，都有利于晋而不利于秦，不能伐晋。苻坚不听，愤然说道：

“我有强兵百万，资械如山，我虽不是明君，也非暗主，乘我屡胜，击晋垂危，何愁不克，我只好独断出兵了！”

苻融哭谏说：“晋不可伐是明显的，我今劳师大举，必然无功而返，有损国威、民心。但我担忧的不止这些，更担心后方不稳。你宠信重用鲜卑、羯、羌等族人，布满京城周围，他们都是国家的蟊贼，我们的仇人。今我倾国出动，京师只留弱兵万人警戒，万一有变，宗庙怕也难保。如果说我智识愚浅，言不足听，前丞相王猛是一世俊杰，陛下你每把他比做诸葛孔明，他临终前的话你是不能忘记的。”

但是苻坚一概不听。只有鲜卑族人冠军将军慕容垂支持他，鼓动他。但慕容垂却怀有二心，想观其胜负，决定是从还是叛。事实是淝水秦败后，慕容垂即叛秦独立，自称燕王了。

秦军将帅离德，皆无信心，是十分明显的。不仅诸将无信心，就连苻坚本人，在秦军被晋将刘牢之大败一阵之后，同苻融登城观望，见晋军部伍严整，也害怕了，对苻融说：“谁说晋国兵少力弱？”又望八公山上，草木也成了千军万马，令其现惊恐之状。再是秦军不稳，连年战争，又吃败仗，已疲惫不堪，厌战情绪难免。新募之兵出于被迫，怯战、畏缩，更无斗志和战斗力。鲜卑、羯、羌等异族之兵，心怀仇恨，更不会卖力。大量兵卒为汉人，他们是被征服者，人心思晋，无不乘机叛逃，希望秦军战败。如朱序等，淝水战中，便乘机投降到晋军中去了。这样的军心、将心，朱序是了如指掌的。因此，他才抓住时机，反间成功了。

（3）利用敌军思乡情绪反间。如楚汉垓下之战中，汉军四面楚歌瓦解楚军军心。公元前203年，项羽楚军10万被韩信率汉军30万重重包围在垓下，兵少粮尽。韩信为减少损失，利用楚人在外转战多年，面临最后失败，丧身异地的思乡之情，用楚歌行反间计。他让汉军将士在凌晨时间皆唱楚歌曰：

离家十年兮父母生别，妻子何能堪兮独守空房；
白发倚门兮望穿秋水，稚忆念兮泪断肝肠；
当此永夜兮追思反省，急早散楚兮免死殊方；
汉王有德兮投降不杀，哀告归情兮放汝翱翔。
勿守空营兮粮道已绝，指日擒羽兮玉石俱伤；
歌兮歌兮三百字，字字句句有深意，
劝汝莫作等闲人，入耳关心当熟记。

歌声凄婉悲凉。项羽夜闻汉军四面皆楚歌，乃大惊曰："汉已得楚乎？是何楚人之多也？"于是楚军瓦解。项羽率28骑被汉军追至乌江自杀。

（4）利用敌内部嫌隙矛盾心理反间。如战国初张孟谈间韩、魏、智三家联军。《史记·赵世家》载：

三国攻晋阳，岁余，引汾灌其城，城不浸者三版。城中悬釜，易子而食……襄子惧，乃夜使相张孟同私于韩、魏。韩、魏与合谋，以三月丙戌，三国反灭智氏，共分其地。

这是对阵反间十分成功的一例。张孟谈用什么心理战法取胜的呢？《史记·赵世家》也有记载：

襄子立四年，智伯与赵、韩、魏尽分其范、中行故地。晋出公怒，告齐、鲁，欲以伐四卿。四卿恐，遂共攻出公。出公奔齐，道死。智伯乃立昭公曾孙骄，是为晋懿公。智伯益骄。请地韩、魏，韩、魏与之。请地赵，赵不与，以其围郑之辱。智伯怒，遂率韩、魏攻赵。

就是说智伯利用手中的权势，强夺三家之地，必然引起韩、赵、魏三家不满。赵氏公开抵制，引起战争。韩、魏暂屈服于智伯淫威，献出土地，心中必然不服，待机报复。此种心理《史记》没有记载，而《东周列国志》对此描述甚详。晋国原来有六卿。公元前458年，智、魏、韩、赵卿共灭范氏和中行氏而分其地。之后智氏伯瑶专晋国之政，便想逐步削弱三家。于是假诸晋懿公之命，托言兴兵伐越，令韩、赵、魏各献地百里，“率其赋以为军资”。因为智伯与韩、魏关系较好，先令韩献地。韩康子韩虎心下不从，对群下说：

“智瑶欲挟晋侯以弱三家，故请割地为名。吾欲先除此贼，卿等以为如何?”

谋士段规劝说：“智伯贪而无厌，若用兵是抗君命，彼将借以伐我，不如与之，彼得吾地，必又求之于赵、魏。赵、魏不从，必相攻击，吾得安座而观其胜负。”

韩康子只好献地。智伯得了韩地，又求魏桓子献地。魏桓子也想抗拒，谋臣任章劝说：“求地与之，失地者必惧，得地者必骄，骄则轻敌，惧则相亲，以相亲之人待轻敌之人，智氏之亡可待矣。”

于是魏也忍气献地。求地赵氏，赵氏不给，引起智氏攻赵。韩、魏虽暂屈从智氏，被挟联合攻赵，但二家对智氏的仇恨和待机报复的心理却深埋心中。张孟谈抓住韩、魏这种心理，利用晋阳危急、智伯以为已操胜券而心骄轻敌的机会，偷出城外，向韩、魏二家说明利害关系，又答应共灭智氏后三分其地。此正中二家下怀，所以一说即合。三家偷偷结成联盟，出其不意，内外夹攻，灭了智氏。

另外，还有利用江湖义气心理反间的，如宋华元登床劫子反；利用信奉佛教心理反间的，如宋遣和尚间后主李煜；利用敌人的骄傲轻放的心理反间的，如三国时陆逊擒杀关羽；利用敌人好疑心理反间的，如周瑜反间曹操，使杀蔡冒、张允，诸葛亮利用司马懿小心谨慎、犹豫多疑不肯冒险的心理，设空城计使之不敢进城；利用敌人恐惧心理反间的如张仪破坏六国连横，用威胁欺骗手段常使魏、赵、韩、燕等落入圈套，如此等等，不再一一列举。

总之，对阵反间离不开心理战法。掌握敌人的心理状态，正确地分析利用，是反间成功的秘诀。

后　记

本书在写作过程中，得到了郭墨兰、吕景琳、王赛时诸师友的大力支持和帮助，其中王赛时先生撰写本书第六章，郭墨兰先生撰写第七章，吕景琳先生通阅并删削笔正全部书稿。所以，此书是众人合作努力的成果，在此谨向各位师友致谢。

翁惠明

2008年7月于济南

2012年4月修订完毕